走在光荣的荆棘路上

汪胜 著

浙江工商大學出版社 | 杭州
ZHEJIANG GONGSHANG UNIVERSITY PRESS

图书在版编目(CIP)数据

走在光荣的荆棘路上:蒋风传 / 汪胜著.
—杭州:浙江工商大学出版社, 2019.4(2019.6重印)
ISBN 978-7-5178-3166-2

Ⅰ.①走… Ⅱ.①汪… Ⅲ.①蒋风—传记
Ⅳ.①K825.6

中国版本图书馆 CIP 数据核字(2019)第041054号

走在光荣的荆棘路上:蒋风传
ZOUZAI GUANGRONG DE JINGJILUSHANG:JIANGFENGZHUAN
汪　胜　著

责任编辑　唐　红　谭娟娟
封面设计　林朦朦
责任印制　包建辉
出版发行　浙江工商大学出版社
(杭州市教工路198号　邮政编码310012)
(E-mail:zjgsupress@163.com)
(网址:http://www.zjgsupress.com)
电话:0571-88904980,88831806(传真)
排　　版　杭州朝曦图文设计有限公司
印　　刷　杭州宏雅印刷有限公司
开　　本　880mm×1230mm　1/32
印　　张　12.5
字　　数　280千
版 印 次　2019年4月第1版　2019年6月第2次印刷
书　　号　ISBN 978-7-5178-3166-2
定　　价　42.00元

浙江工商大学出版社营销部邮购电话　0571-88904970

序

汪胜的《走在光荣的荆棘路上:蒋风传》即将出版,这是值得庆贺的事情。在我的印象中,这是第二本关于蒋风先生的传记,第一本是陈兰村先生的《蒋风评传》,由作家出版社于2010年出版。

浙江师范大学前身为杭州师范专科学校,创建于1956年。每一个大学的发展过程中都有几个关键性的人物,在他们主政时学校得到了巨大的发展或者质的飞跃,他们甚至确定了学校的精神和风骨以及办学传统,他们本人也成了学校的标志。比如蔡元培之于北京大学,梅贻琦之于清华大学,竺可桢之于浙江大学,李达、刘道玉之于武汉大学,陈望道之于复旦大学,匡亚明之于南京大学,等等。浙江师范大学虽然不能和上述品牌大学相提并论,蒋风先生也不是历史风云人物,但对于浙江师范大学的发展来说,蒋风先生的作用和贡献与上述大学先贤具有同样的性质。

蒋风先生1984年初任浙江师范学院院长,第二年浙江师范学院就升级为浙江师范大学,办学规模和专业设置等都开始产生质的飞跃。浙江师范学院1979年开始招收硕士研究生,当时只有一个导师,这个导师就是蒋风先生,专业是儿童文学。只要是对大学历史有所了解、对大学发展有所认识的人,都知道这两件事对于一个大学来说意味着什么。作家柳青说过："人生的道路虽然漫长，但紧要处常常只有几步，特别是当人年轻的时候。"这句话同样适用于学校，在浙江师范大学短短60多年的发展中为数不多的"紧要处"，蒋风先生一人就走了两步，这非常了不起。浙江师范大学曾有过数十位书记、校长、副书记、副校长，但真正让师生记得的、高等教育界知道的其实没有几个人，蒋风先生就是这少数几个人之一。

纵观古今中外大学发展史，有一个普遍的现象是：真正的好校长都是著名学者，都是教育家，不仅术业有专攻，而且真正懂得教育。原因非常简单，大学的根本是学术研究和人才培养，不懂学术和教育就是不懂大学，就是外行领导内行，就会违反学术规律和教育规律办大学，这样的经验和教训太多了，过去有很多，现在仍然普遍存在。所以习近平总书记提出要让真正懂教育的教育家来管理大学。著名学者、优秀教师不一定能当好校长，但好的校长一定是真正懂学术、懂教育的人。历史是无情的，那些追求虚荣、搞形式主义、投机取巧、弄虚作假、搞"花样"教育的行为都会被历史遗忘，或是沦为笑柄，甚至是历史污点从而遭后人唾骂。

蒋风先生不仅是一位好校长，而且在学术建树、人才培养和学科建设方面也卓有成就。儿童文学在浙江师范大学归属于中国现当代文学学科。浙江师范大学中国现当代文学最早的学科负责人是戴林淹先生，所以戴先生也是学科创始人。戴先生为人为事恬淡自然，平和温厚，享年96岁。浙江师范大学中国现当代文学学科在蒋风先生主持时发展最快，1978年他首创全国第一个儿童文学研究机构，第二年开始招收硕士研究生，他也由此成为中国第一个儿童文学硕士研究生导师。1989年，浙江师范大学中国现当代文学学科被列为省级重点扶持学科，蒋风先生是负责人。该学科在蒋风先生主持下有了突飞猛进的发展，特别是儿童文学，创造了诸多国内第一。

蒋风先生个人的学术成绩斐然。著有专著《中国儿童文学讲话》《儿童文学教程》《中国当代儿童文学史》等，主编《世界著名童话鉴赏辞典》《新编文史地辞典》等。几十年来他笔耕不辍，91岁高龄还申请了一个国家社科基金重点课题。另外，他还获得了很多学术奖项和荣誉，比如"陈伯吹国际儿童文学奖特殊贡献奖""第二届中国出版政府奖图书奖""冰心儿童图书奖""宋庆龄儿童文学奖首届特殊贡献奖""第二届世界儿童文学大会儿童文学理论贡献奖"等。特别是"第十三届国际格林奖"，这是权威的儿童文学理论奖项，蒋风先生是首位获此殊荣的中国人。

蒋风先生一生仅指导了20位硕士研究生，但"成才率"非常高，吴其南、王泉根、汤锐、方卫平、汤素兰等都是当今中国儿童文学研究的著名学者。除此之外，蒋风先生还有很多弟子。他创立全国儿童文学讲习班，一年一届，迄今已办22届，他指导的很多学生在儿童文学研究和创作方面都已经崭露头角，比如汤汤，现在是大名鼎鼎的童话作家。

我是2000年到浙江师范大学工作的，那时蒋风先生已经退休，所以在平时的工作中很少有接触。偶尔开会能见见面，但我对儿童文学素无研究，完全是外行，所以交谈基本上不出"寒暄"的范畴，很少有学问上的交流。2009年，我接手中国现当代文学学科，关于学科建设、学科发展，我多次向蒋风先生请教，这时我们的交流才多起来。在交流的过程中，我对蒋风先生的经历、学术思想，包括为人处世的态度，有了更多的了解与理解。我觉得蒋风先生是一个有大智慧的人，处理很多事情他都能举重若轻又简明。他是一个原则性很强的人，考虑问题从来不从私利出发，所以他的生活非常坦荡。对于学科建设他提出了很多宝贵的意见，可惜我能力有限，在有些方面辜负了他老人家的期望。蒋风先生已93岁高龄，但仍然满怀童心，每天都很愉快地生活和写作，有若仙人，真让我这种俗人形秽。

我相信读者一定能够从此书中学习到很多人生智慧和经验，得到对生活和工作的很多启示。

高　玉

2017年10月28日于浙江师范大学

目 录

第九章　走向世界 / 223

第十章　发挥余热 / 257

第十一章　博爱的心 / 281

第十二章　春风化雨 / 301

第一章

温情童年

双溪边诞生的“小书生”

金华是一座古城，坐落在浙江省中西部，公元907年，我国历史进入五代十国时期，越王钱镠就在这里修筑了厚实的城墙，时称婺州。

在中国历史上，有三“婺”。贵州东北部有婺川，江西东北部有婺源，浙江中部有婺州。而历史上曾置州、置路、置府的，却只有婺州，婺川和婺源均为县治所在地。婺州初称长山县，后为东阳郡。陈天嘉三年（562）后改东阳郡为金华郡，始有金华之名。隋开皇十三年（593）废郡置婺州，以其地于天文为婺女分野，故名。唐武德四年（621）又改东阳郡置婺州，天宝元年（742）婺州复为东阳郡，乾元元年（758）又改东阳郡为婺州。两宋时期，婺州分隶两浙东路。元至元十三年（1276）改婺州为婺州路。至正十八年（1358），朱元璋改婺州路为宁越府，至正二十年（1360）改为金华府。自唐开元中期以来，金华一直为郡治、州治、路治、府治所在地。

对金华人而言，最值得骄傲的，是它悠久的历史文化。在这片婺州大地上，曾出现过许多杰出人物，也曾创造出灿烂的文化。在金华岸的高坡上，旧府学西，有一座元畅楼，尽管建筑体积不大，却颇具特色。南齐隆昌元年（494），文学家沈约为东阳太守，曾题“八咏诗”在此，后人因而改称八咏楼。

640年后，宋代著名词人李清照为避战乱而来金华客居，写下了《题八咏楼》：“千古风流八咏楼，江山留与后人愁。水通南国三千里，气压江城十四州。”

李清照用气势恢宏的诗句赞颂了八咏楼。八咏楼巍然壮丽，千百年来为世人所赞颂。与八咏楼同为金华名胜的另一处所是双溪，当地人都习惯叫它婺江。

同大多数建立在水边的城市一样，双溪也是金华的母亲河，金华人祖祖辈辈都是喝着她的奶水长大，听着她的涛声成人。她，静静地流淌了数千年，静静地见证了金华这片土地的变迁，从亘古到今天。

自古以来，双溪舟楫林立，渔舟唱晚，是金华地区东西向水路交通要道。两岸良畴美柘，阡陌如绣，风光似画。

唐代大诗人李白，25岁起离开四川，漫游天下，他到金华后，对双溪胜景甚为喜爱，曾在一首诗里写道：“径出梅花桥，双溪纳归潮。落帆金华岸，赤松若可招。”

宋代何基的《春郊晚行》：“村烟淡淡日沉西，岸柳阴阴水拍堤。江上晚风吹树急，落红满地鹧鸪啼。”写的正是双溪边的旧时风光。

后人更为熟悉的是那位把婺州当故乡的李清照，她在《武陵春》一词中，借金华暮春景色，述其晚年孀居之悲、沦落之苦：“闻说双溪春尚好，也拟泛轻舟。只恐双溪舴艋舟，载不动许多愁。”它不只凄婉劲直，成为千古绝唱，也为金华这座文化古城，增添了浓郁的诗词氛围。

双溪孕育的这片土地，诞生了宋濂、吴晗、施复亮、艾青、施光南等大名人，他们在星光灿烂的中国历史文化长河中留下了浓墨重彩的一笔。宋濂是个6岁就能吟诗赋词的神童,曾在双溪边的禅定古寺苦读,也曾在萧皇塘覆釜岩创办过“釜山书院”。宋濂一生博览群书,著作等身。其中一篇短文《送东阳马生序》,妇孺皆知。《宋学士集》75卷,风行国内,流传国外。无论是为官还是作文,他光明磊落,淡定从容,如悠悠双溪水清澈、甘洌,至今仍旧滋养着这片土地。

一方水土养一方人。1925年10月21日,在金华的双溪边,蒋风降生了。

正是初秋时节,这天清晨,阳光十分灿烂,位于双溪边不远处的金华江北四牌楼老街的文明巷小院里,人们格外忙碌。

蒋风的外祖母,掩不住喜悦神情,女儿舜华就要临产。两年前,也是同样阳光灿烂的日子,舜华产下可爱的女儿素贞,外祖母默默祈祷:“佛祖保佑我家舜华顺利产子。”

约莫中午时分,一阵响亮的啼哭声从屋内传出,在屋外等候的蒋风父亲蒋彝长长地舒了一口气,先前有些担忧的念头已从溢满欢喜的脸上悄悄溜走。

“蒋彝,是个男婴呀!”外祖母抱着刚刚出生的蒋风来到堂屋,欣喜地说道。

蒋彝小心翼翼地接过裹着被子里的婴儿,瞧着他红扑扑的脸蛋,心里实在高兴。他在心里默默念道:“祈愿儿子健康成长。”祖父蒋莲僧给孙子取名寿康,以表示对孙子的喜爱、庆贺,以及对他未来健康成长、发展的期待。

蒋风是后来他第一次投稿时自己取的笔名,后一直使用这一笔名。为方便读者理解,全书都使用蒋风这一名字。应该说,蒋风后来的传奇人生正是沿袭祖父的美好期待走下来的,无可复制。

江南，本就是人之向往的地方。那里的人美丽、温婉，那里的水清清、细腻，让人陶醉，不想离开。

整个孩提时代，蒋风一直生活在四牌楼老街的文明巷小院里，他从童年起就沉浸于旧时金华精致、温情的江南气息中。

在蒋风的记忆中，双溪始终让他记忆犹新。他没有忘记养育过他的双溪水，曾写过一篇歌咏双溪的散文《双溪，在我的窗前流过》：

> 双溪，在我的窗前流过。
>
> 武义江在潺潺地流淌，义乌江在叮咚歌唱。溪水淙淙，清澈见底，望得见水底每一颗鹅卵石；溪水明净，晶莹澄碧，望得见倒映在水面上的每一朵白云。欢乐的溪水，充满着生机，给人们带来了希望；每一朵浪花，都是一首感人的歌；每一个涟漪，都凝结着一片浓郁的乡情。
>
> ……
>
> 啊！双溪！在你粼粼的银波里，融化了人们多少深沉的爱；在你闪耀的浪花上，牵引着人们无尽的情丝……明净的双溪，在我窗前流过；它在崛起的高楼和长长的防洪堤边静静地歌唱……

充满礼赞的语言，让我们看到蒋风对双溪的赞美与热爱之情。双溪也一直伴着他快乐成长。

在金华，蒋家称得上书香门第。祖父蒋莲僧曾与黄宾虹、倪苾泉一起在丽正书院读书习画，互相探讨，交往甚密。他与黄宾虹友谊最为深厚，他们协同合作，广搜历代画家作品和画论，互相切磋。

清光绪年间(1875)蒋莲僧考取秀才,但他从未为官。他十分注重造福百姓,做了许多好事。他于民国初期创办金华贫民习艺所,自任所长,安排贫民学艺就业,为桑梓贫民解困,并亲自动手,指导工人操作,精制金石竹木各式工具、工艺品,产品深受时人赞许,曾获得巴拿马万国博览会金奖。

蒋风的祖父蒋莲僧

进入中年,蒋莲僧更为造福桑梓而热心社会公益事业。他集资在金华城首创电力公司并担任经理,解决了全城照明和工业用电问题;又主持金华北山名胜管理委员会,开发故乡旅游资源;担任金华佛教会会长,弘扬佛法。抗战时期,金华电力有限公司为当地政府接管,至此,他专事书画自娱。

在习艺的道路上,蒋莲僧广交艺友,不问长幼,相携共进。好友中既有张大千、于右任、徐悲鸿、黄宾虹等书画名家,亦有晚辈如张书旂、余绍宋等。他应聘担任浙江省第七中学图画教师多年,培养了一大批出类拔萃的画家,如张书旂。

蒋莲僧淡泊名利,不慕虚荣,志行高洁,潜心艺术一直是他毕生的追求。有一年,他去北京,同乡邵飘萍为他设宴洗尘,送来的请柬上列了一些高官作陪,蒋莲僧一看,当夜借故避往天津。他不仅终生不仕,而且没有开过一次画展。他的学生张书旂成名后,曾会同画坛名家张大千、徐悲鸿一再邀请他去国立中央大学艺术系任教,均被婉言谢绝。张书旂又动员学生以学生名义邀请,蒋莲僧乃举荐画家汪采白前去任教。画坛好友黄宾虹、贺天健、俞剑华等曾多次邀请蒋莲僧去京沪等地举办个人画展;抗战时期,阮毅成也曾邀请他去浙江永康方岩办展，均被一一婉谢。

蒋莲僧从艺六十余载，作品当以千计，出版过《蒋莲僧画册》《蒋莲僧山水画册》《蒋莲僧画页》等。

淡泊名利的蒋莲僧，也深深影响着蒋风，成为他一生的榜样。

在蒋风的记忆里，祖父留给他的印象就是严肃。那时候，每个月末，蒋风就会跟随父母一起去看望祖父。大多数时候，祖父都会教育蒋风长大成才，造福社会。蒋风牢记祖父的教诲。

小学三年级时，金中附小中段的学生就在原来丽正书院旧址上课，那里是吕祖谦讲学的地方。因此，蒋风从小就从祖辈和老师们口中，知道了有关吕祖谦的学术经历。

婺学的早期记忆也对蒋风后来从事儿童文学产生了深远影响。蒋风曾在《婺学纵横》一书的序言中写道："我从小就闻知吕祖谦、陈亮等家乡先贤，就读国立暨南大学期间，又拜读乡贤何炳松校长撰写的《浙东学派溯源》，因而对故乡的婺学（或称金华学派）倍感敬仰与自豪。后来我走上了文学道路，而婺学的学术风格与精神风貌却无形中影响了我毕生所从事的儿童文学研究。"

如果以婺学来观照蒋风的学术成就和活动，我们不难发现，这其中的某种联系。蒋风的儿童文学研究呈现了博采中西、自成一家，经世致用、走向儿童，重视研究、创新传统的特点。

也因此，作为我国儿童文学领域为数不多的拓荒者之一，他的身影出现在中国儿童文学从起步到快速发展，再到走向国外的几乎每一个阶段每一件重大事情中。

1959年，蒋风出版了第一本关于儿童文学方面的著作《中国儿童文学讲话》。这本书后来也被学术界认为是"中国儿童文学史的雏形"。

此后，蒋风在儿童文学理论、创作、教学上创造了多个"第一"：在全国高校中第一个建立儿童文学研究机构；在全国高校中第一个招收儿童文学硕士研究生；出版了新中国成立后第一本系统的儿童文学专著；编著出版了第一部中国儿童文学史……

所有这些，都可以看作蒋风在家乡的婺学文化影响下完成的。

少年时期的文学种子

少年的梦，文学的梦。

蒋风的儿童文学道路源自他母亲播下的文学种子。

母亲喜欢教蒋风念古诗词，尽管她自己也许不一定会写。

随着母亲的诗教，蒋风早年的童心被唤醒了。

在蒋风的幼年时期，母亲是一直陪伴和呵护他健康成长的人。父亲是旧社会的小知识分子，作为家中唯一的经济支柱，为了养家糊口，他常年在外劳碌奔波。家里留下母亲和蒋风姐弟四人，日常家务全靠母亲操劳，日子过得很艰难。有时候，父亲所赚的钱无力支撑整个家庭，母亲只能想方设法节衣缩食，艰难度日。

在蒋风的幼年记忆里，有一件十分心酸的事情。家里因为穷，时常会揭不开锅，别人家买米，都是一担一担买，而蒋风家，更多的时候是一斤、两斤买。

骨肉亲情是融入血脉的，蒋风对母亲一直有着很深的感情。多年过去，回忆起幼年的时光，蒋风时常感叹，童年有一种令他说不出的亲切。

母亲没有文化，可是心地特别善良。她自己再苦再累，也不让孩子们担惊受怕，总是把最温暖的爱留给孩子们。她教育蒋风及姐弟几人要做对国家、民族、社会有用之人。

蒋风学会走路后，仍喜欢被妈妈抱着或者背着，在街边，他总是眯着小眼睛，好奇地望着走过的人群。

稍大一些，母亲便成了蒋风最初的文学老师，开始对他进行启蒙教育。1930年9月的一天，蒋风起得格外早，妈妈给他换上一套干干净净的衣服，告诉他："今天要上学了，妈妈带你去学校。"

蒋风一家，左一为蒋风母亲范舜华，左二为蒋风父亲蒋彝，右一为蒋风

一听到要上学，蒋风特别高兴，他早就盼望着能和姐姐一样，背着书包去学校。

当时，蒋风去的是一所教会办的名叫金华成美的学校，这所学校离蒋风家很近。父母让他去这里上学，主要也是为了让蒋风和姐姐互相有个照应。

去学校的路上，蒋风高兴得不得了，他拉着母亲的手，边跳边说："上学去喽！上学去喽！"

来到学校，蒋风看见在学校的一块空地上，摆放着两张桌子，老师给前来报到的学生一一登记。蒋风清楚地记得，他报到时，一位大眼睛、卷头发的外国老师摸了摸他的头，并同一旁的母亲说了几句话。然后，母亲领着蒋风到了指定的教室。

蒋风从没有见过外国人，所以当外国老师摸他的头时，他有些害怕。外国老师走进教室，站在讲台上观察了一会儿，就让同学们站在教室外按身高从低到高依次排座位。蒋风长得很高，自然坐在后面。

安排好了位置，开始上课。外国老师很凶，蒋风听不明白老师讲的内容，第一天上课结束，他就被外国老师吓坏了。一开始欢呼雀跃着想去学校的蒋风第二天便不肯上学了，气得父亲把蒋风的书包扔向屋顶。即使这样，也改变不了蒋风不想去学校的心情。

蒋风赖在家里不肯上学，父亲的打骂没有吓倒他，母亲的谆谆教导也似乎作用不大。一天晚上，蒋风要求母亲给他讲故事。母亲就讲了李白幼年逃学遇到老妪把铁杵磨成针的故事。同时，母亲还借着窗外的一轮明月，背起了李白的《静夜思》："床前明月光，疑是地上霜。举头望明月，低头思故乡。"

母亲凭借她的努力和天分，能背诵几百首唐诗。蒋风对诗歌的热爱也让她相信，逃学的蒋风会在自己的呵护下走进诗的殿堂。

母亲开始教蒋风学唐诗，但不是死板地当功课教，而是由景生发，随着不同的情境进行诗教。有时候一觉醒来，听见窗外悦耳的鸟鸣声，她会说："孩子，让我们一起来背诵孟浩然的《春晓》，好不好？"

母亲把蒋风带进了诗的殿堂，使他对诗歌产生了浓厚的兴趣。就这样，慢慢地，读诗、吟诗成了蒋风的习惯。母亲也从来不把学习变成一种命令，强迫蒋风学习。就这样，在放松、快乐的情绪下，蒋风沉醉于诗，由此慢慢扩及文学的各个门类。

蒋风曾在《我的三部曲》中写道：

> 母亲没上过学，凭自学识得一些字，年轻时读过不少诗词，能脱口而出背诵许多诗篇。到我记事的年龄，她常要我跟着她背诵那些诗篇。春天的早晨，有时一觉醒来，听到窗外枝头上小鸟叽叽喳喳叫得欢，孟浩然的诗句就会浮上她的脑际："春眠不觉晓，处处闻啼鸟。夜来风雨声，花落知多少。"她自己低声吟咏一遍，便教我跟着她一遍又一遍地吟诵，直到我能背出来为止。
>
> 秋的夜晚，仰望夜空，银河两岸牛郎织女相对闪烁，偶有萤火虫从近处飞过，又会唤起母亲的记忆，于是她便带我跟着她低吟杜牧的名篇："银烛秋光冷画屏，轻罗小扇扑流萤。天阶夜色凉如水，卧看牵牛织女星。"
>
> 夏日酷暑难当，汗流浃背，但母亲和我还是常沉浸在诗的意境之中，一起背诵着："赤日炎炎似火烧，野田禾稻半枯焦。农夫心内如汤煮，公子王孙把扇摇。"
>
> ……
>
> 一首首从母亲记忆中迸发出来的诗篇，熏陶了一颗稚嫩的心，就是这样不知不觉中在我的生命中播下了第

一颗文学的种子。

渐渐长大，蒋风懂得了母亲的辛苦，也经常帮母亲做一些力所能及的事情。他说，正是童年时母亲的精心呵护带给他无穷的力量。奥维尔·普里斯科德在他的《一个读书给子女听的父亲》里说："很少有儿童会自己爱上读书的，一定要诱导他们进入书写文字的奇妙世界，给他们指点阅读的途径。"

1932年，在家自学了两年的蒋风，跟随在义乌教书的父亲到稠城绣湖小学直接上二年级，读了一个学期。到1933年，在祖父的介绍下，蒋风到金华中学附小（即现在的金师附小）插班读三年级。

在金中附小，蒋风遇到了一对夫妻恩师，他们是蒋风三年级时的班主任兼语文老师徐德春，以及徐德春的夫人教算术的老师斯紫辉。

徐老师的声音纯正响亮，很好听，他俊秀的面庞、和蔼的笑容，给蒋风留下了很好的印象。徐老师郑重地跟蒋风说："希望你好好学习，长大成为对社会、国家有用的人。"

徐老师对学生的思想品德和语文写作特别关心，他在课上说："你们都是三年级的学生了，上课要认真听讲，不要说话打闹，不要做小动作，同学之间要团结友爱，要积极回答老师的问题，有事情请举手。"

徐老师会布置一个特殊的作业，就是让学生每天写日记，写日记可以培养学生的观察力，还可以提高学生的写作能力。

也因此，蒋风从三年级开始，便养成了写日记的习惯，这个习惯持续了几十年。蒋风说："写日记，我觉得是一件很有意义的事情，天天写日记，坚持把一生都写下来，就是一个人一生的历史，最详尽的传记。”

天天写日记，也让蒋风收获了成绩。小学四年级时，他参加了由上海《儿童杂志》举办的全国儿童作文比赛，他的作文《北山游记》得了第十名。

蒋风说：“这是我第一篇印成铅字的文章。在写的时候，我特地实地观光，北山的美景深深触动了我的内心，加上写作时我用了平时课外积累的许多描写自然景观的词语，因此得到了老师的赞赏。”

文章的获奖，成为蒋风人生道路上一个重要转折点，从那以后，蒋风常常大胆地投稿，文章也不时得到发表。这大大培养了蒋风的写作兴趣。

从小就是小书迷

上学读书的日子过得充实而快乐，蒋风每天背着书包，高高兴兴地往返于学校和家里。在徐老师潜移默化的影响下，蒋风也渐渐养成了爱读书的好习惯。他还成了班里最爱看书的小书迷。

蒋风在《从小便是小书迷》一文中写道：

> 我爱读书，被诱导进入文字这个奇妙的世界，与小学时代的一位好老师也是分不开的。记得三年级的班主任徐德春老师也是一位爱书如命的书迷。他爱书如命但并不把书当作宝贝来珍藏，而是尽力发挥书的作用。我到他班上不久，他便把高尔基的《我的童年》借给我。小说以第一人称描绘了故事的讲述者和主人公双重身份的阿廖沙8岁以前的童年生活。阿廖沙有个善良的外祖母，常常给他讲许许多多好听的故事，教给他做人的道理。“通过她的眼睛，从她内心却折射出一种永不熄灭、快乐的、温暖的光芒。”我也被这快乐的、温暖的光芒所吸引，也被书中这些好听的故事所迷醉，正如小说中所描写的，“她一出现，就把我叫醒了，把我领到光明的地方，用一根

不断的线把我周围的一切连接起来，组成五光十色的花边，她马上成为我终生的朋友，成为最知心的人，成为我最了解、最珍贵的人。是她对那世界无私的爱丰富了我，使我充满了坚强的力量以应付困苦的生活的”。书中的“她”便是我心目中的“书”。“书”在我眼前出现，便把我叫醒了，把我引领到一个光明的、五光十色的奇妙世界。“书”成了我终生的朋友，一个最知心的朋友，用他丰富的知识和温情，温暖了我，教育了我，给了我无尽的力量，克服了人生道路上一切困苦与艰难。接着，徐老师又介绍我读高尔基的《在人间》《我的大学》。在20世纪30年代，高尔基的自传体三部曲好像刚刚被翻译成中文，是在一家杂志上连载的，徐老师就是从杂志上将小说剪下来再装订成册，我如痴如醉地深深沉浸在这三部自传体小说中，后来走进文学的殿堂，就不再想出来。这是与徐老师的诱导分不开的。

徐老师的诱导，使曾经逃学的蒋风遨游在书的海洋里。有一次，徐老师在课堂上表扬蒋风，带着赞许的口气说：“同学们，大家都要向蒋风学习，你们看他认真读书的劲，多值得我们学习呀！”

听了老师的赞扬，蒋风看书的兴趣更浓了，他的成绩也越来越好，这令他更加自信。

蒋风特别喜欢徐老师的语文课，在语文学习中，蒋风的视野变得开阔，他特别希望有一天能够到祖国各地去看一看，那一定是很有意义的事情。这个梦想一直珍存蒋风心间。后来，蒋风在儿童文学创作、理论研究等领域卓有建树，他不仅在国内名声显赫，而且走向了国际舞台。

徐老师的夫人斯紫辉，也是影响蒋风一生的老师。当时，斯紫辉教算术，但每周都用一节课讲故事。她用整整一个学期的时间讲了《爱的教育》里的故事，《佛罗伦萨小抄写匠》中的裘里亚，《高尚的行为》中的卡隆，《万里寻母记》中的马尔可，《爸爸的看护者》中的西西洛，还有《小石匠》中的拉勃柯……这些栩栩如生的人物形象深深刻画在蒋风的心里。

到了期末，斯老师开了一个“命名”班会，用书中的人物来命名班里表现优秀的学生，于是就有了勤劳的“裘里亚”、正直的“卡隆”、勇敢的“马尔可”、善良的“西西洛”……

直到下课铃声响起，十分期待的蒋风还是没听到自己的名字，感到非常委屈的他几乎要哭了出来。虽然坐在最后一排，但他感情上的细微变化还是被斯老师察觉了。

“蒋风，你跟我来。”斯老师把他叫进办公室，“斯老师要向你检讨，今天实在太粗心了，怎么把你给忘了呢？其实，你比‘裘里亚’更勤劳，比‘卡隆’更正直，比‘马尔可’更勇敢，比‘西西洛’更善良！”说着，斯老师打开办公室的抽屉，从里面拿出了《爱的教育》：“这样吧，斯老师把自己最心爱的一本书送给你，请你原谅老师！”接过书，蒋风的委屈情绪马上烟消云散了，斯老师还在书的扉页上题了一句话：“不要怕做平凡的人，但要永远记住，让自己那颗平凡的心，随时闪现出不平凡的光彩来。”

童年时代对蒋风影响最大的一本书

饱含着温情的书本，拨动了小蒋风的心弦，从此，蒋风用一生的爱弹奏出一曲多声部的童心交响曲。蒋风说，正是斯老师的这本书，改变了他一生的命运。他也明白了一个道理：爱因斯坦受《自然科学通俗故事》的启发走上科学之路；齐奥尔科夫斯基受儒勒·凡尔纳科幻小说《从地球到月球》的影响，从小就迷上了探索太空，成为俄罗斯“火箭之父”……书，对一个人的影响是无法估量的。

在亲近文学、感受文学的过程中，蒋风获得了精神的食粮。亲近文学，使他学会了小蚂蚁般的勤奋和小蚯蚓般的努力，还收获了小蜜蜂般的甜蜜。

在《从小便是小书迷》一文中，蒋风写道：

> 如今，六七十年过去了，斯老师娓娓道来的那些故事中的人物，仍栩栩如生地留在我的记忆中，始终震撼着我的心弦。也许，这就是诱导我走进文学世界的最初魅力吧。

温情的童年记忆

在蒋风的童年记忆里，家里虽然贫困，但也有许多难忘的事情。每月，母亲都会带上蒋风姐弟几人一起去探望曾祖母。

蒋风的曾祖母独自一人住在将军路东侧的斗鸡巷，这是一条极不起眼的小巷，全长不足一百米，却有一个逗人的名字：斗鸡。进巷不到十米处，有一座宽敞的院落，曾祖母就住在里面。

蒋风脑子灵活，曾祖母特别喜欢他。很小的时候，曾祖母有问题考蒋风，蒋风都会很快答出来。

曾祖母对蒋风很关心，她把全部的热情和爱都给了蒋风和蒋风姐弟们。也因此，蒋风姐弟们和曾祖母的感情特别深厚。

蒋风常常会在院落里寻找自己的乐趣。当然，最使蒋风开心的，便是看公鸡相斗。一群鸡在院子里边觅食，边嬉闹。当两只公鸡碰到一起，往往会忘了觅食而格斗起来。一只黑公鸡，高大结实，双目闪闪发光，一副英勇善斗的神态；另一只公鸡，毛色纯白，骨架匀称，肌肉结实，颈粗腿长，也是极具英雄本色。一黑一白两鸡相遇，往往就会斗个你死我活，毫不示弱。

有一次，蒋风在看斗鸡时，白公鸡开始占了上风，但黑公鸡宁死不屈，几个回合下来，双方都已筋疲力尽，黑公鸡忽又重振雄风，扭转颓势，飞奔过去啄掉了白公鸡一身羽毛。但白公鸡小心翼翼地提防着，也不服输，振翅凌空飞向黑公鸡，黑公鸡以倔强的神态跳起来，在半空中迎战对手。

蒋风就在一旁为黑公鸡鼓劲："黑公鸡加油，黑公鸡加油！"

在斗鸡巷看斗鸡是蒋风童年的一件有趣的事情，多年过去，蒋风还时常回忆起在斗鸡巷看斗鸡时的情景，以及曾祖母带给他的深深的爱。

蒋风自己的家则位于一条死胡同，因此，除了定期和父母亲一起外出，蒋风便只能在自家院子里和姐弟几人一起玩耍。

在缺少欢乐的黯淡生活中，蒋风总是自己想方设法找乐趣，春天放风筝，夏天玩蚂蚁，秋天捉蟋蟀，最有趣的要算冬天堆雪人了。

冬天的雪是美的。一场大雪之后，打雪仗、堆雪人、在雪地上捉麻雀，都曾给童年的蒋风带来欢乐。蒋风七岁那年冬天，鹅毛大雪飘了三天三夜，院子里的积雪足足有两尺厚。放晴之后，蒋风和弟弟便在院子里滚雪球，滚呀滚的，把院子里的积雪滚成了一团。

"我们堆个雪罗汉吧！"弟弟说。

蒋风也高兴地说："好啊！"

于是，兄弟俩把雪球滚到院子当中，加以一番修整，就成了雪罗汉的躯干。再滚了一个小雪球安到躯干上，就成了雪罗汉的头。蒋风从灶膛里找了两颗木炭嵌了上去，就成了活灵活现的眼。弟弟从妈妈的梳妆台上拿来一支口红，浓浓地抹了一笔，雪罗汉就张嘴笑开了。蒋风正在为雪罗汉缺少鼻子而发呆时，弟弟又从厨房

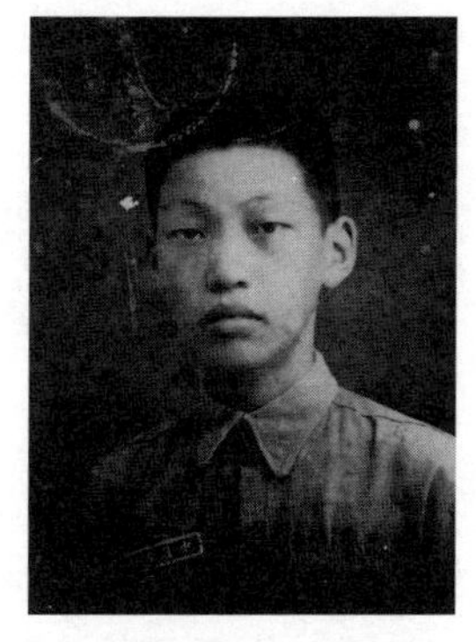

小学时代的蒋风

里找来一根胡萝卜插上罗汉的圆脸，成了个高高的红鼻子。

“不像，不像，哪会长红鼻子？”蒋风说。

弟弟却理直气壮地说：“严寒，冻红了雪罗汉的鼻子。”

蒋风笑得睁不开眼。

大雪纷飞过后，便是一年中的春节。每年腊月，蒋风的母亲就开始为一家人过一个温馨的年而忙碌起来了。那时候，蒋风的父亲为家庭的生计长年在外，家里全仗母亲撑持。过年前，她忙里忙外，掸尘埃、买年货、切笋干、制糖糕、做新衣……母亲有做不完的活计，忙得不可开交。

在蒋风的心里，送灶君菩萨是过年第一件趣事。蒋风听母亲讲过，灶君是玉皇大帝的女婿，被派遣下凡，到人间查看每户人家的日常生活，如若发现他所在的人家有不好的事，就会在灶头墙上画个黑圈，过年时灶君菩萨就凭这些记录上天向玉皇大帝汇报。因此，金华民间每年都要在农历十二月廿四夜前，进行一次彻底的清扫，俗称“掸尘”，借此清除灶君菩萨留下的记载，免遭玉皇大帝的惩罚。

腊月廿四夜，送灶君上天前，母亲就在灶君神像前供上水果、糖糕、茶水，点上香烛，祈求灶君“上天言好事，下地保平安”，这寄托着一位伟大母亲对全家人的希望。童年的蒋风，最感兴趣的是灶头上的供品，那是他和弟弟们最美味的点心。蒋风的童年时代，生活比较困窘，平时三餐能吃饱就很不容易了，到过年才难得有点好吃的零食。

在蒋风的记忆中，每年吃年夜饭，母亲总是千方百计要做得丰盛一些。这时，长年在外谋生的父亲也回来了。一家人团团围坐成一桌，共享天伦之乐。蒋风记得，他家的年夜饭，有三道菜是母亲必做的：一道是青菜，寓意清清洁洁，平安度日；一道是炒年糕，吃了年糕象征一年比一年高；最后一道是全鱼，一般不吃，图个年年有余。一家人在祥和的气氛中过一个快乐的年。

春节过后就是元宵。那时候的金华，岁月淡得好似白开水，平常日子也很少有什么娱乐。因此，孩子们最盼望的便是过元宵节。从元宵节起，城乡要迎三夜龙灯。这对孩子们来说，是高兴的事，蒋风曾在《龙灯》一文中这样写道：

> 小时候，最使我高兴的事，便是元宵看龙灯了。
>
> 迎龙灯的日子，天还未暗下来，一家人便提早吃了晚饭，赶到大街去等候。等天渐渐暗下来，全城都沉浸在一片欢乐的海洋之中。挨家挨户在门口点上两盏红灯笼，鞭炮声此起彼伏，接连不断。烟火流星不时划过天际，发出闪闪光点，处处弥漫着一股喜庆的火药味。
>
> “来啦！来啦！”突然有人高声喊着，孩子们欢呼雀跃。远远可以看到两对火球飞舞着过来。这是为迎灯队伍开路的。火球是用铁丝编织成的，球内燃着熊熊的炭火。在火球上系着绳子，由两名壮汉各拽着一对火球，前后交错飞舞，走在龙灯队伍的最前面。
>
> ……
>
> 当尾龙走过孩子们面前，随着龙尾的小乐队敲出的“咚咚锵！咚咚锵！”在耳边远去，孩子们才带着一种无限惋惜的心情，跟着大人踏上归途……

迎龙灯是蒋风记忆里最有趣的事情之一，伴着童年的乐趣，蒋风慢慢成长。

待到春暖花开时节，放风筝又是蒋风的一大爱好。童年记忆中，做风筝、放风筝都给蒋风留下了深刻的印象。

有一次，蒋风走到婺江边，看到江堤边的柳树抽出了枝条，长出了嫩绿的叶子，在春风中微微晃动，像是在欢迎自己。他望向江堤的空地上，近百只风筝争先恐后地飘向空中，江边几乎成了风筝的王国，简单朴素的风筝，你不让我，我不让你，似乎在比谁飞得更高。看着别人的风筝都高高地飞翔在蓝天，蒋风心中羡慕不已，于是，他也想体验放风筝的乐趣。

回到家，他找来细竹条、旧报纸，然后翻出妈妈的针线盒，开始耐心地制作起风筝，他还叫上弟弟一块帮忙，忙了一上午，终于把风筝做好了。他和弟弟一起来到江堤边，可是，等到放飞时，风筝并没有飞起来，反而一头栽在了地上。兄弟俩不灰心，蹲下来查找问题，经过分析，兄弟俩找到了问题所在。经过改进，风筝终于做成功了。

蒋风和弟弟一起加入放风筝的队伍中。蒋风左手捏着线，右手拎着风筝，然后把风筝使劲地向天空抛去，左手一扯风筝线，整个人顺势一路小跑，风筝就摇摇摆摆地飞起来了。蒋风边跑边放，风筝越飞越高，蒋风沉浸在收获成功的喜悦中。

后来，他在《放风筝》一文中这样写道：

> 春天是孩子们最欢乐的时候。“正月灯，二月鹞。”浙中地区把风筝叫纸鹞。农历正月迎龙灯是够热闹的，二月在和煦的春风中放纸鹞却又是别有一番情趣。
>
> 明朗的蓝天上，飘动着各色各样的色彩斑斓的风筝，

对孩子们来说，具有何等的诱惑力。那翩翩舞动翅膀的大彩蝶，那嗡嗡作响迎风抖动的长蜈蚣，那双眼有如铜铃的老鹰鹞，还有那带着神秘色彩的八卦鹞……真是丰富多彩，令人眼花缭乱。当然那些工艺繁杂的彩鹞都是大人们的精工细作的工艺品，孩子们除了在一旁眺望外，是无缘参与的。

……

在做风筝、放风筝的过程中，蒋风尝到了失败的滋味，也尝到了成功的喜悦，在童年的蒋风心中，埋下了只有认真观察，勇敢尝试才能收获成功的种子。

第二章

抗战烽火

十三岁的小教员

1937年抗战全面爆发后，正在读初一的蒋风就无法正常学习了，随后，蒋风和家里人开始了躲避轰炸的日子。生计问题接踵而来，蒋风的父亲在外谋生不在家乡，母亲一人拉扯蒋风姐弟四人，生活举步维艰。

让蒋风记忆犹新的是，当时城里的学校迁到乡下后，蒋风本想回到中学继续读书，但是因为要寄宿在学校，需要置办一套被褥，家里没有钱，蒋风只能放弃这个念头。

母亲为一家人的生计问题而担忧。正在这时，母亲听到玲珑岩要找个小学老师。她来不及与蒋风商量，就接下了这份差事。母亲找到玲珑岩的村主任，向他推荐了蒋风。

原先，玲珑岩的私塾小学有一位老塾师任教，杭州沦陷后，兵荒马乱，老先生辞职回去了。村主任心急如焚，看着村上就学的五六十个孩子，唉声叹气。

“这兵荒马乱，到哪里去找老师？”村主任急着找个老师顶上。他不知道蒋风当时只有十三岁，看到蒋风个子高高的，又是个文质彬彬的初中生，因此，听了蒋风母亲的推荐就满口同意地说：“好，好，就让阿康来试试。”

母亲当时只是为了全家五口能找点生计补贴一点家用，所以并没有提工资待遇。反而村主任主动说：“你家也不容易，阿康吃种饭，每学期薪俸三百斤稻谷，好不好？”

蒋风还小，他不知道吃“种饭”是什么意思，村主任接着解释：“种饭就是由学生轮流供应伙食，每个学生家里吃一天。”

母亲满口答应：“好！好！”

因此，蒋风当起了私塾小学的老师。

蒋风当时非常担心，因为他自己还只是个上初一的学生，一下子变成了老师，不免心里有些慌张。可是，他没有办法，只好硬着头皮干。

第二天，蒋风就到私塾小学任教了。

玲珑岩是个有一百多户人家的山村，分上下两村。西村相距不到一公里。上村与下村之间的山路旁有一座孤零零的祠堂。小学就设在这个祠堂里。祠堂内外两进，外进是教室，内进是老塾师的卧室和厨房。

蒋风的到来，最高兴的还是学生们，他们不用因为老塾师的离去而停学。

可是，初次走进教室，蒋风就愣住了，小学共有五十多位学生，分成了六个年级，每个年级有八九个学生，一个年级坐一排。蒋风要进行六复式教学。学校只有蒋风一个老师，语文、数学、音乐、体育……所有学科都是蒋风一人任教。除了教书，还有后勤也由蒋风自己完成，他一人身兼了校长、教师、校工三种角色。

在这些学生中，有二十四五岁的“大学生”。要教比自己年长一倍的学生，蒋风多少有些胆怯。

蒋风暗暗告诉自己，这份差事来之不易，为了全家人的生计，一定要保住这个饭碗，一定要好好教书。

山村的孩子大多比较朴实，又受过老塾师的严厉管教，教学比蒋风想象的要容易得多。平时爱看书的习惯使蒋风积累了许多精彩有趣的故事，其广博的知识面这时正好派上了用场。每当学生上课表现不好，出现注意力分散、课堂纪律不佳等情况时，蒋风就给学生讲故事，大家都听得津津有味。

就这样，蒋风的教学进入了正轨，他也渐渐习惯了这样的教学生活……

教学中，蒋风和学生更像是朋友，不管是学习成绩好的学生，还是调皮捣蛋的学生，蒋风都宽容对待。他觉得用爱对待学生比用严厉的方式更好。

在众多学生中，也有给蒋风出难题、惹麻烦的。有一次，蒋风给五年级的学生上课，刚好讲到许地山的《落花生》。为了让学生更好地掌握课文，蒋风让其中一个男生站起来朗读。《落花生》的第一段是："我们屋后有半亩隙地。母亲说，让它荒废怪可惜，既然你们那么爱吃花生，就拿来做花生园吧。"男同学站起来后，故意念成了："我们屋后有半亩雪梨，老师说，管它花的白的怪好吃的，既然老师爱吃花的，就拿来种花梨吧。"

男同学还没念完，大家就哄堂大笑了，原本安静的课堂顿时沸腾起来，一二年级的同学看着大家都笑呵呵，也跟着笑起来，而且动作更夸张，大家都像入水的鱼儿一般欢腾。

蒋风慌了神，因为刚刚教学不久，他还没有驾驭课堂的能力。被学生一吵闹，蒋风面红耳赤，手足无措，十分狼狈。

但蒋风告诉自己，不能慌，冷静对待。在短暂的喧闹过后，学生们安静了下来，大家忧心忡忡，生怕蒋风发火。

令学生没有想到的是，蒋风并没有责骂学生。

或许是因为他的沉着、冷静，让学生们觉得羞愧，大家又继续进入上课状态。

下午放学后，蒋风把这位调皮捣蛋的学生留了下来。一开始，学生很紧张，他怕老师批评，更怕老师把他上课捣乱的事情告知家长。让学生惊讶的是，蒋风并没有批评他，更没有向他父母告状。蒋风让他跟自己一起打扫卫生，见老师没有批评他，也或许是内心惭愧，学生打扫卫生特别起劲。

打扫结束后，蒋风和他一起回村，当走过一片杉树林时，蒋风问他："有种过树吗？"

学生不明白老师什么意思，只轻轻地答了一声："种过。"

"种一棵树，要花费多少心血啊！松土、育苗、施肥、修剪……最后才能长成参天大树。我们人不也是一样吗？要想成为参天大树，就必须好好学习。"蒋风说。

学生似乎明白了蒋风的意思，不禁低下了头。

到家时，学生忽然说："老师，我以后再也不胡闹了。"

听了学生的话，蒋风很高兴，正是在他的教导下，这位调皮捣蛋的学生变成了乖学生。蒋风这个小老师也变成了一个新闻人物，村里到处传扬他的事迹，乡亲们见到蒋风的母亲便说："阿康娘，你真是有福气，生了个好儿子。"

"小老师比老先生还要厉害啊！"

一时间，这件事变成美谈，在村里传开了。

看着学生们在自己的教导下，变得越来越乖，蒋风很高兴。他后来从事儿童文学理论研究以后，更是深有体会，尊重每一位学生，用爱关心每一位学生，这才是爱的真谛。

旧书店里的乐淘少年

蒋风跟随在绍兴工作的父亲到稽山中学读书后，并不是一帆风顺的。日军的飞机几乎天天光顾，学校出于安全考虑，让学生白天留在家里自学，夜晚上课。

蒋风清晰地记得，在稽山中学读书时白天空袭警报连续不断，于是，他干脆带上课本、作业上府山自学，一听到警报声就近躲进防空洞，每天吃过晚饭后便背着书包，自北往南穿过绍兴城，到城南的稽山中学上课。

也因为此，蒋风白天有充足的时间阅读。在玲珑岩当教员的经历让蒋风明白，只有储存大量的知识，才能教好书，才能成为一名深受学生尊重的老师。

尽管蒋风没有考虑今后从事什么职业，但是，积累知识是他的追求。蒋风的父亲在绍兴法院当书记员，住在绍兴龙山附近。蒋风每天读书要走很远的路，在往返的路上有许多旧书店，蒋风喜欢在放学时走进这些旧书店，淘自己喜欢的书。

蒋风的同学莫曰达也特别喜欢文学，因为共同的兴趣爱好，他经常同蒋风一起去旧书店。在旧书店里，他们淘到了许多喜爱的书。

最吸引蒋风的是苏联著名作家班台莱耶夫的小说《表》。班台莱耶夫是苏联著名的儿童文学作家，写过很多作品。他出身于军人家庭，在苏联内战时期父母双亡，成了孤儿，自此流落街头，和小偷、流氓、骗子、流浪儿打交道，1921年进了流浪儿学校。1927年，他根据在这个学校的生活，写了第一部作品《流浪儿共和国》。

《表》也是他的代表作之一。他以明朗、有趣、活泼、简洁的文笔，描写一个失去双亲、无家可归的流浪儿彼奇卡为饥饿所迫，当了小偷，趁机骗取了一个醉汉的金表。彼奇卡把那块偷来的表藏在教养院的园子里，第二天他绝望地发现园子里堆满了取暖的木材。为了早日找回那块表，他拼命地参加搬运木材的劳动，由于"出色表现"，他被教养院的学生们选举为经济事务负责者，在别人的信任与赏识中，彼奇卡却感到有一种羞耻感，他羞耻自己偷了醉汉的表，终于，他认识到自己的错误，自觉地把表还了回去。

看完这个故事，蒋风很受启发，他第一次觉得原来儿童文学作品可以有强大的教育作用。他回想起自己当老师时班上的"后进生"，他觉得，任何时候，老师都要懂得赏识、鼓励他们，像彼奇卡这样的孩子都可以被感化，更何况是其他学生呢。或许正是受此影响，蒋风的阅读范围变"窄"了，他更多地挑选经典儿童文学作品阅读。《表》这部经典著作，蒋风读了一遍又一遍。

在中学时，因为对文学的热爱，蒋风便给报纸副刊投稿，他还给自己取了个笔名蒋风。抗战时期，金华作为浙中腹地，抗日宣传文化活动异常活跃。

1938年，《东南日报》从杭州迁至金华，该报辟有副刊《壁垒》。同年，浙江省的行政长官黄绍竑在永康创办《浙江日报》，该报辟有副刊《江风》，蒋风当时就给这两个副刊投稿。

回忆这段往事时，蒋风笑着说，当时是受了七月派领导者胡风的影响。七月派活跃在抗日战争的时空下，是抗战时期和解放战争时期国统区重要的现实主义诗歌流派，胡风也因主编《七月》得名。胡风同时还编辑出版《七月诗丛》和《七月文丛》，悉心扶持文学新人。

蒋风最早在《东南日报》副刊《壁垒》上发表杂文和诗。有一篇题目为《无肉之灾》的杂文，发表在建瓯《民主报》上，内容是对当时现实的不满。蒋风的爱国情怀也在文章中得到了淋漓尽致的表现。

看着自己写的手稿变成了印在报纸上的铅字，在副刊上发表的文章逐渐增多，蒋风的写作乐趣也得到了进一步的激发。也是从那个时候起，蒋风开始插上梦想的翅膀。在当时的背景下，蒋风与大量的文化人士和新闻工作者接触，在潜移默化的影响下，青少年时期的蒋风逐渐有了以后当记者和作家的梦想。谈起自己的理想，他的回答很坚定："第一是当记者，第二是当作家，第三是当教授。"这三个梦想播种在蒋风心里，在他日后的努力下，逐步得以实现。

加入金华战时服务团

蒋风的中学学习生活是时断时续的，在中学阶段的五年半中，学校就换了四个。初中就读的学校有金华中学、绍兴的稽山中学，高中又转学到武义的稽山中学、常山临时中学。

1940年上半年，蒋风继续在绍兴稽山中学读初二。他在金华市区四牌楼附近的家被炸毁了，家里的所有东西毁于一旦，所幸的是在飞机炸毁房屋时，蒋风家里刚好没人，母亲带着弟弟逃出去躲避了，人没有受伤。当绍兴沦陷后，蒋风又回到了金华。

1940年下半年，蒋风考进了金华战时动员委员会下属的金华战时服务团，办公地点与当时的金华县政府在一起。服务团的工作主要是参加会议，做记录，抄抄写写，宣传抗战。在平凡而琐碎的工作中，蒋风也体会到了参与爱国活动的责任。在金华战时服务团工作的日子，蒋风很开心也很满足，他加深了对抗战的认识，增强了爱国情怀。时间过得飞快，在战时服务团工作不到一年，蒋风又去上学了。

1941年下半年，蒋风以同等学力考进已经搬迁到武义明招寺的原绍兴稽山中学读高一，在那里，蒋风只读了一个学期。

1942年2月，蒋风又转学到常山临中（当时，浙江省政府为沦陷区的中学生在浙西的常山县乡下办了一个临时中学，简称常山临中）。

因此，在五年半的学习中，蒋风实际上初中只读了两年，高中读了一学期半。其间，当小学教员半年，在金华战时服务团工作不到一年，休学一年多。后来，他去日本参加大阪国际儿童文学会议时，同挚友鸟越信先生说："由于中日战争的影响，我的整个少年时代都是在腥风血雨中度过的，因此失去了自己按部就班接受教育的机会，六年时间读完十二年才能完成的基础教育。于是留下了许多知能上的缺陷……"

1940年，蒋风参加金华战时服务团时，与友人范治（中）朱侃（右）合影

第三章

漂泊大学

漂泊中徒步前行

1942年4月，侵华日军发动浙赣战役，沿浙赣线大举进犯衢州常山，当时正在常山临时中学读高中的蒋风看到学校即将解散，不得不回到金华。可是，令他没有想到的是，金华也是一片混乱，家中更是空无一人。蒋风一家六口人，当时父亲在衢州工作，就逃到了衢州乡下；蒋风母亲带着蒋风姐姐和二弟逃到了金华北山一带；蒋风的大弟弟在江西玉山临时中学读书，就随校逃难到了玉山山乡。

战火连连，家人飘落四方，无奈之下，蒋风只能回到常山。经过多番考虑，他决定逃难去福建。闽北多山，日军进犯的可能性小；蒋风渴望读书，他想报考当时的国立东南联合大学，圆自己的读书梦想。蒋风曾说："在生活的道路上，我在追求，即使在最痛苦的时候，我也不断地寻觅着美的因素。进大学的梦始终激励着我，一定要跨进大学的门。"

福建与浙江是邻省，相距不算太远，1942年6月，常山临中已经解散。蒋风听说东南联大在福建建阳建立，于是，他立即燃起了去东南联大读书的渴望。

当时，东南联大与其他大学相比，算是离浙江最近的。于是，蒋风回到常山，约了五六名同学之后，大家把能卖的铺盖、衣服等行李都卖给了当地的农民，凑了一些路费，便出发前往福建建阳。

当时，汽车本来就少，再加上身上盘缠有限，蒋风一群人决定步行去建阳。大学的读书梦召唤着他们，路途的艰辛在他们几个年轻人看来，根本不算什么。蒋风清楚地记得，从1942年6月1日出发，他们整整走了一个多月才到建阳，途中更是危机四伏。

一路上，日军的飞机一直在上空盘旋，看到行人就低空扫射。蒋风和同行的人考虑到沿着公路前进，目标明显。为了安全，他们白天就在农民家中休息，到了晚上再赶路。

他们冒着酷暑，从常山出发，途经玉山、上饶、广丰、浦城、水吉，一路上翻山越岭，风餐露宿，备尝艰辛。有时遇上冰雹的突然袭击，或野兽从身边呼啸而过，或遇上土匪用枪口顶着要"买路钱"，或缺水少饭陷入饥饿的困境。

到了福建境内后，蒋风一行人已经捉襟见肘。蒋风身上穿的一条长裤由于沿途常常席地而坐，屁股上已经磨出了一个大洞。

到了福建浦城，一行人的吃饭成了问题。还好同行的有一位女同学家中是卖药的，她随身带了三四瓶治疗疟疾(俗称打摆子)的奎宁。那时候，江西、福建一带这类病特别多。他们便靠卖这些药换了一点路费。同时，他们还买了许多当地因战争滞销的低价桂圆干充饥。这样又勉强支撑了一段时间。

蒋风一行人刚到建阳的时候，东南联大还没有招考。一路的艰辛、穷困和饥饿就像幽灵似的追随着蒋风，读书人的面子又使他不好意思去乞讨。他翻遍衣服口袋，只摸到几个铜板，正是长个的年纪，实在挺不过去了，蒋风只能坐到附近的茶店，花两分钱泡了一壶茶，勉强把饿瘪的肚子填一填。

这样的日子持续了两天，蒋风到了当地建立的流亡学生收容站。当时，很多浙江、上海、江苏一带的学生都流落到建阳，收容站每天给这些流亡学生供应两顿稀饭，保证大家能生存下去。这种艰辛的日子一直持续了两个多月。

考进东南联大先修班

抗战期间，中国高校是颠沛流离的，如饱受战争摧残的北大、清华、南开三所大学在昆明联合组建了一所新学校——国立西南联合大学。又如北平师大、北平大学和北洋工学院等合并建于西北一带的西北联合大学。这些抗战联大为抗战时期的大学教育、国家的人才培养做出了重大贡献，为世人所熟知。而由上海一些内迁的高等学校组成，设立在福建建阳童游的东南联合大学，因时间短、规模小，并不为世人所熟知。

1941年12月7日，日军偷袭珍珠港，太平洋战争爆发。次日，日军进占上海租界，暨南大学、上海美专等高校纷纷关闭，以示决绝。为了避免学生失学，1942年1月，国民政府教育部决定将未在内地设立分校的上海专科以上学校全部合并，在浙江境内成立东南联大，由暨南大学校长何炳松担任东南联大筹备委员会主任。

何炳松是中国现代史学的奠基人之一。1890年10月18日，何炳松生于金华城内的文昌巷。他于1912年在浙江高等学堂毕业以后，以优异的成绩公费留学美国，攻读政治学和史学，成为近现代中国最早系统接受西方史学专门训练的学者之一。五四运动前后，随着国内民主、科学思潮的兴起，西学的输入出现了一个新的热潮。在这一热潮中,除马克思、列宁主义唯物史观在我国得到广泛传播外,其他各种西方史学理论较以前也更为系统地向我国传入,何炳松正是这一活动的首倡者和实践者。

何炳松在这一时期的史学成就,主要表现在系统介绍了西方史学思想,特别是美国鲁滨孙的"新史学",并试图将中西史学糅合为一体,构建自己的史学思想体系。在"五四"前后的中西文化交融中,为我国史学理论的建设做出了重大贡献,他被誉为"中国新史学派的领袖"。在此期间,何炳松翻译了大量国外的史学理论著作。其中以翻译介绍鲁滨孙的《新史学》影响最大。对于中国现代史学的建立,何炳松起了奠基者的作用,促进了中国史学的近代化。

1923年,何炳松应聘进入商务印书馆,担任百科全书委员会第五系主任,参与百科全书的编辑工作。商务印书馆时期,也是何炳松学术研究的第二个高峰期,他的大部分著作、论文是在这个时期完成的,比如其代表作《历史研究法》《通史新义》《浙东学派溯源》等等。从1923年进入商务印书馆,到1935年调任暨大,何炳松为商务印书馆呕心沥血。商务印书馆的发展、兴盛和他是密不可分的。

为了把暨南大学办成一所名副其实的华侨最高学府,何炳松倾注了大量的心血。暨南大学是政府特别为侨居海外的侨民子弟归国求学而设立,是当时中国唯一的一所华侨大学,在国内外都有重要影响力。1935年6月至1946年5月,何炳松受聘担任暨南大学校长,前后共11年之久。他是暨南大学历史上任职时间最长的校长。他执掌暨大以后,对学校进行大力整顿,延聘知名教授,安定人事,扩充设备,改良环境,重振暨南雄风。

抗日战争时期，何炳松从上海孤岛到闽北建阳，面对险恶的环境和重重的困难，他始终坚持爱国立场，与师生砥砺同行，同舟共济，坚持办学，使暨南大学这所华侨高等学府岿然屹立，被誉为“东南民主堡垒”，为华侨教育事业做出了重要贡献。目前，暨南大学仍以何炳松题的“忠信笃敬”为校训，并立有何炳松铜像。

蒋风在漂泊和困顿中度日，他一边学习一边认真备考，终于于1942年9月17日，正式考入闽北建阳童游东南联合大学先修班。

因为战争，蒋风的六年小学断断续续读了三年，六年中学也断断续续只读了三年半，因此，他在中小学阶段没有系统学习过相关学科，考试成绩并不理想，只考取了东南联大先修班。但是，先修班的复习，为蒋风后来考取暨南大学奠定了基础。

暨南大学的文学梦

1943年,蒋风顺利考入了暨南大学文学院。暨南大学的前身是1906年清政府创立于南京的暨南学堂,后迁至上海,1927年更名为国立暨南大学。学校以培养华侨学生为主。抗日战争期间,国立暨南大学的临时校址在福建建阳的童游乡。

经历了一系列的坎坷挫折,能够通过自身的努力,考进暨南大学,对蒋风而言是一件快乐而满足的事情。暨南大学的一草一木,一花一树,每一处景色无时无刻不透露出浓浓的诗意。每天,蒋风都会对着校园内的景色独自沉醉。

当时暨南大学文学院的中文系主任是浙江天台人许杰,他同时兼任暨南大学教务长。许杰是五四时期新文化运动的一位干将,与鲁迅、茅盾等作家关系密切,蒋风打心眼里敬佩这位教授。源于对文学的无限热爱和追求,蒋风如愿认识了许杰。后来,在他的指点下,蒋风燃起了创作的火苗。

坐在暨南大学的教室里,蒋风时常为大自然所陶醉,他对中国文学,特别是诗歌的兴趣,在大学的环境里变得活跃起来。

他到图书馆及老师那里借阅诗集和其他文学读物,对当时胡风所编的《七月》尤为钟爱,还读了许多与自己年龄相仿的年轻人的诗篇。蒋风一直有写日记的习惯，很多时候，他看到自己所喜爱的诗篇，便会抄下来，然后写上读完诗的感受。读着这些抗战时期的诗作，蒋风觉得，作为青年，一定要和这个国家、民族联系起来，绝不能与世隔绝、孤芳自赏，有时候，他还一边流泪一边读这些充满感情的诗篇。当他读着家乡诗人艾青的《复活的土地》《吹号者》时，更有一种亲切感。

读了这些诗，蒋风也深切体会到应该看到希望，期待黎明的到来。正是这无限爱国情怀，使他在阅读的同时，埋下了创作的种子。他开始用诗歌表达内心的想法，准备迎接光明的到来。如《红叶》：

> 早晨跑遍秋的山头／摘回一片红枫叶／陪伴我，缀在案头／她以鲜艳的红唇／向窗外蓝天／吹送战斗之歌。

又如《桥》：

> 有了你的启示／人们得着智慧了／你担负起自身的苦难／引人走向幸福的彼岸。

蒋风的咏物诗，能够准确地捕捉事物的特征，并把它同生活中的情状恰当地结合起来，运用鲜明的形象，把小诗变成表情达意的理想载体，道出自己对时代的感受。蒋风的学生马力曾在《守望的情结——蒋风论》一文中评论说："《红叶》和《桥》正是诗人自我内心世界的象征。他的心，他的热情，正有着红叶一样的颜色，从他的内心深处喷发出的正是抗日健儿敲起的镗达鼙鼓的声音和嘹亮的战士的歌声，让人振奋，大有投笔从戎之慨。《桥》则更多显示了青年诗人内心聪颖智慧的一面。诗人从走过的一座座渡人的桥，想到了人生的理想之桥。从平凡的桥想到不平凡的桥的精神，使诗人进入了象征的境界，立刻使诗意厚重起来。"

诗歌让蒋风忘记了饥饿和困倦，忘记了苦难，在文学创作的精神园地里，蒋风用手中的笔表达着内心的情感。诗也伴随了蒋风一生。晚年，蒋风在给他的儿童文学研究生开设《谈谈诗和儿童诗》的讲座时说："诗是我们的生活，我们的生活就是诗。"

1943年9月，正当蒋风沉醉在诗歌创作中的时候，突然又遇到了新的难题。当时暨南大学文科公费名额只占学生总数的百分之十，而蒋风在暨南大学没有进入百分之十的范围。作为一名流亡学生，蒋风举目无亲，与沦陷了的家乡亲人失去了一切联系。

好在天无绝人之路，正当蒋风走投无路、焦虑失学、无食果腹、无物过冬的时刻，转机出现了。英士大学由浙江省立改为国立，于1943年11月到建阳招生。英士大学农学院的公费名额比较多，占入学学生人数的百分之八十。为了解决眼下的困境，蒋风报考了英士大学农学院，不久后，被英士大学农业经济系录取。

战争中的英士大学

在最艰难的岁月里，蒋风随英士大学的变迁读完了四年大学。四年大学生活不仅使蒋风找到了自己更喜欢和更适合的阅读书目，也使蒋风度过了一段最热闹、最活跃、最充沛的愉快时光。在这段时光，蒋风不仅充分显露了在文学方面的奇才异禀，也在潜移默化中改变了性格，展现了多方面的才能，并形成了高风亮节的品格和志趣。

在英士大学，蒋风阅读了大量古今中外的文学作品，他对诗歌尤其钟爱，创作了一批饱含深情的诗歌。他在《我的大学》一文中写道："我从诗神那里乞求火种，点燃了我的心，照亮了前进的路。诗给了我快乐，诗给了我力量。"

英士大学是战争的产物。抗战烽火燃遍浙江大地时，浙江大学内迁贵州省。当时，浙江省内没有大学，浙江省当局就在丽水筹建了一所战时大学，以应急需。

当时，浙江省政府筹备成立"省立浙江战时大学"，主要为了安置战地失学青年。后来，为了纪念辛亥革命先烈陈英士，1939年，正式定名为"浙江省立英士大学"。

因为处在特殊的战争年代，英士大学也经历了一次次的搬迁，四迁地址。1942年5月,英士大学内迁云和;1943年暑假,因日军打通浙赣线而迁至泰顺;1945年8月抗战胜利,英士大学又迁至温州;1946年9月,英士大学又奉令移至金华。直到1949年8月,金华市军管会解散了英士大学。

1942年冬,蒋风带着一身颠沛流离的困顿,带着一颗不折不挠的心,从荒凉的闽北山城,回到浙江山清水秀的云和县。蒋风还在自己的日记本上写下了:“没有气馁,也没有叹息;没有哀怨,也没有伤感。”

当时,国立英士大学设在云和县小顺镇。因日军的进逼,这时浙江省会已从永康方岩迁到云和。小小的云和县不仅挤满了各类省级机关,还有第三战区下属的附属机关、如潮的逃难百姓。小城容不下骤增的那么多人口,便向四周的乡镇流散开来。当年的小顺镇,便拥有一所上千人的国立英士大学,还有国民党第十集团军司令刘建绪麾下的陆军32师师部、于1937年创建的浙江铁工厂、小顺麻厂、浙江省政府黄绍竑主席公馆。

英士大学改国立后,设有法、农、医、工四个学院,行政、合作、会计三个专修科。校长是杜佐周教授,东阳人,从美国留学回来。当时,从东南联大合并过来的艺术专修科,是国立英士大学最引人瞩目的一个专业。这个专业拥有一批著名的画家、学者在此任教。如潘天寿、俞剑华、谢海燕、倪贻德、孙多慈、郑仁山……都是闻名遐迩的教授。许多慕名而来的学子,就围聚在这些名家身旁。因此,当年在小顺街头、瓯江碧流之滨、开满油菜花的田野上,常可见到带着画夹的艺专学生在写生。忘了连天烽火,忘了弥漫的硝烟,小顺成了世外桃源。蒋风和一群年轻人,为了学会报效祖国的本领,相聚在这个具有山村风味的小镇,度过了整整一年。

在小顺的时日里，蒋风更喜爱独自沿着镇边的小溪漫步到瓯江边，看那清澈见底的江水滔滔向南流去，不时有撑着白帆的船从眼前驶过，勾起不尽的乡愁，为亲人们的安危担心……

有时，蒋风会找个江边的树荫坐下，翻开《普希金诗集》，或是巴尔扎克的《人间喜剧》，沉醉在诗人、作家笔下描绘的梦境里，也会暂时忘了战争制造的残酷血腥和窒息的空气。蒋风也会拿出手边的日记本写几句诗麻醉自己，但从稚笔流淌出来的还有苦涩和伤感。蒋风还保存了一份剪报集中的残页，如《四月小唱》："让艳阳照亮青春，让霉雨葬送年华，年轻的心境有如死水，不会有些微的感应，无心再听远地歌唱，任凭莺飞草长，只见窗外江南浅草，有杜鹃哭遍山野。"

生活在战争年代是艰难的，但青春毕竟是美丽的。云和小顺的生活，蒋风至今仍记忆犹新，小顺的景致，也深深刻在蒋风的脑海中。

然而，梦境毕竟是梦境，战争的残酷常常把蒋风带回现实。远处传来《大刀进行曲》的悲壮歌声："大刀向鬼子们的头上砍去……"又使蒋风热血沸腾，蒋风下定决心，决不做亡国奴。

如火如荼的抗日战争进入无比艰难的相持阶段，中华民族从未泯灭对胜利的信念，面对凶残的敌人，仍然浴血反抗。蒋风虽没有弃笔从戎，但决不做亡国奴的信念始终如一，学知识报效祖国的信念也在蒋风心里更加坚定。

随着日军的侵入，云和又处于动荡中。英大改国立后，拟在小顺大展宏图。校方积极在当地寻找土地建造校舍，但又因日军侵扰，规划落空。小顺也不再是世外桃源了。

在战火和疫病的逼迫下，英大校务委员会做出决定：全校迁往泰顺，农医工法艺各院科分驻司前、里光、百丈口三地。

蒋风跟随英大从云和出发，跋山涉水，走在崎岖的山道上，背着铺盖，唱着悲惨的“流亡三部曲”，过景宁县城，到东坑，再到泰顺司前，足足走了三天……

在那崇山峻岭之中的小山村，生活过得寂寞单调，常常是阴暗的天、蒙蒙的雨，心境更是如此。

生活更艰困了，住的农家大院虽然宽宏，但门低窗小总感阴暗，别说没有电灯，连煤油灯也没有。学校发给每人一盏桐油灯，桐油仅够点一根灯芯，否则油就不够用。桐油不及其他植物油，火苗下会结皮，如不时刻拨动灯芯，火光就会暗下去。每天夜晚看书写作业时，都得用左手不停地拨动那支点燃的灯草，右手用来翻书页或执笔写作业。

有时，蒋风也会怨愤：“暴敌不仅炸毁我的家，而且还占据了我的家乡，使我有家归不得，带给我诉说不尽的苦难和痛苦……”

回忆在泰顺的情形，蒋风至今有深刻的印象：

> 那年，生活真是太苦了，整整一年就是吃三样菜，春天吃毛笋，早餐是盐巴煮毛笋，中餐是毛笋，晚餐还是毛笋，连油花也见不到一两朵。吃到夏天，毛笋都已长成嫩竹，啃不动了，就换成番薯丝，三餐清一色一个样，吃到秋天芥菜上市，又早餐芥菜，中餐芥菜，晚餐芥菜，一变也不变。吃到后来，双眼不仅近视不断加深，且缺乏营养患了夜盲症，太阳快下山时分，眼前一片模糊，什么也看不见了。

有时，蒋风会感到悲愤，生活是不是太残酷了，它竟没有一丝怜悯，没有一丝同情。

正因生活在寂寞里，生活在痛苦中，于是，蒋风又在诗的王国中寻找慰藉，寻找一片属于自己的蔚蓝天空。

司前村边有一座古老典雅的廊桥，蒋风常常漫步在桥上，并写下了《廻澜桥上》：

看桥下流水瞅着你/掠过笑影而去/百转千回都不要/你说一句话语/俯视流水去百丈/回头忘了问她/你去了回不回来/再远望那边，流水流着嬉笑/流去那岸边一树桃花。

蒋风在诗的王国里，寻找快乐，寻找希望，寻找勇气。

在村边小山坡上，蒋风席地而坐，写下了《期待》：

在严寒煎熬中的土地啊/没有了生命的绿色/没有了含苞的花朵/也没有了生机/可要让小苗孕育/在温暖的怀里/来春/我要用生命之泉/哺育小苗茁壮成长。

在艰难的岁月里，蒋风用诗歌点燃自己的心，照亮自己前进的路。

1944年暑假，蒋风终于联系上断了音讯的家人，他冒着生命危险，偷偷地溜回金华城，探望身陷敌区的家人，但很快被敌人的鹰犬发觉，于是便慌忙辗转兰浦游击区，逃了出来，历经千辛万苦回到司前。

1945年,中华大地终于迎来了抗日战争的胜利。英士大学也迁往温州。蒋风从衢州的父亲那里度完暑假,在回学校的途中在清澈见底的衢江航船上,听到庆祝日军无条件投降的鞭炮声,心情变得舒畅,他也终于跟着英大的迁徙,从困顿走向胜利。

1946年秋天,英士大学迁到金华,把金华作为永久校址,蒋风真正回到了自己的家乡。学校迁至金华后,由于没有固定校舍,只得借用祠堂、庙宇。天宁寺是金华一座历史悠久的寺庙,当年便是国立英士大学的校本部。

蒋风带着一颗兴奋激动的心,也带着青年人特有的多彩的幻想回到金华,写了一首《苦闷的年代》。苦闷是真实的,但在这所富有革命传统的学校里,蒋风参与了一次次声势浩大的爱国民主运动,他和同学们在这里谱写了一曲壮丽的青春之歌。

三个孩子引起的震撼

1947年暑假，蒋风从英士大学毕业。

这一时期，正是国内儿童出版物匮乏的年代，而在市场上神怪读物却很流行。有一次，蒋风在《申报》上看到一条消息，三个孩子受荒诞的儿童神怪读物的迷惑，偷偷逃出家门，结伴去四川峨眉山求仙学道。这使蒋风认识到反动、淫秽、荒诞的少年儿童读物对小读者心灵的毒害。

《申报》上的那条消息给了蒋风极大的震撼，引起了蒋风对儿童文学的关注。蒋风意识到童年时代读的第一本书，往往会成为人生的教科书。少年儿童处于学习和成长的阶段，他们生活经验少，世界观尚未定型，可塑性强，特别容易接受形象化教育。因此，生动形象的儿童文学作品就成了孩子们的引路人。

蒋风大学毕业照

蒋风暗暗下定决心，要为广大少年儿童写点东西，要尽自己的力量为孩子们的身心健康做一些事情。

这之后，他写出了《下雨啦》《给，永远比拿愉快》等早期作品。这两篇作品曾被人民教育出版社、开明出版社选入九年义务教育六年制《小学语文》教科书、义务教育课程标准实验教科书《语文》及大学专科小学教育专业试用教材《儿童文学作品选读》。2002年,《给,永远比拿愉快》被选入日本教科书,还被新加坡教育部选入《中学华文》。

在正式走上儿童文学之路时,童话大师安徒生所走的光荣而荆棘之路,成了蒋风向往的道路。当安徒生的小说《即兴诗人》在文坛上博得崇高的声誉之后,他却把主要精力转移到了童话创作上。1835年元旦,他给一位朋友的信上这样写道:“我现在要开始写小孩子看的童话了。你要知道,我要争取未来的一代。”从这一年开始,安徒生就把他的全部智慧和才干都贡献给了未来的一代。

蒋风由此开始关注国内的一些儿童杂志和读物,如《中国儿童时报》。这个报纸为四开四版:第一版为“时事播音”“大事记”等栏,介绍国内外新闻;第二版刊载小学各科的补充教材;第三版为文艺作品、文娱常识;第四版的栏目为“自己的岗位”,刊载全国各地小读者自己的作品。

这份儿童报纸,在当时的环境下,不是一般报纸的缩制,而是根据儿童这一具体对象,有选择、有中心、有组织地向少年儿童介绍时事,引导他们关心国家大事;在文艺方面,不仅提供优秀的文艺作品,引发儿童兴趣,并且通过一些文章介绍了必要的科学常识。

当时,这份颇具品位的儿童报纸受到了一大批热爱儿童文学的人的关注。如鲁兵、圣野等,他们都以极大的热情为孩子们写了很多作品。鲁兵的二幕短剧《六只小麻雀》《小彼得万岁》《消瘦了的杰克》及一些独幕剧都发表在《中国儿童时报》的文艺版上。这些剧本从不同角度反映了现实,就当时儿童文学园地的荒芜而言,这些稚小的花朵，给孩子们带来了新的色彩和喜悦，并启发小读者们新的思考。圣野则在鲁兵的影响下，开始在《中国儿童时报》上为孩子们写诗。

和鲁兵与圣野一样，蒋风也特别关注与热爱儿童文学，对这份具有进步倾向的儿童报纸，蒋风十分敬仰。

20世纪40年代初，日本侵略者占领中国大片土地，奸淫掳掠，无恶不作。然而，有一些无耻的人为虎作伥当了汉奸，蒋风对此十分痛恨。有血性的中国人都把这些认贼作父的中国人称作“落水”。蒋风就用拟人化的手法写了一首童话诗《落水的鸭子》，用来讽刺那些汉奸，很快，这首童话诗在《青年日报》发表。

蒋风认识到，作为儿童文学的一个重要组成部分，儿童诗有着特殊的教育作用，也因为此，蒋风以对时代和对诗的真诚，表现他的呼号、憧憬和希望。

把自己的“饭碗”让给了同学

大学时，蒋风因投身进步运动而被国民党列入黑名单。这份黑名单至今仍保存在金华档案馆。凡列入名单的都是“危险分子”，各机关单位被通令不准录用。也因为此，蒋风四处找工作都碰壁，也是这个时候，蒋风小学时代的徐德春老师邀请他去位于仙居的台州师范学校任教。

在徐德春的帮助下，蒋风获得了一份台师的聘书，在当时的情况下能找到一份工作，他非常高兴，也很感谢老师的帮助，准备下半年就去台师担任博物、园艺教师。

然而，当时同学宋无畏处境危险，为了给宋无畏一个暂时的栖身之所，蒋风就让宋无畏顶替自己去上课。

他把想法告诉宋无畏，说：“老宋，你去台师吧，那里有我的小学老师，又当教务主任。他邀请我去那里教书。你可以顶替我去，学校在仙居，比较安全。”

宋无畏听了蒋风的话，内心很激动，紧紧握住蒋风的手说：“那你自己工作怎么办？”

蒋风笑着说：“你放心，我可以给上海的报纸写稿子，日子可以过的，不要紧。”

蒋风的真诚、恳切，让宋无畏十分感动，蒋风在宋无畏走前又去送他，让他捎带一封信给徐德春老师，以便宋无畏和学校取得联系。宋无畏到台师后，与蒋风曾通过书信，报告当地及学校的一些情况，但后来失去了联系。

以笔耕换取稿费

蒋风把自己的工作让给宋无畏后,艰难的家境又不允许他赋闲在家,他只好以笔耕换取稿费维持生活。

蒋风说,当时报刊需求量最大的稿件是长篇新闻报道。在英士大学时,蒋风曾先后为上海的《文汇报》《申报》《新闻报》等报纸撰写过系列长篇报道。这些新闻报道的撰写,也为蒋风与各大报社建立了一些联系。因此,蒋风便熟门熟路地开始了新闻通讯员的工作。

从纷纭的社会和多彩的人生中,蒋风用真情和耐心寻找着可以写作的素材,写下了一连串长篇通讯。功夫不负有心人,蒋风的勤奋得到了《申报》主笔的赏识,不久,蒋风便被《申报》聘为驻金华记者,每月底薪二十五元,按生活指数发放,另外按发表稿件的字数再发稿费。这点微薄的薪水已够他解决个人基本的生活开支。

蒋风同时还兼了《文汇报》《新闻报》的通讯员。蒋风处处留心写作素材,写了一些反映人民大众苦难的文章,但在国民党政府控制下的沪上各报,不敢发表揭露国统区阴暗面的内容,于是,蒋风便把这类内容的长篇报道寄往范长江主持的香港国新社。就这样,蒋风又被国新社聘为驻浙特约记者。

1948年，一批失业失学的知识青年聚集在金华，如陈临权、周文骏、金思珩、陈刚庸等，集资创办了《浙中日报》，由新民印书馆老板江崇武任社长，陈临权任总编，聘请蒋风担任采访主任。蒋风就利用这一舆论阵地，采写了一些群众关注的社会新闻，还常从外地报刊上剪辑一些材料，转载或改写，给读者提供更多的信息。这时候，蒋风经常从英士大学进步教授范云迁处得到一些进步报刊。

蒋风担任《申报》驻金华记者时，接待上海市新闻记者访金团赴双龙景区

1948年秋，蒋风从香港《华商报》剪下一篇《苏北行脚》。这是一篇报道苏北解放区情况的长篇报道，全文在《浙中日报》上转载。这篇报道给蒋风引来大祸，当天就引起了反动当局的关注。为《浙中日报》提供电讯的浙西师管区电台的报务员杨学定匆忙赶来通知蒋风，反动派准备抓人。

就这样，蒋风和几个主要人员不得不逃出去暂避风头。这期间，金思珩在报社一个周姓工作人员的枕头下发现一张小纸片，上书“注意蒋、金行动”，使蒋风更加明白当时处境的危险。但蒋风还是在金思珩的布置下，完成了一些调查工作。

1948年至1949年5月，金华解放前，蒋风一直在做记者工作，但仍然坚持并参与一些力所能及的进步活动。1949年初，蒋风认识了金萧工委中共金华县城特派员朱育茂。当时，中共路北县工委派义南区区委书记朱育茂为金华城区特派员，并接替施姬周在英士大学的支部书记工作。蒋风并不知道他的真实身份，但他当时所处的危险境况，蒋风记忆犹新。

在金华城区处于残酷的白色恐怖下，朱育茂以大无畏精神开展工作，蒋风对他从内心感到敬佩。第一次与朱育茂见面，是英大民主学社社友董服官带朱育茂到蒋风家，在那个你死我活的斗争环境里，蒋风不便向朱育茂了解什么，朱育茂也寡言少语。蒋风只隐约得知，朱育茂是在动员一批英大进步学生到金萧地区参加游击斗争。当时，除董服官外，还有一位黄姓福建籍英大学生参加去路北游击区工作前的谈话，都是在蒋风家悄悄地进行，而且让蒋风在门口负责望风。

蒋风当时提出，想到金萧支队参加工作。朱育茂摇头劝说：“你现在不能走，你可以利用《申报》记者的身份在白区做点工作。”

蒋风在《浙中日报》工作时，曾通过金思珩为金萧做过一些工作。加之朱育茂得知蒋风参加过民先组织，因此对蒋风十分信任。

1949年1月，国民党反动派疯狂迫害进步学生，到处逮捕有进步言行的青年学生。英大的陈学平、杨树长、戴昌谟等十多人先后被抓，白色恐怖笼罩金华城，压得大家透不过气来。

农学院学生自治会主席朱翔峰曾连续两次主持召开全体学生大会，一方面，要求学校当局采取行动营救被捕同学，另一方面，对反动派随意秘密逮捕进步学生的罪行，提出严正的抗议声明。接着，英大教授王子瑜、董太和、殷良弼、吴宿光也接受全校师生的委托，前往衢州绥靖公署营救被捕学生，但没有成功。

有一天，民主学社社友吴复元和郑鸣雄在四牌楼十字街口叫住蒋风，他俩把蒋风带到一个僻静处后说：“英大特务在注意你，当心他们下毒手！”蒋风后来得知，反动派一直把英大民主学社误以为是中国民主同盟的分支机构。

蒋风当时已经感觉到处境越来越险恶，但实际情况远比他自己感受到的还要严重得多。就在金华黎明前的最黑暗时刻——1949年4月中旬，在兵荒马乱、刀光剑影之中，蒋风被迫匆匆逃离金华城。

唱着胜利之歌回到金华

1949年5月6日,中国人民解放军从建德进军兰溪,解放了兰溪县城,从而揭开了金华全境解放的序幕。紧接着,7日解放金华;8日解放汤溪、义乌、东阳、永康;9日解放武义、宣平;11日解放浦江……与此同时,中国人民解放军华东军区金华市军事管制委员会宣告成立。5月29日,中共浙江省第八地委、浙江省人民政府第八行政区专员公署成立。各县也相继成立县委和县人民政府。

当时,蒋风在衢州父亲那里躲避,5月底才回到金华,此时的金华城,到处可以听到"解放区的天是明朗的天"的歌声,金华人民也都沉浸在刚解放的欢乐中。

蒋风听说原《浙中日报》中的进步同事,大多参加了浙东行署办事处新闻组主办的《简报》编辑部工作,便赶到简报社看望过去的老战友。他们送给蒋风一份《简报》第1号,一份1949年5月6日的《金萧报》第39号。

《简报》第1号上,头版头条刊登了"南京军管会成立,主任刘伯承将军",报道了上饶、龙游、贵溪、嘉兴均已先后解放的消息,还刊登了浙东行署三区专署金华办事处的第三号通告和《告金华社会人士书》。

《金萧报》第39号头条报道是《大军到达钱塘江边，杭州已经解放了》，此外还用了两整版篇幅刊登“整军整风特辑”迎接大胜利的到来。

这些振奋人心的消息，也给蒋风以震撼，在金华解放的大环境下，蒋风的人生开启了新征程。

第四章

荆棘之路

体味“无价童心”

金华解放了，金华人民沉浸在刚解放的欢乐中。蒋风也急切希望投入新的工作。这时候，蒋风了解到，他熟悉的朋友都已经参加了工作。原在《浙中日报》的金思珩参加了解放军，英大同学胡宪卿在金华专署军管会文教科工作。

蒋风与胡宪卿见面交谈后，胡宪卿建议他参加一段时间的培训，然后由文教科派他到私立婺江商校担任教导主任。蒋风听从了胡宪卿的建议。培训结束后，蒋风在婺江商校工作了半年。

婺江商校的教学经历，使蒋风与学生们结下了深厚的情谊，这也为他后来从事儿童文学理论研究工作打下了坚实基础。

少年时期的蒋风就在母亲的引导下，进入了诗歌的曼妙世界。正因为少年时就对儿童文学印象深刻，上课时蒋风总会给学生们讲许多故事，分享经典的儿童文学作品。

叶圣陶的《稻草人》给蒋风留下了深刻印象。蒋风最初读叶圣陶的作品还是在小学时，在语文课本上有一篇叶圣陶的文章《小蚬的回家》。蒋风就像小说里那个用刀剖开虾肚皮的孩子，被一种博大的爱感动以至忏悔，久久不能忘怀。他一直对叶圣陶怀有无限的崇敬之情。因此，《稻草人》便成了他课上与学生们交流的作品。

除了《稻草人》，《秃秃大王》《寄小读者》等作品也经常成为蒋风与学生们交流的话题。

课上，蒋风就这些经典作品与学生们进行互动阅读，激发他们的阅读兴趣。在教学之余，蒋风还收集中国传统的、新创的儿歌，累计三万余首，还有其他儿童文学资料。这为他以后专业研究儿童文学积累了丰富的素材。

亲近文学，尤其是儿童文学，让蒋风体味到“无价童心”。蒋风清晰记得，刚到浙江省立金华人民文化馆工作不久，金华市的六一儿童节文艺汇演在金华军人俱乐部举行。蒋风负责布置会场。在悬挂横幅时，因为站在桌子上不够高，蒋风就找来梯子，并将梯子架在桌子上。他叮嘱一起布置会场的同事，要扶住梯子。可是，蒋风爬上梯子还是够不着，一旁的同事心急，赶忙到周边找更高的梯子。结果，不幸的事情发生了，梯子在桌子上滑了下去，蒋风也因此从3米多高的位置摔下来，当场昏迷，被送进了浙江省立金华人民医院。

因为当时医疗水平落后，蒋风恢复得很慢。同事十分内疚，蒋风笑着说：“不要紧！”学生们在得知蒋风摔跤住院后，纷纷前来看望他，还带来了全体同学的慰问信。学生们稚嫩、朴实的话语，让蒋风很感动。虽然重重摔了一跤，但蒋风始终没有埋怨什么，勇敢面对现实，日常做好营养调理和保健护理，一段时间以后，慢慢就恢复了。

其实一开始，医生几乎对他宣判了“死刑”，摔得这么严重，能否恢复，就看病人自己的意志了。或许是上帝为蒋风的诚心所感动，在苏醒后看到看望他的学生们的那一刻，蒋风激动地说：“是孩子们救了我的命，我很幸福快乐。我想，这就是童心的力量，可以让万物包括死亡都为之匍匐。生命中，很多东西，都会因为岁月流逝渐渐褪去它们生动的颜色，唯有我们对童心的追求，才会让我们体验到生活的意义，人生的价值……”

一直到晚年，蒋风还常说，他给予孩子的，远不如孩子给予他的多。他和孩子们建立了深厚的感情，孩子们也给了他无穷的力量，让他每天保持童心。

与婺剧结缘

1950年1月，金华地区专员杨源时让本地画师劳坚清老师筹建浙江省立金华人民文化馆。之前，劳坚清摆书摊，蒋风时常去他那里借书、买书。因此，他就把蒋风调到人民文化馆工作。同时，金华地区文联成立，蒋风被选为秘书长。在文化馆工作期间，蒋风的主要工作是搞戏曲改革。在业余时间，他还收集了很多民间剪纸。

文化馆的工作相对清闲，戏曲改革也让蒋风回想起自己与婺剧结缘的往事。20世纪20年代的金华尽管环境闭塞，可是住在这里的人，却时常可以看到戏。

在金华演出的戏曲剧种主要是昆剧和婺剧。昆剧源于江苏昆山，此地演唱的乃是它在衢州、金华的一个支派，称“金华昆腔”；婺剧流行于金华、丽水一带，旧称

蒋风在浙江省立金华人民文化馆工作时留影

"金华戏",其声腔有高腔、昆腔、乱弹、徽戏、滩簧、时调六种,所以当地人又称之为"徽戏"。昆剧古老,唱词雅致,庙宇"开光",或是戏院开张,都先演昆剧,以示高雅与隆重;婺剧博收广采,通俗易懂,为民众所欢迎。

童年时期的蒋风就喜欢看戏,看戏经历使蒋风在参与戏曲改革的工作时,感觉特别亲切。他认为,戏曲熔铸文学、音乐、舞蹈、美术、武功、杂技于一体,给观众以多方面的艺术享受和文化滋养。

在参与文化馆戏曲改革工作期间,为了筹建浙江婺剧团的前身——金华地区婺剧实验剧团,蒋风费了一番心力,金华戏后来定名为婺剧,也有蒋风的建议。

1950年8月15日,著名老先生徐锡贵、兰溪县文化馆沈瑞兰、龙游文化馆萧志岩、衢州文化馆鄢绍良、龙游文教科陈品仓、龙游周春聚班名旦周月仙等参加在上海召开的华东戏曲改革工作干部会议。会议期间,徐锡贵等认为金华有婺州之称,金华戏发源于安徽婺源,再说当时已有"华东实验越剧团"的命名,因此,将"金华戏"定名为"婺剧"比较适宜。与会者一致同意徐锡贵的见解。

1950年11月19日,周月仙将周春聚班改名为"衢州实验婺剧团",婺剧的名称正式列入全国剧种行列。1950年12月20日,鄢绍良在上海《戏曲报》发表了《衢州实验婺剧团是如何组织起来的》一文,婺剧的名称正式见诸全国性的戏曲刊物。1951年4月,徐锡贵将"新新舞台"改为"金华专署实验婺剧团"。之后,其余班社均改为婺剧团。1952年,蒋风、沈瑞兰同志在上海《戏曲报》发表《婺剧介绍》一文,婺剧之名就渐渐为大家所熟识。

除了《婺剧介绍》,蒋风还写过《睦剧介绍》,这些文章在《戏曲报》上发表,曾引起著名戏剧家周贻白教授的关注,并多次在论文中引用，使得婺剧这个名称渐渐地被大众所接受和关注。这也使蒋风与婺剧结下了一段不解之缘。不少关心和研究婺剧的朋友，不时上门来向蒋风了解婺剧的渊源。

在参与婺剧改革的同时，蒋风接触到了婺剧窗花。他还精心挑选编辑了数千作品，并在北京、上海两地出版了《浙东戏曲窗花》《金华民间剪纸选》两本书，受到民间艺术爱好者的欢迎。

民间艺术的博大精深，也为蒋风后来研究儿歌，写《儿歌浅谈》一书以及开设民间文学课都产生了深远影响。

与诗人艾青的友谊

1952年，蒋风被调往金华师范学校任教，学校要开设儿童文学课，蒋风成了最佳人选。这一年，蒋风还担任了金华文协主席。这期间，蒋风与著名诗人艾青结下了深厚友谊。

1953年春天，抗战初期离开金华的艾青第一次衣锦还乡，蒋风迎接了这位从畈田蒋村走出去的诗坛泰斗归来。

早在学生时代，蒋风就和艾青的两位弟弟海济和海涛一起在金华中学读书。对他俩的这位大哥，蒋风虽然此前从未见过，但他酷爱文学，早就读过艾青的成名作《大堰河———我的保姆》，心中早有敬仰之情。

也因此，蒋风一见到艾青便觉得分外亲切。那时，蒋风正好患严重的神经衰弱在家休息。艾青听说后便跟蒋风说："去，跟我一起到我老家休息几天。"就因为这个偶然的机缘，蒋风有机会来到畈田蒋这个小村庄，与这位国际诗坛巨匠一起生活了二十多个日日夜夜。

在畈田蒋期间，除了蒋风和艾青外，时任中共金华地委书记李学智为了保护诗人的安全，特派了一位警卫员随行。

去畈田蒋之前，艾青由金华地委安排在地委大院里住了近一周，并召开了一次座谈会。与故乡文艺界人士座谈之后，为收集创作素材，他决定到畈田蒋住一段时间，并要求蒋风陪伴他一起去。

由于当时生活条件艰苦，到畈田蒋村后，迎接艾青的仅是一张三尺二宽的单人床。艾青坚持与蒋风并头共枕睡在那单人床上。蒋风受宠若惊，因为当时艾青已经是国内知名作家，而蒋风还只是个刚步入社会的青年。

就这样，两人在极其简陋的环境下在那三尺二宽的单人床上并头并足合睡了二十多个夜晚。

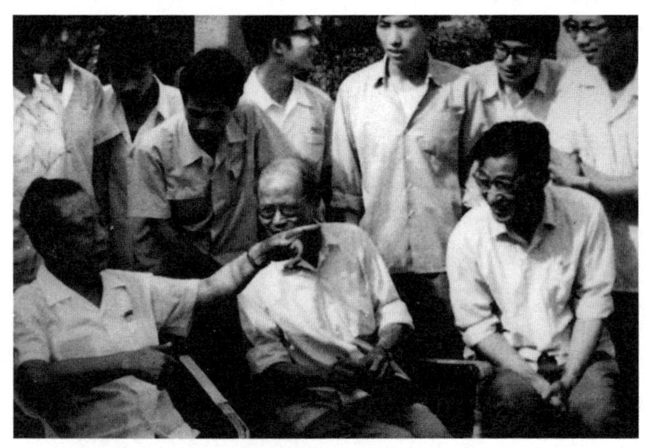

蒋风与艾青合影，前排左一为艾青，右一为蒋风

当年，畈田蒋尚未通电，夜晚照明仅靠一盏煤油灯，这点灯光无法供艾青和蒋风两人读书写字，即便在那个年代，乡村里也找不到书报可看。每当夜幕降临，两人为了替房东节省一点照明的煤油，干脆熄了灯，摸黑聊天来打发时光。

在那二十多个日日夜夜里，艾青做得最多的一件事是采访抗日进步人士杨明经。蒋风回忆，二十多天里，艾青与杨明经的交谈前前后后共有十多次。杨明经积极投身抗日救亡运动，为了躲避日本鬼子的追捕，他把手上的一支长枪和一支短枪交给母亲保管，母亲将两支枪藏在了墓穴里。后来，杨明经的母亲被日本鬼子逮捕，不管日本鬼子怎么用刑，她始终没有吐露一个字，受尽日本鬼子的折磨仍没有屈服。后来，局势稳定后，杨明经的母亲把两支枪交给了游击队，完成了使命。

每次交谈时，艾青坐在八仙桌上，杨明经背靠门，蒋风则一边聆听，一边负责拍照。艾青回到北京后根据与杨明经的交谈内容，创作了长诗《藏枪记》，塑造了杨大妈用生命保护游击队员的光辉形象。

在畈田蒋期间，艾青还和蒋风同游了一次双尖山，他们拿出相机让同行的警卫拍照留念。当时，照相机是一个尖端的时髦物品，同行的警卫员哆嗦了很久才按下快门，效果自然可想而知。但对蒋风而言，这段经历成了他生命中难以忘怀的珍贵记忆。

此后，艾青又有三次回乡经历。每一次回乡，因所处时代不同，艾青受到的待遇也是不一致的。但是，作为艾青的老朋友，蒋风都参与了接待。

1973年初秋，艾青第二次回乡，这是艾青最为低调的一次返乡。他利用从新疆回北京治疗白内障的机会，带着妻子高瑛和刚满十岁的儿子艾丹回到了金华。除了兄弟两家和少数几个朋友外，没有人知道他回来的消息。但是，艾青叫弟弟海济带口信给蒋风，邀蒋风在当时住的金华饭店见面，并再度一起回畈田蒋寻故访旧。蒋风应约与艾青见了面，虽时隔多年未见，但两人都牵挂着彼此，互相问候并聊了许多关于家乡的话题。

艾青的第三次回乡是在1982年5月，中国作家协会浙江分会、中国当代文学研究会浙江分会等部门举办艾青创作生涯五十周年纪念活动。艾青夫妇在会后，于27日顺道回到金华。蒋风参与接待了艾青。

在家乡期间，艾青会见了金华市文艺工作者和浙江师院的师生，并参观了当年的母校金华一中，去畈田蒋祭扫了大堰河墓。在访问浙江师院时，蒋风陪同艾青先去探望了在中文系任教的艾青三弟蒋海涛教授，并共进午餐。

5月29日，蒋风陪伴艾青去大堰河墓祭扫。老家畈田蒋村外的那两棵大樟树，勾起了艾青许多思绪，他与蒋风又谈起了第一次回乡时的情景。

1990年，金华市艾青研究会成立，蒋风担任了首任会长。成立之初，蒋风就想，艾青研究会除了研究艾青诗歌外，应该做一点具体的事情。蒋风理解艾青对乳母的感情，因此，他提议对大堰河之墓进行修缮。

让蒋风高兴的是，他的提议很快就得到当时金华县委县政府和社会各界的支持，修缮大堰河之墓进展很顺利。不久后，大堰河之墓就被修葺一新。

当时，蒋风还专门找到在浙江省图书馆工作的著名书法家姜东舒，请他为大堰河诗碑写碑文，姜东舒爽快答应。

蒋风去电告诉艾青修缮大堰河之墓的事，并希望他有机会返乡参加大堰河诗碑的揭幕仪式。艾青对蒋风充满感激。

机会终于来了。1992年5月，艾青回故乡参加纪念《在延安文艺座谈会上的讲话》发表五十周年和艾青诗歌创作六十周年系列活动。

在故乡期间，艾青参加了大堰河诗碑的揭幕仪式。当天，在诗碑揭幕仪式现场，一个个童年时期的生活画面浮现在艾青眼前，艾青仿佛又回到了小时候，他满含热泪，久久凝视诗碑。他爱着乳母，更爱着脚下这片让他魂牵梦萦的土地。

2010年，艾青百年诞辰。86岁高龄的蒋风专门撰写了《在畈田蒋的那些日日夜夜》一文，他在文中提到，正是在畈田蒋的二十多个日日夜夜，使他真正读懂了艾青的诗。

走上光荣的荆棘路

1953年，金华新建一所中学，即现在的金华二中。蒋风又被调到二中教语文，在二中工作了三年，兼任了三年的校工会主席。一直到1956年暑假，蒋风被浙江省教育厅调到浙江师范学院（杭州大学前身）教书。

20世纪50年代，党和政府提出“学习苏联”的号召，全国有许多师范院校学习苏联在大学里开设了儿童文学课程。如北京师大的穆木天，东北师大的蒋锡金，华东师大的宋成志，浙江师院的吕漠野，广西师院的黄庆云等，都在各自的大学里开设儿童文学课。安徽师院本来由词学大师宛敏灏先生开设儿童文学课，不久后他因被学校任命为教务长，想从儿童文学教学任务中摆脱出来，急于找人顶替，来信征求蒋风的意见，问蒋风是否愿意担任儿童文学课的教学任务。蒋风基于对儿童文学的兴趣爱好和对儿童文学意义的初步认识，欣然同意了。由于种种原因，最后，省教育厅派蒋风去浙江师院顶替吕漠野老师，与任明耀老师两人合教儿童文学，吕漠野老师改教中教法。就这样，蒋风成了新中国第一批走上大学儿童文学讲坛的拓荒者之一。从此，蒋风走上了一条“光荣的荆棘路”。

当时，浙江师范学院中文系教师队伍的学术水平在国内仅次于北大、复旦，一位系副主任曾风趣地对学生说："打个比喻，北大、复旦是地主，我们这里是富农。"

老浙江师院的"三古"，古代文学、古代汉语、古典文献传统学科，在全国高校中文系里都是很有名的。也因此，浙江师院重视"三古"学科建设，在一定程度上忽视了儿童文学。儿童文学在当时是一门相对年轻的学科，在大学的中文系里就被认为是"小儿科"，普遍不受重视。儿童文学的学术水准当然也无法与传统学科相比。

尽管儿童文学在当时是一门"卑微"的学科，但是蒋风始终沉浸在这门学科中，没有现成的教材，蒋风就白手起家，从中外文学遗产中点点滴滴搜寻、整理、积累。在开课的三年时间里，蒋风结合教学工作编写了一份讲稿。1958年，蒋风从中抽出一部分，并于1959年在江苏文艺出版社出版了他第一本关于儿童文学方面的书:《中国儿童文学讲话》。该书约六万五千字，分《"五四"时期的儿童文学》《"左联"十年时期的儿童文学》《抗战时期和胜利以后的儿童文学》和《新中国的儿童文学》四章，概述我国儿童文学发展情况。该书出版不到两个月便售完了，后又连续印了四次，被学术界认为是"中国儿童文学史的雏形"。

著名儿童文学家鲁兵评价说，该书是我国儿童文学的"史略"。应该说，该书的出版不仅是蒋风之后儿童文学研究一个好的开端，而且该书的学术价值也被后来的研究者所重视。张永健主编的《20世纪中国儿童文学史》设立专门篇幅对该书做了评述。张永健认为，"该书所分的四章虽然还只是一种较粗略的年代划分，但已经清晰地标明了我国儿童文学发展的阶段性特征及其时代风格，凸显了我国的儿童文学发展与社会政治的发展的紧密联系，以及由此带来的我国儿童文学鲜明的政治倾向性和现实指涉性。这应该说是找到了我国儿童文学发展的外在动力机制与环境氛围，抓住了我国儿童文学发展的脉络与关键”。

由于教学工作的需要，蒋风暂时放下了儿童文学创作，把兴趣和精力转移到理论研究上来。对于搞研究来说，资料的搜集和整理是一项基础工作。他把全部精力花在儿童文学资料整理上，和任明耀先生合编了一本《儿童文学资料》，只在内部发行。为了研究鲁迅对儿童文学的贡献，他把《鲁迅全集》通读了一遍，把鲁迅对儿童文学的有关论述一一摘录下来，做成卡片，最后编成《鲁迅论儿童教育和儿童文学》一书，于1961年在少年儿童出版社出版。

然而，正当蒋风想把儿童文学当作一门学问来做时，却因高校推行“学制要缩短，课程要精简”的政策把大学里的儿童文学课精简了。蒋风开始转教民间文学，后来民间文学也被精简了，他不得不改教现代文学和写作。但是，蒋风对儿童文学的热爱没有改变，除了尽可能在中国现代文学和写作课上加点儿童文学的内容，他仍利用业余时间做儿童文学的研究，先后发表论文百余篇，后来在湖南人民出版社出版了《儿童文学丛谈》，在贵州人民出版社出版了《儿童文学漫笔》。

蒋风说，在漫长的岁月中，儿童文学在文坛上一直不被重视，是被当作“小儿科”的二等文学。他根据自己走过的生活道路和实际体验，对儿童文学有了一个明确的认识，因而才能坚持使其成为自己终生的事业。

他曾说：“回顾我从五十年代开始儿童文学研究，在人生道路上也历经坎坷，因为儿童文学被某些人认为是十分浅薄的东西，所以不说社会上不受重视，就连评职称时，无论升讲师、副教授、教授都要比同样条件的人晚一班车。”

人生的最大幸福

1958年,因为“大跃进”运动,蒋风在杭州大学(此时,原浙江师范学院改为杭州大学)工作,被学校派到了萧山农村当新农民,成了农村的猪郎中。这一年也是蒋风结婚的大喜之年。

这年10月10日,蒋风与卢德芳结婚。其实,早在20世纪50年代,在浙江师院教书时,蒋风就认识了当时还在读书的卢德芳。卢德芳1936年1月出生于浙江永康,但在金华长大。她在浙江师院毕业后,先后在金华东孝小学、曹宅中学、罗店中学任教。后来,蒋风在杭州工作,把她从乡下中学调到金华城区的环城小学、金师附小教书。

1958年,蒋风被下派到萧山农村当新农民十个月,与下放教师在萧山农村合影

结婚时,蒋风写了一篇很美的散文《爱情》献给卢德芳:

爱 情

这是一首最温柔的歌，仿佛春风拂过明净的湖面，漾起一圈圈涟漪。虽然没有一点儿声音，却比优美的歌更动听。在这里，任何语言都显得多余，一颦一笑，都能心领神会。不论感情多隐蔽、多含蓄，甚至不露痕迹，都有灵犀一点通。

这是一曲最甜蜜的歌，比糖更甜，比蜜更稠。蜜蜂酿蜜要养料，唱好这曲甜蜜的歌，忠诚是最好的养料。相爱得越深，心里就越甜。只要有她足迹的地方，一草一木，都会留下甜蜜的回忆。穿过漫漫的时间，超越迢迢的空间，都将镌刻下永世难忘的痕迹。

这是一首最高尚的歌，具有净化人类灵魂的力量。她激励人们积极向上，去追求美好的明天，去领会生活的真谛，去播种美好的种子。在这个王国里，生活显得更加五光十色、绚丽多彩。

结婚时，蒋风从萧山农村回到杭州。杭州大学分给蒋风一间房子，中文系主任和一些同事前来祝贺。

蒋风与夫人卢德芳的结婚照

结婚后，他们一直分居杭州与金华两地，后来，蒋风回金华工作，夫妻终于团聚。卢德芳全力支持蒋风搞好教学与研究，把家里的事情全包下来，不用蒋风费心费力。他们在家里商定了一个“君子协定”，内容有三条。一是为了能集中精力，多学习、多工作，整个家务就交给妻子。蒋风对妻子说：“家务事我帮不了你的忙，请多多谅解。”二是教育孩子的事，也请妻子代劳。三是他自身的事，决不麻烦妻子，包括洗衣、洗被、缝补等在内，都自己干。

卢德芳确实很辛苦，她自己也是教师，要备课，批改学生作业，还要操持家务。他们共有三个孩子：一个女儿、两个儿子。女儿蒋晓波，后来毕业于浙江大学，半导体专业，成为高级工程师；儿子蒋左兵和蒋左航，也都很有出息。

蒋风夫妻一直和和睦睦。在金婚庆典上，蒋风发表了热情的讲话，情真意切，让人感动。他说：

“在我们中国人的心中，婚姻是件终身大事，人人都很尊重，因为它是关系到一辈子的幸福和痛苦的事。它是爱情的延续，本身就是生活，就是知识，就是爱，就是美。金婚则更是最美的幸福。

因为它证明：这桩婚姻是情投意合的结合，是心心相印的结合，是互敬互爱的结合，是相忍相让的结合。

因为它证明：它不是三天两天鸡争鹅斗地过日子，也不是猜疑、冷漠中度年华。

走到这一步很不容易的，尤其是我们这一代，从艰难困苦的烽火硝烟中走过来，从坎坎坷坷的政治运动中走过来，那种酸甜苦辣只有过来人才能体会到。历经艰辛仍能让牢固的婚姻走过半个世纪之久，可以说是久经考验；历经曲折仍能将爱情维系半个世纪之久，也可以说是海枯石烂。一对男女能够走到金婚这一天，应该说是百年好合，幸福无穷的一对了。

新婚要庆祝，金婚更应该庆贺，更值得庆贺。这是真正的爱情结晶，它说明爱情没有因时光流逝而淡化，而削弱，而烟消云散，而是老而弥坚，而是越老越坚固，像金子一样闪闪发光。”

调入新浙师院

1962年，蒋风调入新组建的浙江师范学院。新浙江师院由杭州师范学院、浙江教育学院、浙江体育学院三校合并而成，虽然处于草创阶段，百废待兴，但作为一个新建单位，蒋风内心充满希望。他满怀憧憬地跨进这所新成立的大学。

新成立的浙江师院规模扩大，功能齐全，实力大增。全校设中文、数学、物理、外语、体育五个系，另有教研部、函授部、附属中学。全院有教职员工603人，专职教师251人，学生1473人。1963年6月，国务院任命教育家郑晓沧为浙江师范学院院长，由著名国学家、书法家，浙江图书馆馆长张宗祥先生为学校书写了“浙江师范学院”的校牌。

蒋风在新的浙江师院工作得非常愉快，虽然不教儿童文学而是教写作课，但是，他仍然积极潜心自己的儿童文学理论研究，同时，他还发挥自己的新闻写作和儿童文学创作特长，经常在教写作课时融入儿童文学的相关知识，受到了学生们的欢迎。他还与学生打成一片，积极参加学生组织的课外活动，拉近了与学生之间的距离。

然而，天有不测风云，新建的浙江师院尚未站稳脚跟，校址不断迁徙。1965年，为了试行半工半读、半农半读的新学制，一个初具规模的新师院被强行拆得分崩离析，只剩下三个系迁到金华高村黄土山背上办学。

学校领导虽然向省里反映了学校搬金华的实际困难，但无济于事。蒋风和其他老师一起，来到原来金华师院的旧址。从金华火车站下车后，即进入金华市区。当时的金华，市区总人口只有7万人，商业店铺集中在现在的江北西市街和解放路。街上有黄牛拉着两轮架子车运煤球，架子车三辆连接，慢悠悠地走着。出了市区兰溪门，就是通向学校的一条坑坑洼洼的砂石路。到学校有七里路，路上要爬两个不小的坡。走了近一个小时，过了骆家塘，才到校门。

1964年，蒋风在浙江师院工作时留影

蒋风回忆在学校的生活，笑着说，当年的浙江师院，地盘小、建筑少，四处杂草丛生，显得破旧、荒凉。大家不无失望地把学校戏称为“四川(窜)大学”，没有围墙，周边农民可以在校园内四处穿行；“早稻田大学”，校园内种着水稻、蔬菜等，一到夏收秋收，农民把稻谷晒得到处都是，体育课、课外活动都被迫停下来；“牛津(进)大学”，农民每天都要把牛赶到校园内来放牧，有时正在讲课时，耳边会突然传来“哞”的一声吼叫。回头一看，一头牛正把头伸进教室的窗户，瞪着一双眼津津有味地蹭课，惹得同学们哄堂大笑，戏称老师“对牛弹琴”。

蒋风说,虽然是土生土长的金华人,但是,从美丽的西子湖畔来到金华,他和很多老师一样,都有种从城里一下子回归农村的感觉。

第五章

探索前进

激动人心的时刻

1976年，蒋风迎来了激动人心的时刻。他一边潜心写《儿歌浅谈》，一边准备在自己喜爱的儿童文学领域干出一番天地。

蒋风的心里有说不尽的舒坦，说不尽的兴奋。他在后来的《儿歌浅谈》后记里写道：

> 此刻，回忆它产生的过程，不禁令人感慨万端！
>
> 那是十多年前的事了。因为我爱好儿童文学，曾写百余篇文章……在那些艰难的日子里，我常常默诵记忆中的儿歌，排遣那噩梦般的岁月。在默念中学习儿歌，日积月累，略有所得，便想到要写一本关于儿歌的小书。到1970年，愿望终于实现了，刚从“牛棚”出来，我便着手把那些体会写成了初稿。

这本《儿歌浅谈》，确乎是蒋风琢磨已久的成篇。当时，儿童文学界仍心有余悸，作家们不敢再执笔为孩子们写作品。

1977年6月18日，儿童文学理论界“泰斗”陈伯吹在《光明日报》发表论文《在儿童文学战线上拨乱反正》，随后，他又号召儿童文学作家解放思想，积极为少年儿童创作优秀作品，用他们手中的笔来共同创造一个“儿童文学的春天”。

这些文章都深深影响着蒋风。蒋风若有所思，他为儿童文学忧虑，更为孩子们忧虑。儿童读物园地一片荒芜，凋零枯败，孩子们读不到优秀的儿童文学，将直接影响他们的成长。蒋风又想起了自己在之前《申报》上看到的报道，三个孩子受荒诞的儿童神怪读物的迷惑，偷偷逃出家门，结伴去四川峨眉山求仙学道，结果酿成惨剧。

蒋风回忆起自己的童年，在读小学的时候，是《爱的教育》让他爱上阅读。“童年的阅读往往影响人的一生。”蒋风就像《爱的教育》里的“裘里亚”“卡隆”“马尔可”“西西洛”，被一种博大的爱所感动。抗战初期，许多文化人士汇集金华，新文学作品成为各书店的柜上热点，蒋风在文化人士的引领下，阅读了一些优秀的经典读物。后来，因生活一直动荡，蒋风未能安心读书，直到正式从事儿童文学工作，潜心研究儿童文学，蒋风才深刻认识到要为少年儿童服务。

1977年，儿童图书匮乏十分严重。据统计，当年全国有两亿多小读者，却只有二十个有影响力的儿童文学作家，两家少年儿童出版社，两百个儿童读物编辑，每年仅出版两百种读物。

1978年，改革开放的大潮开始汹涌澎湃地滚滚向前，中国从此进入一个新的历史时期。

1978年3月18日，全国科学大会在北京召开，这次大会事先做了充分的酝酿和发动工作。在开会前，先以中共中央的名义发出召开大会的预备通知，1977年9月17日中共中央政治局会议通过，9月18日发出；1978年3月18日大会开幕。

通知中有很多重要的思想，最重要的是肯定20多年来科学工作的路线、方针和科技人员的努力,同时提出,要恢复研究生制度,恢复职称制度等。这个文件下发后,很多地方的知识分子都被充分发动起来了。

因此,这个大会不仅迎来了科学的春天,而且成为改革开放的先声。它不仅是科技界的大事,也是社会科学、文学界的大事,是关系到全国广大知识分子的大事。

在会上,国家领导人邓小平做了讲话。讲话指出,科学技术是生产力,知识分子"是工人阶级自己的一部分"。讲话还强调了科技队伍建设和科技工作的一些具体措施,包括党如何领导科学技术工作、科学工作中如何配备干部、怎么选拔人才、学术上坚持"双百"方针等丰富的内容。

3月31日,大会闭幕,中国科学院院长郭沫若做《科学的春天》的讲话。蒋风从广播、报纸上看到这个大好消息时,正在从城区家里到学校上班的路上。此时,他特别高兴,道路两旁的农田,长势喜人,绿油油的一片在春日暖阳的照耀下,显得生机勃勃。

走进学校,清新的空气弥漫在校园,到处洋溢着春天的气息,蒋风感到知识分子的春天来了。他预感到儿童文学课恢复的机缘来了,更重要的是他自己的儿童文学研究事业有希望放手开展了。想到这些,已过半百的蒋风感到一身轻松,他要扬起自己的理想风帆,在自己的儿童文学领域,乘风破浪,驶向更广阔的未来。

这时候,虽然学校没有领导给他下任务,也没有人给他压力,但是蒋风好像总有一种急迫感,他开始抓紧时间研究儿童文学的历史和现状,加紧整理自己的思考成果,在自己的儿童文学领域开启了潜心研究的历程。

参加“庐山会议”

机会总是留给时刻准备、注重积累的人。1978年秋天，蒋风意外地收到一份邀请函，邀请他出席当年10月在江西庐山召开的一次会议。

手捧邀请函，蒋风抑制不住自己内心的喜悦，也抑制不住自己求知的渴望，兴奋不已。他决定参加这次会议。这次会议是由国家出版局牵头，会同文化部、教育部、共青团中央、全国妇联、全国文联、中国作协、全国科协联合召开的全国少年儿童出版工作座谈会，被称作文化界的“庐山会议”。

参加“庐山会议”时与参会者合影

当时，社会上百业凋零，万马齐喑，人们不仅物质生活十分困难，对精神上的禁锢仍心有余悸，反映在文化生活上，书荒十分严重。在少儿读物创作出版领域，这次会议的主要目的就是解决长期以来儿童读物园地严重的书荒问题。

带着兴奋的心情，蒋风乘上了西去的列车，经南昌上了庐山。报到之后，蒋风才了解到这是个盛况空前的大会。除中央直属单位的代表外，每个省市都有三五位代表出席，意义深远。以浙江为例，出席会议的有代表浙江省出版局的刘航，代表浙江人民出版社的吴平、汪毓如，代表儿童读物作者的蒋风。加上其他来自全国各省市的代表，共有200多人参加大会。大会有分有合，除了大会报告、发言外，分北京、华北、东北、西北、上海、华东、中南、西南、新闻单位九个大组进行讨论。

“庐山会议”总结了30年来的经验和教训，就做好少年儿童读物的出版工作提出许多建设性的意见。其中最重要的有五条：①少年儿童读物的出版工作应该为新时期的少年儿童的健康成长服务；②少年儿童读物要有少儿特点；③少年儿童读物应该富有知识性；④少年儿童读物还应有浓郁的趣味性；⑤要提倡少年儿童读物的题材、体裁的多样化。

会议还就加强少年儿童读物出版机构、扩大编辑队伍，发展壮大作者队伍、努力培养儿童文学新人，提高少年儿童报刊的质量和恢复少年儿童读物评奖制度等方面做了认真、细致的讨论，并做了具体的规划和部署。

其中与教育方面有关的提议有：①为了培养儿童读物相关人才，高等院校应尽快恢复开设儿童文学课；②有条件的高校也可招收儿童文学专业硕士研究生；③新中国成立已快三十年，连一本系统的儿童文学理论也未曾出版过，急需学者们编著出版一本《儿童文学概论》。

会议还就儿童读物的出版、评奖、交流、科研和教学等做了认真、细致、具体的规划和部署。“庐山会议”后，儿童文学在恢复的同时加强了各方面的建设。

首先是大造舆论。1978年11月8日，《人民日报》发表了题为《努力做好少年儿童读物的创作和出版工作》的社论；12月21日，国务院又批转了由国家出版局等八家单位根据“庐山会议”起草的《关于加强少年儿童读物出版工作的报告》。于是，各方面的工作都有条不紊地开展起来。

作为地处浙江中西部小城金华北郊的浙江师范学院的儿童文学教师，蒋风觉得，能够参加这么隆重的会议特别荣幸。也正是这次会议，蒋风结识了儿童文学界许多著名人物，如严文井、陈伯吹、贺宜、金近等，这些儿童文学界的名流，在蒋风从事儿童文学理论研究的过程中，都不同程度地给予了指引和帮助。这些儿童文学界的名流，有的出身贫寒，早年生活很艰苦；有的很早投身革命，在部队受到锻炼；有的懂外语，甚至懂几国外语，能翻译外文著作；有的在儿童文学创作上成就突出……

蒋风发现，每一个从事儿童文学事业的人，他的经历很多都是他所没有的。他们的长处，他们宝贵的人生经验，都是值得他借鉴和学习的。俗话说：有容乃大。蒋风正是在向同行学习的过程中提升了人生境界，扩大了对儿童文学专业的认识，坚定了对儿童文学事业的信心。

儿童文学作家叶君健翻译《安徒生童话》的经历让蒋风非常敬佩。会议期间，有一天饭后，蒋风与叶老一起散步，叶老同蒋风谈了自己抗战前后的思想经历，也让蒋风了解了叶老走上文学道路的过程。

叶老说:“开始系统地阅读欧洲文学作品时,想起自己单调和枯燥的童年,便特别注重欧洲文学界所推崇的安徒生童话。想把这些作品完整地移植过来,作为我们儿童文学的借鉴。因此,从1947年秋天起便开始这一工作的准备,每年利用寒暑假去丹麦两次,住在丹麦朋友家里,了解他们的生活,感受丹麦人民的思想感情,也吸进丹麦这个北欧小国特有的童话空气。”叶老告诉蒋风:“在丹麦的冬天,尤其是在圣诞节前后,这种空气特别浓郁,仿佛真的进入了童话世界。”蒋风从与叶老的谈话中,了解了叶老为翻译十六卷本《安徒生童话全集》,专门学了丹麦文,还一一对照了英文和法文译本。正因为叶老具有严肃而认真的态度,在全世界数百种安徒生童话译本中,只有叶老的译本被丹麦的汉学家誉为是“比安徒生原著更适于今天的阅读和欣赏”的译文。因此,1988年,丹麦女王玛格丽特二世授予叶君健相当于爵士勋章的“丹麦国旗勋章”。

“庐山会议”期间,蒋风还承担了一个重任。当时,作为主席团成员的严文井先生,听了各大组讨论后提出的方方面面的意见的汇报,曾专门召集陈伯吹、贺宜、金近、包蕾、鲁兵和蒋风等人开了个小会,商议编写一本系统性的《儿童文学概论》,因参加这次小会的人均以创作为主,大家一致推荐蒋风承担这一任务。

严文井是中国作协儿童文学委员会主任,文艺界重要的领导人之一。解放战争时期,他任东北日报社总编辑;1949年后任中宣部文艺处副处长,1953年他是筹建中国作协的成员之一,后任《人民文学》主编,中国作协书记处书记、党组副书记。在新中国发展和繁荣时期,也是儿童文学发展的第一个最好时期,严文井就写出了《小溪流的歌》等名篇。

蒋风感到责任重大。大家都是在儿童文学创作领域取得丰硕成果的人，都一致信任他，严老又不断支持和鼓励他，蒋风觉得身上的担子沉甸甸，但是，他也感到无上的光荣。蒋风下定决心，要在自己热爱的儿童文学领域发挥出最大能量。他一定要把《儿童文学概论》编写好。蒋风说，这次会议真是让他大开眼界，再不加快速度发展繁荣儿童文学事业，中国就要与世界拉开距离了。

当然，中国现代儿童文学理论研究在此之前也有起步，如1923年，商务印书馆出版了由魏寿镛、周侯予合编的《儿童文学概论》，对儿童文学的实质、来源、分类和教学法都有所论述。当时正值《稻草人》出版之后，能有这样一本理论书籍，已经很不错了。再如赵景深的《童话评传》，张圣瑜编著的《儿童文学研究》以及周作人的《儿童文学小论》，赵侣青、徐迴千合著的《儿童文学研究》，葛承训的《新儿童文学》，这些成果都不同程度地对儿童文学理论进行了探讨。

《儿童文学概论》编写组合影留念

后来,还出现了《儿童文学试论》《儿童文学简论》《儿童文学散论》等,但这些论著都是单篇论文的集结,尚不是系统完整的儿童文学理论书籍。

人生道路上的“明灯”

在众多的同行中，蒋风把陈伯吹视为自己人生道路上的一盏“明灯”。从接下编写《儿童文学概论》这一重担开始，蒋风与陈伯吹的接触就多了起来。此后，儿童文学界举办的各项学术活动，使蒋风有更多机缘与陈伯吹接触，向他请教。

陈伯吹是中国现当代著名儿童文学作家、理论家。他是“中国现代儿童文学的先驱与奠基人”，被誉为“东方安徒生”。新中国成立后，陈伯吹先后任少年儿童出版社副社长、人民教育出版社编审、上海作协副主席。陈伯吹的独子、中科院院士、原北京大学校长陈佳洱说：“在父亲心目中，儿童就是天使，他视儿童为自己的生命。”

蒋风人生道路上的“明灯”陈伯吹

蒋风十分敬重陈伯吹先生，尊称他为陈老。蒋风的成长和对陈老的认识都是从陈老的儿童文学作品开始的。20世纪30年代中期，小学四年级的蒋风买到一本由北新书局出版的《阿丽丝小姐》，作品中的主人公是一位反抗强暴的“大无畏的小战士”，她敢于同大蟒皇帝的军队战斗。在日军侵占中国东三省后又步步向华北进逼的形势下，她唤醒了蒋风稚嫩的童心中的民族意识。

当读到阿丽丝决心抗战到底，在战壕上用白粉写上“迎战万恶的帝国主义者！”“弱小民族抵抗侵略万岁万万岁！”等标语时，蒋风热血沸腾。尽管在今天看来，陈老的这部早期作品留有明显的图解生活、影射现实的痕迹，但它却反映了陈老进步的儿童文学观。

陈老的创作一开始就具有鲜明的时代色彩和政治倾向性，与他一贯坚持儿童文学的教育性、作为作家的历史责任感与朴素的爱国心是分不开的。从读《阿丽丝小姐》开始，陈老的儿童文学作品便成为蒋风喜爱的读物。陈老的儿童文学观也成为蒋风一生从事儿童文学理论研究的指路明灯。

蒋风在后来的《我人生道路上的一盏明灯》中回忆陈老，追忆他是如何怀着一颗童心从事儿童文学事业：

> 20世纪80年代前期，文化部组织的儿童文学讲师团到广州讲学时，在讲学的间隙，东道主招待大家去南海参观一家公社游乐园，园内有一圈电马，电钮一按，电马不仅会飞速旋转，每头电马还会不停地前上后下地翻动，一下昂首飞奔，一下低头迅跑。东道主邀请讲师团中年轻力壮者上去玩一下，这时，陈老童心毕现，跃跃欲试，也要骑上去飞驰一下。陈老是讲师团中年龄最大的一位，已近80岁的高龄，大家都劝他不要上去，东道主更是再三劝阻，但陈老执意要骑上去试一试。东道主当然不便拂逆。电钮一揿，电马便飞旋起来，骑在飞旋的电马上，陈

老开心地笑了。东道主和同行者的心却随着电马越来越快的速度，越揪越紧了，担心这位即将进入耄耋之年的长者，万一从飞驰的电马上摔下来，有个三长两短该如何是好？10分钟后，电马终于在电钮的控制下缓缓停下来，在场的观众的心才慢慢放松下来，而陈老却像小孩子一样意犹未尽，竟还想在电马上转一会儿呢！

1984年6月，文化部在石家庄市召开全国儿童文学理论工作座谈会。会后招待与会者游览苍岩山名胜风景区。当年各地道路路况都不好，从石家庄到苍岩山下，来回要花七八个小时，出发前大家就劝陈老不要去，天气炎热，旅途劳累，怕陈老受不了，陈老没有同意，经三四个小时的颠簸来到苍岩山下，考虑到上山山高路峻，大家又劝陈老在山下走走看看风景，不必再去爬一两个小时的山路了，陈老仍不同意，还是随着大家缓步上山，有说有笑，十分开心。到山顶后，有人攀着铁环爬上一个土堡，上去过的两三个人，都说上面没有什么新奇的东西可看，但仍阻遏不了陈老那颗好奇的心，这位年近八十的长者，仍不畏艰难地攀缘着上去一探究竟。从这可看到陈老的那颗不泯的童心。正是这颗可贵童心让陈老为中国儿童文学事业做出了不朽的贡献。

著名儿童文学家贺宜，生前曾对陈老做过一个非常确切的评价：“在我们中国，从古到今，将60年岁月全部贡献给儿童文学事业，陈伯吹称得上是第一人。”陈老一生不仅为孩子们创作了大量优秀的儿童文学作品，包括童话、小说、散文、诗歌，如《一只想飞的猫》《骆驼寻宝记》《中国铁木儿》《飞虎队与野猪队》《从山冈上跑下来的小女孩》《摇篮曲》等，而且还为孩子们翻译了许多外国儿童文学经典作品，如《渔夫和金鱼》《百万只猫》《绿野仙踪》《兽医历险记》《小夏蒂》等，他更是中国儿童文学理论界的泰斗。在新中国建立最初十年间，那时中国儿童文学理论可以说一片空白，陈老却一连出版了四部理论著作：《儿童文学简论》（1956）、《作家与儿童文学》（1957）、《漫谈儿童电影戏剧与教育》（1958）、《在学习苏联儿童文学的道路上》（1958）。

这些都充分证明陈老对中国儿童文学事业所做出的巨大贡献。陈老从17岁当小学教师开始，一直辛勤工作在儿童教育和文化岗位上，默默耕耘，或做教师，或当编辑，或为孩子写作，都是为了育人，都是一位辛勤的园丁。正如他自己所说的："教师是教育园地上的园丁，而作家是文艺园地上的园丁，我是个确确实实的园丁，而且已经当了70多年的老园丁了。"他一生勤勤恳恳地耕作在这方不被人们重视的土地上，真可谓"鞠躬尽瘁，死而后已"。

蒋风在与陈老半个世纪的交往中，为陈老的为人和其对发展儿童文学事业的执着所敬佩、感动。他在《我人生道路上的一盏明灯》中还写道：

> 从我与陈老半个世纪的交往中，我认为陈老是一位自奉十分俭朴的长者。直到古稀之年，有事外出仍常去挤公交车，从不舍得打的乘出租车。但为了繁荣发展儿童文学事业却非常慷慨。1981年，他把自己一分一分积攒起来的5.5万元稿费，全部捐献出来，倡议设立了"儿童文学园丁奖"，用来奖励优秀的新人新作。在今天看来

5.5万元是个微不足道的数字，可是在20世纪80年代以前，在那稿费每千字不足10元，甚至仅3元5元的年代，要积攒这笔数字，得耗费老人家多少心血啊！

进入“文革”后的新时期，陈老已成为中国儿童文学界公认的泰斗，他一方面仍继续为孩子们创作新作品，另一方面，不断地为儿童文学理论建设做新的探索，更难能可贵的是他毫不吝啬地挤出大量时间和精力用于扶植新人。在捐献稿费设立“儿童文学园丁奖”奖励新人新作的同时，还为不少青年作者写下许多序文。例如《彩色的星》《孔雀的焰火》《火牛儿打鼓》《勇敢者的道路》等，从不停止，已有140多篇序文了。他说：“对文友们出版作品，嘱写序文，也能有求必应。”写序得先把书的内容从头到尾看过一两遍，才能动笔，是项十分繁重的任务。十年间写了140多篇序文，核算一下每月都得为他人看一两本书，得花多少心血啊！

1978年秋，蒋风除把自己在大学里的教材修订成《儿童文学概论》在湖南少儿出版社出版外，又发动北京师大、华中师大、河南师大、浙江师院和杭州大学五所院校的儿童文学教师集体编写了一本《儿童文学概论》。成稿后，编写组要蒋风出面请陈老作序，当时蒋风担心陈老因工作繁忙会婉拒自己，只好试探着提出请求，意外的是陈老满口应允，欣然同意。

在这篇序文中，陈老提到儿童文学在新中国仍是一株幼苗，“唯其幼小，所以希望就正在这一面”，“作为老师、家长、社会人士，都该来关心、爱护，让人类的下一代健康地茁壮成长。祖国的繁荣，民族的昌盛，世界的未来，都在他们身上”。这件事从一个侧面反映了陈老晚年不遗余力、不惧烦琐，一而再，再而十，十而百地为后辈们出书写序的苦心和深意。陈老为后辈们写的序文就曾先后汇编成四集出版，即《他山漫步》（1984年广东人民）、《天涯芳草》（1987年河南海燕）、《火树银花》（1990年甘肃少儿）、《苍松翠柏》（1996年河北少儿）。我们只要读读陈老这些序文，一个呵护儿童文学事业的高大形象就会出现在眼前。

大胆招收硕士研究生

从参加庐山全国少年儿童读物出版工作座谈会回到学校后，蒋风便向当年浙江师院的领导李子正书记做了汇报。领导认为，这次会议倡导的举措，学校能做的都可以做，要蒋风发挥优势，大胆地承担起来，并指示蒋风可面向全国引进人才。在一无人力、二无资金、三无设备的情况下，蒋风在中文系恢复开设儿童文学课，并以资深讲师身份招收儿童文学硕士研究生，由此，儿童文学这一处于学术体制边缘的弱势学科，在浙江师院得到了快速发展。

1978年下半年，蒋风从浙江师院科研处获悉，教育部通知现在高校可以招收研究生，其中有规定，资深的老讲师也可以招。当时校内有些教师的职称是副教授，但尚无勇气招研究生。蒋风考虑到自己的条件，虽然职称仍是讲师，但自己的儿童文学研究起步较早，应该鼓起勇气，敢于摒弃“怕”字去申报。他把自己的想法向科研处和学校领导做了汇报，得到了科研处和校领导的赞同。

紧接着，蒋风一人填写了各种申请招收儿童文学研究生的表格，经科研处、学校盖章后向教育主管部门呈送，最终获得上级部门同意。于是，蒋风又独自开始为招生考试的专业课命题、阅卷。到这年底，招生录取工作按程序进行。当时来报名的学生中有一位考生，各门专业课成绩都在九十分以上，但英语零分，其总分已过分数线却不能录取。蒋风为此到主管部门说明情况，原来这位考生本来学的外语是俄语，英语没有学过。他询问自己作为导师可否承担责任，把这位考生破格录取。但主管部门负责人认为不行。如果不招，就放弃了这个难得的名额。经联系，省招办让蒋风从报考杭州大学硕士生的考生中调剂一名。这样，最后录取了原在浙江温州一个中学任教英语的考生吴其南。

1979年9月，吴其南顺利到浙江师院报到，成为蒋风的第一位儿童文学硕士研究生。他既是浙江师院的第一位硕士生，也是中国新时期第一位儿童文学硕士生。

蒋风为儿童文学硕士生设计了六门专业课程:《儿童文学概论》《儿童文学原理》《中国儿童文学史》《中国儿童文学名作选读》《外国儿童文学史》《外国儿童文学名作选读》。开始上课时，他一人站在讲台上讲，下面只坐着吴其南一人听。老师站着，学生坐

蒋风与他的第一、二、三、四届研究生吴其南、王泉根、方卫平、邹亮合影

着。两人都有点不太习惯。但科研处要求讲课要正规。蒋风后来在有人来听课时，仍一人站着讲。没有人来听课时，改为两人坐下来讨论。这样两人都觉得很合适，讲与听，改为互相切磋，实际效果比原来好。

从1979年蒋风首次在全国招收儿童文学硕士研究生开始，以他的名义共招收了九届硕士研究生，毕业二十名。在这以后到他1994年离休，包括以其他老师名义招收的儿童文学方向硕士生，几乎每位在读研期间都发表过论文，有的还出版了专著。毕业后，他们大多从事科研、教学、编辑工作，在儿童文学理论界十分活跃。《文艺报》1986年创设儿童文学评论版以后的头几年，所载论文的三分之一是浙江师大儿童文学研究室及其研究生撰写的；1987年全国首次儿童文学理论评奖，获奖者中有四名是蒋风的研究生；在第十届国际儿童文学学术会议上，有蒋风的五位研究生的论文在会上交流；蒋风带的第二届研究生王泉根毕业后到西南师大工作，不久被破格晋升为教授，后调至北京师范大学，成为国内第一个儿童文学博士生导师。基于蒋风的这种成果和影响，日本的专业刊物《中国儿童文学》在1989年第8期报道中，引用中国学者朱自强在日本的一次讲话："在蒋风教授指导下努力研究的年轻学者，已成为中国儿童文学研究中的中坚力量。"

他的研究生不止一两个人，而是一个整体，在校期间和毕业后走上工作岗位多有出色成绩，他们的青春光芒和学术锐气，包含着导师的厚望和指导有方。蒋风每次谈起他的研究生来，都会流露出自豪的笑容。他说："基本的方法，是研究生在学期间当然就要培养科研能力。这既是方法，也是指导思想。怎样培养他们的研究能力呢？我的主要方法是以科研带教学，在科研中为学生奠定扎实的专业基础。"蒋风告诉我,他在研究生新生进校后,除了常规的学业教育外,还提供给学生一个读书目录,指定必读的专业书目,关于儿童文学的经典作品和理论著述必须在自己的肚子里有一定储藏量;接着他会布置学生一些科研题目。

前几年,他主要要求学生和自己一起编写《儿童文学概论》《中国现代儿童文学史》和《中国当代儿童文学史》。每个学生分配若干章节,导师提供简要的提纲,由学生去研究。平时对研究进度做适当的检查,然后组织学生一起讨论,在讨论中对学生进行个别指导。学生把完成的章节写成独立的论文发表。这样既写了论文,也编写了教材。这个方法使学生在校内就养成了独立写作与研究的能力。

曾有记者就蒋风怎样指导研究生的问题,采访过他。蒋风较完整的回答是:"关键是抓住研究生的独立工作能力的培养,我对自己的研究生有四条基本要求,其实也可以说是我对自己一生从事研究工作的四条规矩:第一条要有理想,要求每位研究生树立起献身儿童文学事业的理想。我常对他们说,理想是指路明灯,只有向自己提出伟大目标并以自己的全部心血为之奋斗的人,才有可能在实现自己美好理想的过程中前进,并达到目的。第二要有毅力,要求研究生在学习生活中培养起敢于战胜任何困难的顽强毅力。我常告诫他们:在学业上没有坦途,总会遇到坎坷,只有坚韧不拔的勇士,才能征服任何一座学术上的高峰。第三要珍惜时间,要求他们懂得时间的宝贵,善于利用时间,提高单位时间的效率。第四掌握方法,要求他们重视研究方法的探索和运用,不仅要重视儿童文学本身的研究,而且还要重视方法的研究。我告诫学生,要循序渐进,要处理好广博与专深的关系,要理论联系实际。"

蒋风指导研究生有其独特的成功经验，他的学生周晓波在《我的儿童文学事业的引领人——蒋风先生》一文中说："多年来跟随蒋先生学习和工作的经历，使我对蒋先生的治学观念和方法有比较深的了解，蒋先生带学生的确很有自己的独到之处。"

周晓波结合自身的体会概括了以下几个方面：

一是十分注意引导学生树立牢固的专业思想。蒋风以他自己对儿童文学的热爱和执着的精神深深影响着他的学生："既然是学儿童文学专业，就要牢牢植根在这一领域。"多年来，文学领域对儿童文学的偏见造成了儿童文学人才队伍的严重流失，特别是儿童文学研究人才的缺乏使蒋风意识到树立弟子牢固的专业思想的重要性。因此，他总是以自己对儿童文学研究的热情和执着，从各方面去影响和带动他们，这使得他的绝大部分弟子后来都能像他那样对儿童文学事业始终保持着深厚的感情和巨大的热情，对儿童文学事业执着的信念也使得他们日后都取得了骄人的业绩，成为儿童文学研究和创作的中坚力量。

二是十分重视宏观研究和具体研究实践中学的治学方法。有鉴于此前的儿童文学研究视野较窄，系统性不够，他要求学生必须开阔视野，广泛汲取成人文学、外国文学、文字理论、美学等研究成果与经验，站在理论的制高点上，把握儿童文学作为一门完整学科的逻辑起点和理论依据，去研究和建构自己的理论体系和史观体系。为此，他在开课的同时，整理出版了新中国成立后的第一部较为系统的儿童文学理论专著《儿童文学概论》，又放手带领他的学生和儿童文学研究所的其他成员开始建构起"中国儿童文学史"的宏伟蓝图。他从不约束学生的思想，反而为学生创造了十分宽松和自由的学术氛围，大胆放手让学生在边搜集资料边编写的过程中学习和了解中国丰富的儿童文学历史。经过几年的努力，由蒋风先生主编的中国第一部《中国现代儿童文学史》和《中国当代儿童文学史》终于得以面世。学生也在编写文学史的实践过程中，打下了扎实的史学知识基础，培养起自己独特的学术个性，为他们以后的儿童文学研究的拓展奠定了深厚的基础。

在采访中，蒋风常说："导师应有青出于蓝胜于蓝的意识，如果导师带出来的研究生学术成就超过自己，这才是真正的成就。这样学术才能发展，科学才能进步。"蒋风清晰地记得自己在带研究生时，有一次，一位研究生写了一篇有关儿童文学批评方面的文章，文章隐隐约约批评了他的学术观点，他看到后也没有批评，他觉得这是好事。而当看到自己带的研究生取得比自己更出色的成绩时，蒋风觉得作为导师特别有成就感，他更应该以此为荣。正因为此，蒋风所带的研究生都比较争气、比较出色。

全国第一个儿童文学研究室

从1978年冬天开始，浙江师院不断出现亮点，不仅成为新时期全国首先恢复开设儿童文学课程的高校，而且在蒋风的努力下，积极筹建起全国第一个儿童文学研究室。

蒋风说："就这样，我趁着顺风，及时扯篷，让航船随着满篷风帆快速前行。"不久，学校任命蒋风为儿童文学研究室主任，主持上述各项工作的开展。单枪匹马是成不了事业的，七八件工作都集中在蒋风一个光杆司令身上。想要开展好工作，就必须形成合力。

蒋风心想，组织起一批同行专业人才，成为一个有目标、有计划、有战斗力的团队，发挥合力作用，共同攻关，那样，儿童文学研究室才可以发挥重大作用。然而，起初建立儿童文学研究室，人力、物力、财力几乎都是空缺的。蒋风心想，自己看准了的事，就要铆足劲，再困难也要攻克。让蒋风高兴的是，这个时候，学校党委书记李子正给蒋风吃下了定心丸，李书记嘱咐蒋风："可以面向全国选调人才。"

蒋风先物色到的是在金华浦江农村中学教书的黄云生老师及云南边疆开远职工中学的韦苇老师。但由于调动手续困难，要两年后两人才能调进来。但事情不能等，蒋风凭着自己的意志力，迎着困难，一个人顶着干起三五个人的工作。

黄云生是浙江浦江人，1964年温州师范学院本科毕业，历任浙江天台平桥中学语文教研组长，浙江浦江县委宣传部干事，浙江浦江县文化馆创作员。1980年调进浙江师院前，已经在《少年文艺》发表过儿童小说。调进浙江师院后，黄云生跟随蒋风任劳任怨，默默承担着最重的教学任务和科研任务。他先后担任浙江师范大学儿童文学研究（所）室副主任、副所长、所长，浙江师范大学《语文教研》主编，兼任浙江教育出版社《中学生读写活页》主编，长期从事儿童文学的写作、教学和研究工作。科研成果主要体现在幼儿文学的研究上，有专著《幼儿文学原理》《儿童文学论稿》《人之初解析》等，其中《人之初解析》曾获浙江省人民政府社会科学研究成果三等奖。教学上，他曾多次获教学质量一等奖、优秀奖，合作教学项目两次获省教委优秀教学成果一等奖。曾主编《少年儿童文学》《儿童文学教程》《儿童文学概论》《儿童文学精品读本》等多种教材。他在中文系上的儿童文学课，很受学生欢迎。

他于1996年加入中国作家协会。儿童作品《考试》《大地作业》《流星》等，儿童小说《补课》《惩罚》《迷路》均获浙江省作家协会优秀儿童文学奖。

蒋风后来担任了浙江师范大学校长，行政事务繁多，因此，儿童文学研究所的所有事物几乎都是由黄云生顶着。蒋风主编的《中国现代儿童文学史》最后统稿工作实际就由黄云生完成。蒋风离休后，研究所很长一段时间也是由黄云生负责。说起黄云生，蒋风用了两个词：任劳任怨、默默奉献。的确，一直到去世前，他还参与研究生的论文答辩工作。2005年6月，黄云生体检结果不好，9月4日便离开了人世。

在找到韦苇前，蒋风先找的是1966年浙江师院中文系毕业的卢熙斌。他在老家浙江东阳市当文联主席，因原单位工作需要等原因无法调往，但他向蒋风推荐了另一位远在云南边境开远县一个职工中学教书的东阳人。他就是后来以研究外国儿童文学著称的韦苇。

韦苇原名韦光洪，1934年生于浙江东阳，是一个喜欢把自己比作动物形象的儿童文学翻译家、诗人、学者。他毕业于上海外国语学院俄语专业，在云南工作期间已发表近十万字的文学方面的翻译和创作作品。在调来金华前，他没有搞过儿童文学。但蒋风看到他发表过的作品，认为他文笔很好，又懂外语，研究室需要开展外国儿童文学的研究，正需要这样的人才。所以为了调韦光洪，蒋风自己跑到杭州找省教育厅说明情况。经过两年的努力，到1980年8月，黄云生、韦光洪先后调到浙师大。

韦光洪在后来的《我说蒋风先生创立的儿童文学研究品牌》一文中写道：

> 我佩服蒋先生对儿童文学建设、儿童文学活动的不竭热忱和不做成不罢休的坚定决心。把我从边陲招募到浙江师范大学来，一般人连想都不敢想，我在杭州的一个中学时代的同学，我曾让他为我到省教育厅旁敲一下，疏通一下，他大概是压根儿就不信一个在云南边陲待着的人能调回到沿海来工作，所以从没有听说他曾为我去做工作。你既然已经到了云南，要回到沿海人中间就是不可思议的，但是蒋先生就铁了心，不惜其精力、麻烦的代价，把当时浙师院的书记、院长的门槛都踏矮了一层，硬

是把我从边陲招募了来。其实,蒋先生的胆魄后来被证明真是没有错。

黄云生先生也是这样被费尽周折调进浙师大的。这种对人才的发掘和挖掘,没有矢志不移的建设热忱和决心,多半是会垂成而弃的。

浙江师范大学在全国最早招收儿童文学研究生,拥有全国最完备的儿童文学资料室,为创者,都是蒋先生。我至今还庆幸我能成为蒋先生最早可支配的人——有蒋先生的信赖,我才成了儿童文学资料室奠基最力、最劲的人,将来追溯浙江师范大学儿童文学资料室的草创辛劳,想来不会少了我韦某一笔。

和蒋风一样,韦光洪的作风严谨、低调。他感慨,当年,蒋风先生把他调到浙江师范大学,他就下定决心,要证明自己,蒋风先生的眼光没有错。也正是凭借着这番激情和执着,韦光洪在儿童文学领域创造了一项项成绩。

韦光洪调进浙江师范大学后,先后出版《世界儿童文学史》《世界童话史》《外国童话史》《西方儿童文学史》《俄罗斯儿童文学论坛》《外国儿童文学发展史》等中外儿童文学史十部。主编儿童文学教材一套,参与编写儿童文学教材两部。翻译出版外国文学名著多部(篇),翻译代表作是《达尼尔在行动》,该书是由当代最著名的儿童文学家克里斯蒂娜·涅斯玲格所著,收入"全球儿童文学典藏书系",由湖南少年儿童出版社出版。他编的二十大卷《世界经典童话全集》,1999年由明天出版社出版,获2001年全国优秀少儿读物一等奖,国家图书奖提名奖。他所创作的散文诗《太阳,你好》

《小松鼠，告诉我》《小松树》，童话《五百双鞋子》和众多翻译作品被收入中小学语文课本。

韦光洪历任硕士生导师，国内外访问学者指导师。1997年曾出席在韩国汉城（今首尔）举行的世界儿童文学大会，并做题为《开放的中国受惠于儿童文学的国际共享性》的发言。1987年加入中国作家协会。1994年获台湾“海峡两岸儿童文学研究会”特殊贡献奖。享受国务院颁发的政府特殊津贴。

黄云生、韦光洪的调入，进一步充实了儿童文学研究室的力量。以蒋风为核心的研究人员也逐渐增加，后来，儿童文学研究室又调进了以翻译和创作儿童文学著名的楼飞甫。蒋风还把他自己带出来的研究生吴其南、本科毕业的周晓波留在了儿童文学研究所。同时，蒋风还聘请了陈伯吹、叶君健、戈宝权、任溶溶、鲁兵、黄庆云、郑文光、肖平等校外知名儿童文学作家和专家做儿童文学研究室的特约研究员和副研究员。蒋风还经常请校外儿童文学作家和学者来学校讲学。儿童文学研究室的组建，为浙师大后来成为全国儿童文学教学、科研的中心，承担起多层次的儿童文学教学任务，做好了组织准备。

创建全国幼师儿童文学师资进修班

1982年9月，浙江师院中文系儿童文学研究室在蒋风先生的主持下，举办了第一期全国幼儿师范、普通师范儿童文学师资进修班。来自云南、贵州、四川、广东、广西、辽宁、吉林、黑龙江、山东、山西、陕西、河北、青海、浙江、新疆、内蒙古、福建、湖南、上海、江苏等省市的57名儿童文学教师来到浙江师院，在中文系儿童文学研究室进行为期半年的专业进修。

蒋风亲自为进修班设置了内容丰富的课程计划。除了《儿童文学概论》《中国现代儿童文学史》《外国儿童文学》《儿童文学写作》《儿童心理学》等必修课，还安排进修班学员不定期旁听他为研究生上的课。同时，邀请洪汛涛、王世镇、陈伯吹、郑文光、圣野、鲁兵、柯岩、鸟越信等为进修班学员开设儿童文学系列讲座。包括《师范教师应重视儿童文学》《儿童剧》《儿童文学与文学》《安徒生和他的童话》《少儿科学文艺》《儿童诗歌》《幼儿文学》《关于幼儿师范儿童文学的若干问题》……这些内容丰富的儿童文学系列讲座，不仅让进修班的学员们深入学习了解了基本的儿童文学理论知识，而且结合大家的工作特点，很有实践操作性，让学员们深受鼓舞。

为了提高学员们的实践操作能力，把所学更好地应用到工作中，蒋风还安排学员们到浙江绍兴，观摩绍兴师专儿童文学课，晚上又安排学员们听学术报告，同时，还组织学员到杭州一所小学观摩语文课。培训学习期间，蒋风又安排学员们与专家面对面座谈、交流。全体学员曾与幼教专家、上海幼师校长王衍座谈，论题是“幼师儿童文学教材的编写”。

当时，蒋风安排刚刚留校任教的周晓波担任进修班班主任，考虑学员语言交流的方便，蒋风还嘱咐周晓波按学员所属地域来划分寝室。

进修学习，让老师们都收获颇深。学员郑光中在后来的《缘分·人师》一文中说：

> 我有幸参加了文化部少儿艺术司举办的西北西南地区儿童文学讲习班，第一次见到了蒋风先生，聆听了他的学术报告，并蒙蒋先生关照，说服了我的顶头上司，1982年秋，我才坐在全国儿童文学师资进修班的教室里，终于成为浙师院的进修生，也算蒋门弟子之一员。
>
> 蒋先生的教学，充分体现了授人以渔的教学理念，令我受益匪浅。师资进修班共举办了3次。100多颗饱满的儿童文学种子，从浙江师范大学这片沃土上，撒向祖国大地的山山水水，从此，改变了凡语文教师皆可教儿童文学的落后面貌。

第二期中幼师儿童文学师资进修班班长滕毓旭在参加进修班学习后说：“在浙江师院进修的半年中，我被浓浓的儿童文学研究气氛所包围、所熏陶，它不仅丰富了我的儿童文学理论知识，更为我后来的创作安上了助跑器。”

在“百废待兴，百废俱兴”的国家大好形势下，这些来自全国各地的学员们，被蒋风先生亲自为进修班设置的内容丰富的儿童文学课程菜单所鼓舞，都很想在自己所从事的儿童文学教学领域内有所作为。郑光中、马筑生、席永诚、卢敏秋、张永峰、王巨明等学员就常常聚在一起，大家都希望成立一个全国性的中等师范儿童文学教学、学术研究团体。大家把想法与蒋风、韦苇、黄云生、吴其南等老师商量，蒋风非常鼓励和支持这件事，并为大家提了许多建设性的意见和建议。但由于种种原因，全国师范院校儿童文学研究会并没有在1982年办成。

直到1984年10月下旬，浙江师院举办了“全国中师儿童文学教学研究成果交流会”。曾参加过1982年浙江师院第一期儿童文学师资进修班学习的学员，此时多为各地中师系统儿童文学教学的骨干，他们大多收到了此次交流会的邀请。在会议期间，郑光中、马筑生、席永诚、王赋春、黄国瑛、高英、王俊英等第一期进修班的老学员又旧事重提，策划成立中师的儿童文学教学研究团体。此事得到了正在浙江师院学习的第二期进修班学员的响应，大家的想法也得到了蒋风、韦苇、黄云生、吴其南、楼飞甫、周晓波等各位老师的大力支持。大家经过讨论协商，决定趁此次交流会之东风，正式成立全国幼师普师儿童文学教学研究学术团体，并商定将团体定名为“全国幼师普师儿童文学教学研究会”。

大家议定，凡1982年浙江师院第一期全国幼师普师儿童文学师资进修班学员和正在浙江师范学院学习的第二期全国幼师普师儿童文学师资进修班的学员，皆为研究会会员。大家希望蒋风出任研究会会长，但他太忙，又是学校的主要领导，因此他谢绝了大家的心意。但他表示，研究会的成立，有许多具体的工作要做，有许多具体的手续要办，他将大力支持，尽力提供帮助。蒋风说到做到，他为研究会的成立提供了许多重要的帮助，比如他代研究会向浙江省民政厅申请，获得批准，刻制了研究会印章等。

1984年10月29日，全国幼师普师儿童文学研究会在浙江师院成立，大会宣布，参加成立大会的第一、第二期全国幼师普师儿童文学师资进修班学员，皆为研究会发起会员；以会员所在省（区、市）为依据推举会员组成理事会；研究会会长暂时空缺，郑光中为临时召集人；聘陈伯吹先生担任研究会名誉会长；聘任溶溶、圣野、鲁兵、蒋风、蒋应武为研究会顾问。此次研究会成立大会，后被理事会定为第一次年会，蒋风先生被定为策划人。

蒋风的儿童文学观

在第一次全国少年儿童读物出版工作会议上，蒋风认识了当年担任湖南省出版局局长的胡真同志。他听说蒋风从会上带着编写《儿童文学概论》的任务回去，便向他第一个约稿，希望蒋风成书之后能把书稿交给湖南人民出版社出版。并且说，如有其他书稿，也很欢迎。回校之后，蒋风便把平时结合教学工作边学习边写下的一些有关儿童文学的短文汇编成一本《儿童文学丛谈》寄给湖南人民出版社，书稿很快便在1979年5月出版。

与此同时，蒋风日夜加班加点，将多年开设儿童文学课的讲稿整理成一本《儿童文学概论》寄给胡真同志转给湖南人民出版社审读，由责任编辑陈忠邦同志处理。陈忠邦同志因健康原因，进度很慢；又对《儿童文学概论》中要不要列入“儿童文学的历史发展”这部分内容跟蒋风有分歧，他认为《儿童文学概论》不宜设置这一章，应该删去。他动员蒋风把这部分内容撤下，等《儿童文学概论》出版后，另外再出一本《中国儿童文学史》。开始，蒋风一直坚持自己观点，为此耽搁了一段时间，此后，陈忠邦又因病多次住院，因此，蒋风早在1979年春交稿的《儿童文学概论》迟迟未能付梓，而学校教学又急需教材。到1979年夏，听说北京师范大学、华中师范大学、河南师范大学、杭州大学等院校都想编写儿童文学教材，蒋风便提出倡议，希望大家再来集体编写一本《儿童文学概论》，大家一拍即合。1979年6月，上述四所高校加上蒋风所在的浙江师范学院所有儿童文学教师，包括梅沙、张美妮、浦漫汀、汪毓馥、张光昌、陈道林、张中义和蒋风八人成立了一个编写组，在北京集体访问了在京的儿童文学前辈叶圣陶、冰心、董纯才、张天翼、严文井、叶君健、高士其、金近、刘真、胡奇、葛翠琳、郑文光等，以及中国少年儿童出版社等相关单位。

在调查研究的基础上，编写组拟定大纲，做了分工。第二年6月，编写组在北京第二次集中，就部分初稿进行讨论，统一体例，并借第二次全国少年儿童文艺创作评奖授奖大会召开的机会，广泛征求儿童文学界对本书编写的意见，再次对编写大纲做了重大修订，要求全体成员明确撰写重点，尽快完成初稿。1981年春，在北京举行第三次编写工作会议，逐章逐节讨论，由执笔者认真修改定稿，最后交由四川少年儿童出版社出版。这本书稿由于责编抓得紧，进度快，仅花了半年多时间就付印出版，竟和蒋风交稿三年的《儿童文学概论》同年同月出版。

蒋风个人撰写的《儿童文学概论》1982年5月在湖南少年儿童出版社出版后，获国内外学者的好评，被评为“建国后第一本系统的儿童文学专著”，它“填补了我国儿童文学理论研究和教材的一项空白”。

蒋风在《儿童文学概论》后记一文中写道：

这本书的初稿原是20世纪50年代在老浙师院讲授儿童文学的讲稿，早就想把它整理成《儿童文学概论》，但

> 因1958年以后在“学制要缩短，课程要精简”的政策下，儿童文学课程被精简掉了，我也不得不改教其他课程，因此一直没有时间和精力来完成这一愿望。

后来，在同行们的催促和儿童文学课程恢复的背景和条件下，蒋风才得以重新整理出这部儿童文学理论著作。透过这部儿童文学基础理论专著出版的艰难历史，我们似乎也看到了新中国成立后我国儿童文学理论发展的艰难历程，也就不难理解为什么新中国成立后我国儿童文学理论发展如此滞后。正因为儿童文学研究的严重匮乏，才更显示出这部现在来看已不那么起眼的《儿童文学概论》的开创价值和奠基价值。它所构建的儿童文学理论框架为新中国的儿童文学基本理论的初步建构打下了一定的基础。正因为此，这部著作荣获1978—1982年的浙江省社会科学优秀成果专著一等奖。

《儿童文学概论》是一本有特色的专著。它不是一般的资料汇总、综合，而是从儿童文学这一特定的内容出发，多向、多侧面、多层次地研究分析了儿童文学的发生、发展和现状，把它放在我们整个时代的历史进程中，乃至精神的广阔背景下，来探索和揭示儿童文学的特殊规律。

什么是“儿童文学”？

蒋风在论证儿童文学观时，应用了唯物史观做了一番纵深的历史考察：从杜威的“儿童中心主义”到资产阶级的“自由教育论”——都认为“儿童文学就是用儿童本位组成的文学”就是“娃娃文学”。进而指出：这种“儿童本位论”虽不是毫无可取之处，但它否定了儿童生活与现实生活的联系，割裂了儿童文学与社会、政治、教育的关系，显然是片面的、错误的。对于解放三十年来比较流行的一种看法即“儿童文学是专为儿童创作的文学”也做了分析，指出儿童文学、儿童读物是两个既有联系又有区别的概念，这种看法虽然比较系统，但实际上没有回答问题。

在做了这样一番历史的考察、分析后，蒋风从儿童文学的性质、特点、功能、作用等方面做了这样的概括：

“儿童文学是根据教育儿童的需要，专为广大少年儿童创作或改编，适合他们阅读，能为少年儿童所理解或乐于接受的文学作品。它是文学的一部分，具有文学的一般特性，服从文学的一般规律，但它又是文学的一个独立部门，具有不同于一般文学的本身的特点，即儿童文学的特点。他要求通俗易懂，生动活泼，适应不同年龄少年儿童的智力、兴趣和爱好等，成为向少年儿童进行思想教育、知识教育的工具之一。”

该书也体现了蒋风的儿童文学观。该书具有鲜明的儿童文学特色，既汲取了苏联儿童文学理论的合理内核，又顺应了中国文学发展的时代要求，更有蒋风儿童文学创作、教学、科研的心得。其从文学性、儿童性、方向性三个方面，界定了中国儿童文学的学术概念。

蒋风认为，儿童文学是根据教育儿童的需要，专为广大少年儿童创作或改编，适合他们阅读，能为少年儿童所理解和乐于接受的文学作品。它是文学的一部分，具有文学的一般特性，服从文学的一般规律，但它又是文学的一个独立的部门，具有不同于一般文学的本身的特点，即儿童文学的特点，要求通俗易懂、生动活泼，适应不同年龄少年儿童的智力、兴趣和爱好等，成为向少年儿童进行思想教育、知识教育的工具之一。

他强调，儿童文学与文学在审美本质上具有一致性，儿童文学首先是文学。儿童文学是文学的一个组成部分。它的任务、性质、发展规律，与文学都是一致的，两者有着不可分割的关系。因此我们谈儿童文学时，首先应该认识它与成人文学的共同性，而不要在儿童文学与成人文学之间划出一条绝对的界线。但他同时强调，儿童文学是文学大家庭中的一个“这个”，研究儿童文学，既要看到它和一般文学的共性，也要研究它自己本身的运动形式，研究它的特殊矛盾，研究它不同于一般文学的特殊点，目的是更好地发挥它在培养无产阶级革命事业接班人这一战斗任务中的作用，更自觉地执行党的文艺路线。

蒋风认为，儿童文学的特殊性是由儿童这个特定的读者对象决定的，强调儿童文学要完成它对少年儿童的共产主义教育任务，必须先认真了解它服务对象的特点，研究对象的要求、兴趣、爱好、接受能力等，并引用高尔基在《儿童文学主题论》中的忠告：“有志于儿童文学的作家必须考虑到读者年龄的一切特点。违背这些特点，他的著作就会变成没有对象的、对儿童和大人都无用的东西。”要研究儿童文学的特殊性，首先要研究儿童的年龄特征，强调儿童文学的年龄特征，既要关注其生理和心理基础，更要关注在此基础上发展起来的社会性和时代性，全面科学准确地理解儿童年龄特点，关注不同年龄阶段对儿童文学的特殊要求，因为儿童文学的特点是它的对象的特殊要求在文学上的反映。

蒋风强调，应该在文学性和儿童性完美融合的前提下，强调中国儿童文学必须具有“明确的方向性”，认为“儿童文学不同于一般文学的第一个明显特点，就在于它具有明确的教育方向性”，在于“儿童文学是教育儿童的工具”，因为儿童的世界观人生观正在形成，可塑性大，儿童文学对其的感染和引导必须是明确的、正确的，“社会主义儿童文学应该具有明确的共产主义教育方向性”；“儿童文学的教育方向性，比起一般文学来说，要更明确，更有目的，也更有计划性，也就要对小读者进行有目的、有计划的共产主义教育”，这是由少年儿童是共产主义革命事业接班人的特殊身份所决定的。

在《儿童文学概论》一书中，蒋风回答了“为什么要有儿童文学？”“什么是儿童文学？”“儿童文学为什么人（儿童）”以及“如何为”这样一些儿童文学的根本问题，明确了“为儿童”是儿童文学之所以存在的核心问题。初步构建了“文学性、儿童性、方向性”辩证统一、“三位一体”的中国特色儿童文学理论架构。文学性是躯体，儿童性是灵魂，方向性是生命，这是那个时代对儿童文学这个文学门类所能做出的科学、辩证、准确、全面的理论阐释，具有一种与时俱进的开放性，至今仍然没有一种理论可以完全取而代之，这是蒋风对中国儿童文学的最大贡献。

当时，蒋风的儿童文学理论观点受到苏联社会主义儿童文学理论的影响，是时代的产物。他提出的“儿童文学是教育儿童的有力工具”，强调“儿童文学的教育方向性”，旨在提出儿童文学对儿童读者必须有正确的引导，必须坚持正面引导，必须提供正能量，激发向上力。

该书出版后的短短两年时间，进行了三次印刷出版，影响深远。日本儿童文学学会主编的《儿童文学事典》（东京书籍株式会社，1988）在介绍“儿童文学论”条目时，将该书与保罗·亚哲尔的《书·儿童·成人》（1932），史密斯的《儿童文学论》（1953），马卡连柯的《儿童文学与儿童读物》（1955），李在彻的《儿童文学概论》

(1967)等当作“儿童文学论”发展举例的五本代表作之一。日本上笙一郎、富田博之合著的《儿童文学研究之轨迹》(久山社,1988)也作了相似的评价。因此多年来,不断有单位要求蒋风提供这书作为教材,蒋风为此深受鼓舞。

2012年秋天,浙江大学出版社找到蒋风,商谈出版一本有关儿童文学教材的事。蒋风提起:“早在20世纪80年代,我便出版过一本《儿童文学概论》,曾被多所大专院校选作教材,但已是30年前的陈年旧事,观点和内容都很陈旧,早想动手修订,但总因琐事繁冗,迟迟未曾动手。如果有可能重版,乐于重新修订一遍。”

浙江大学出版社大力支持,蒋风立即着手修订该书,修订后的《儿童文学概论》改名《新编儿童文学教程》,并于2013年由浙江大学出版社正式出版。

蒋风在该书《前言》中写道:

> 这本教材是我多年在高校从事儿童文学教学实践的积累,经过多次增订修改,力求成为一本简明扼要、较为完整、适合大专院校开设儿童文学课的教学资源,是一本确切概述儿童文学基本知识的书籍。同时,我还主编出版了一本《外国儿童文学教程》作为配套教材,希望它能点燃大专院校学生及广大读者对儿童文学的阅读兴趣和从事儿童文学事业的热情,这也是我美好的目的。我已根据教学的需要,耗费超常的心力实践这本小书的修改和增订。我的心愿和努力,也希望能得到读者的认可。

从《儿童文学概论》到《新编儿童文学教程》，正如蒋风所言，他耗费了超常的心力实践这本书的修改和增订。它无论对儿童文学工作者，抑或是普通的教育工作者，都有着理论的学术价值和现实意义。蒋风对儿童文学事业的卓越贡献也正在于此。

第六章

大学校长

突如其来的任命

1984年初的一个早晨，学校办公室突然通知蒋风去开会，说是省里任命他当浙江师院院长，主持全院工作。听到这突然而来的消息，没有一点思想准备的蒋风，不仅感到错愕，而且有些惶恐不安。蒋风反复权衡自己，想："我能承担如此重任吗？"尽管当时蒋风已在大学任教近三十年，也是个党员，但他一直是普通教师，既没当过系主任，也没担任过党总支书记，连个副职也未担任过，要接任一个大学校长，蒋风实在感到力不从心。

于是，他向学校有关领导告了假赶往杭州，向分管高教的省委常委请辞。

蒋风说，他没有任何行政经验，把这样一个重担压到他身上，着实压力不小。如果一定要他担此重任，他乐意协助做个副职，同时，他力荐前任副院长担任新班子里的正职。

蒋风与省委常委的谈话持续了12个小时，从上午十点开始一直到晚上十点，分管高教的省委常委仔细聆听了蒋风的陈述理由。他最后说："省委讨论你担任浙师院院长，是经过反复研究决定的，不是我个人决定的，你陈述的理由，我向省委常委会再做一次汇报。"

就这样，蒋风从杭州回到浙师院，然而，担任浙师院院长的文件已经下发。蒋风想，省委已经宣布了结果，再让省委收回任命是不可能的了，作为一名共产党员，他应该服从组织的决定，先干一段时间。

省委正式文件到达的当天，正在老行政楼会议室开会的原学校领导班子最先得到这一消息，马上停止了开会，听候省里的安排，这一消息迅速传开，成了该校师生一时谈论的焦点。

“目前人心浮动，教师队伍不稳定，经费困难，办学条件差，蒋风原是中文系的一位普通教师，缺乏行政领导经验，他能挑起这副担子吗？”有人怀疑。

“咱院在‘文革’期间是重灾区，几经搬迁，元气大伤。这几年虽然有所恢复，但根基浅，底子薄，存在的问题和矛盾还不少，他蒋风斯斯文文的，能行吗？”有人担心。

“蒋风有胆有识，事业心强，作风正派，顽强坚毅，踏踏实实，在教书育人上有较丰富的经验，在学术研究上有较高的知名度，他一定能胜任领导工作。”了解蒋风的人则都持乐观态度。

这天夜里，蒋风在学校15平方米的狭小寝室里来回踱步。他时而抬头看看发出光热的灯泡，时而心事重重。他回忆着白天开会的情景，省政府关于调整浙师院领导班子的决定，这个突如其来的任命令蒋风始料不及。如今，一份沉甸甸的红头文件把他推上了举足轻重的领导岗位，他担心自己难以胜任。

浙师院的前身是杭州师专，建于1956年，随着我国教育事业的发展，先后扩建为杭师院、浙师院。1982年，考虑到学校的合理布局，省政府决定将原浙师院金华分校并入浙师院，同时确定金华二中为浙师院附中。于是，学校规模有了较大扩展，蒋风是20世纪60年代到这所学校的,校内外所经历的变迁,使他感慨颇多。

他在思考面临的困难,浙师院建校虽有几十年,但这仅仅是简单的年份积累。政治运动的冲击,搬迁拆迁的折腾,以及人力、物力、财力等的匮乏,都在很大程度上限制了学校的发展。

蒋风最担心的还是经费问题。当时,学校有6000余名学生,教职员工有近1000人,财政拨款300万元,还有300万元的定向申请,这笔钱勉强只能解决吃饭问题,但教师工资、学生助学金、学校基础设施、软硬件配套建设等都要靠这600万元经费运行。

蒋风还忧虑学校没有自主权,职称评定没有权利,也没有办法。蒋风面临的问题接踵而至。再者,浙师院校址远离省城,交通不便,信息不通,有些问题省里不可能统包统揽,所在地方政府以浙师院是省属而不加过问,这更增加了解决问题的难度。更何况,外界种种强烈的新思潮的冲击,让人们对物质生活的要求越来越高,许多教职工早已存在躁动不安的心理。如此等等,蒋风了然于胸,他意识到,工作的开展以及方方面面积极性的调动和发挥,都有很大的艰巨性。

蒋风彻夜难眠,使命感和责任感催促他奋发向前,在一个困难重重的高校执掌乾坤,他知道自己肩上的分量。从一位普通的教师提拔为大学校长,蒋风确实压力很大,但是,他觉得自己作为金华人,又是长期在师大工作的教师,他有振兴师大的责任。

他想到了省委有关领导的期待:"把你直接任命为浙师院院长,也是从两方面的考虑,从大背景的角度考虑,国家从20世纪80年代开始就注意从优秀的知识分子中选拔干部到领导岗位,你已出版过学术著作,属凤毛麟角;第二个考虑,你是金华人,主张在金华办好浙师院,这点正是省有关部门为稳定浙师院在金华所迫切需要的。所以，你是合适的人选。”

“上下同欲者胜。”想到此，蒋风的嘴唇紧紧抿住，手掌渐渐握紧。直面现实，一个主张在蒋风的心中形成了——遵循师范教育的特点和规律，联系本校情况，制订一个比较可行的发展规划，特别是抓好教学、科研和教职工福利，以此增强凝聚力，和衷共济图振兴。

提出学校发展“十个要点”

蒋风认为，学校能否上一个台阶，院长为首的领导班子是关键，作为干部无功即是过，任期内只有竭力工作，多干实事，才能不辜负组织的信任和家乡人民的期望。基于此认识，蒋风把全部精力心血都用在了行政管理和教学科研上。

上任第二天，一幅“校兴我荣，校衰我辱”的警言压在蒋风办公桌的玻璃台板下。蒋风相信，警言能激励斗志。

新官上任，第一件事情便是根据教育部和省委的有关指示，结合教学体制改革，制订学校发展规划。新院长有无远大目标，有无开拓精神，学校6000多师生员工拭目以待。

刚上任的那段时间，蒋风和学校的领导班子的全体同志除了处理日常事务外，还进行了一次次摸底，一次次讨论，将学校中层干部和民主党派负责人召集到会议室，听取他们的意见、建议和要求，共商治校大计。

浙师院以培养中等教育师资为己任，主要任务是培养有理想、有道德、有文化、有纪律、热爱教育事业，具有扎实基础知识，较强运用能力和实际工作能力的“一专多能”的教师。发展规则既要考虑学校的历史、现状和未来，又要考虑中等教育师资的需求趋势，它关系到学校发展的速度和师资队伍建设的质量。目标要适度，过高难以实现，过低只会原地踏步。这就决定了这项工作的重要性和困难度。

办公室里，蒋风的电话铃声一次次响起，系领导向院长汇报基本情况，还反映了师生的呼声，蒋风逐条做了记录。

秘书匆匆地走进院长室，递上一大沓兄弟院校的教改信息材料和省教委的文件，蒋风如获至宝，一页页认真翻阅。

蒋风说，想要振奋人心，就要让大家看到学校的发展和希望。因此，他当时考虑最多的就是将浙师院升格为浙师大，以此促进学校的发展。他把想法与学校领导班子沟通，平时，又与教师接触了解他们的想法，经过反复的考虑，提出了学校发展的“十个要点”。

1984年夏，学校党政领导班子把蒋风的十条设想，作为怎样开创浙师院新局面和如何贯穿改革精神这两个问题的解决方法，进行集体讨论，最终形成《办好浙江师范学院的十条思路(草稿)》(简称“十条思路”)：

1. 加强思想政治工作，清除“左”的余毒，根绝派性，增强团结。

2. 加速学校发展，提高办学层次，争取尽快把浙师院升级为浙江师范大学。

3. 发扬民主，改革管理制度，简政放权，做好定编工作，建立岗位责任制，发挥群众智慧，创造蓬勃向上的精神风貌。

4. 进一步落实知识分子政策，尊重知识、尊重人才，加速师资和干部队伍建设。

5. 冲出封闭的办学模式，加速对外开放，加强与国内兄弟学校的联系，走向世界，如聘请外籍教师及建立杭州办事处等。

6. 探索教学规律，加速教改力度，提高教学质量。

7. 加强科研工作，纠正只重教学，忽视科研的倾向，使科研和教学比翼齐飞，建设信息网络，活跃学术气氛。

8. 加强图书馆、资料室、实验室的建设，包括办好教学实验基地附中，促进学科研究发展。

9. 加速后勤改革，加快校舍和各项基础设施的建设，改善办学条件，提高服务质量。

10. 开源节流，搞好智力开发和校办产业，增加创收，改善教工福利，包括尽快用上煤气。

这个文件在蒋风原来提出的十条设想的基础上，吸收了新领导班子全体成员的集体智慧，成为全院之后开展各方面工作的指导性文件。

“十条思路”和广大师生员工见面后，大大鼓励了广大师生员工，大家工作更加积极，老师们也感到浙师院的大发展即将到来。

学校工作步入正轨后，蒋风把提升浙师院，改名浙江师范大学作为工作的重中之重。这也是蒋风给大家印象最深的一件大事。

蒋风说，当时，他心里是没底的，虽然希望不大，但是他要去做。

他要让老师们觉得有奔头，这是他提出改校名的最直接想法。当时，让他最烦恼的一个问题是，每天只要走到办公室，一坐下来，就陆陆续续有老师要求调动。专业人才本来就不多，怎么把队伍稳定下来，作为院长，蒋风觉得责任重大。

他当时考虑，要让学校的动荡局面稳定下来，升级才能让大家看到希望。学院和大学虽然只有一字之差，但是内涵却截然不同，把浙师院改名为浙师大，就是从单一的专业教育向综合类教育转

蒋风担任院长后在浙师院首届职工代表大会上讲话,激励全校师生办师大的信心

变迈出的第一步。

然而,更名之路是困难的,根据过去的惯例,一所学校从学院更名为大学必须要有3个学院,每个学院至少3个系。而在当时,浙师院只有7个专业,5个系,不具备更名条件。加之学校图书、设备陈旧,具有高级职称的正副教授不足20人,称大学实在难。但是,不管结果如何,不管发生什么,蒋风都让自己保持乐观心态,看到希望所在,于是,他开始了一次次的奔波。

蒋风同班子成员反复研究讨论后,拟定了浙师院1984—1987年的四年发展规划。在首届教职工代表大会上,蒋风做了题为《锐意进取,同心同德,全面开创我院新局面》的报告。

这个报告是未来的一张蓝图,有三个要点:

其一,奋斗目标:把浙师院办成体现中国社会主义教育特色,教学、科研、实践相结合,学校专业齐全的师范大学,为跻身全国第一流师范院校奠定基础。

其二，增设教学、科研机构。在原有系、科、专业的基础上，集中优势力量，突出一两个专业，使之逐步成为在全省乃至全国有影响的带头学科，稳定和适当调整长线专业，加速发展短线专业，力争在四年内恢复物理系电化专业；新建艺术系音乐专业、美术专业，数学系计算机专业，教育系学前教育专业和学校管理专业；创建文科研究所。争取世界银行贷款，进口一批先进的仪器设备和图书资料，创建计算机中心和电教中心，并在此基础上创建理科研究所。

其三，扩大学校规模，采取多形式多层次办学。四年内，研究生增加四倍，本科生和专科生达4500人，函授生增至2400人，有条件的系开办助教进修班，为硕士学位授予权创造条件。学制上，研究生为3年，本科生为4年，专科生分3年与2年制两类，函授生3年。同时举办儿童文学、教育学、音乐、计算机、电视机维修等短训班。

报告还提出了改革管理机制，全面提高教学、科研水平，加快基建速度，做好后勤工作等方面的设想。

蒋风的报告引起了大家的共鸣，更赢得了大家的热烈掌声。

蒋风带着学校发展规划反反复复地找省委有关领导，也终于在不懈的努力下，事情有了眉目。1984年11月，浙师院向浙江省人民政府正式呈报，1985年2月，由省人民政府下达了〔85〕28号文件，同意将浙江师院改名为浙江师范大学。蒋风担任了浙江师范大学首任校长。1985年3月，全校召开了“改名大会”。蒋风引用达·芬奇的话说：“坚强的毅力可以克服任何障碍。”浙师大走过来的道路也充分证明了这一点。不经过本身的努力，就永远也达不到目的。一切都得从实际出发，脚踏实地不懈地努力，才能实现自己的理想。

魄力、进取心、实事求是的作风，也使蒋风很快赢得了师生的信任，大家一开始的怀疑、顾虑，也都消除了，学校的工作也上了一个又一个台阶。

努力改善教职工生活

如果说,学校更名让广大教职工看到了希望,那么,改善教职工生活则让大家心理上得到满足。学校更名后,蒋风发现,来办公室要求调动的老师明显减少了,但是,要留得住人,就必须改善教职员工生活,让广大教职工生活更方便。

当时,浙师大所在地的骆家塘村还是农村,没有商业网点,也没有商店,教工的日常生活用品都没有地方购买,生活极其不便,为此,蒋风和学校班子成员研究后,由学校牵头办了一家小店,满足教工们日常生活所需。同时,为了方便教职工买菜,蒋风又一次次找到骆家塘村,商议在骆家塘办一家菜市场。

日常生活用品和买菜问题解决后,燃料问题随之而来,20世纪80年代,燃料一直是很稀缺的,当时教职工做饭都是用蜂窝煤,无法用上煤气。教职工们每天一大早就要起来生炉子,很多时间都耗在这个上面了,生活很不方便。如果让教职工们省下这些时间用于研究教学,做科研,那该多好呀。于是,想方设法让教职工用上煤气成了蒋风当时要奔波解决的另一件事情。

他先跑到省计委,希望省里能给一点指标给浙师大。当时,浙江只有杭州、宁波和温州三个城市有煤气指标,省计委的主任告诉蒋风，金华不在供煤气的计划范围。

蒋风又苦苦相求，他一方面向省计委领导说理，浙师大是杭州迁往金华的，供煤气也是在合理范围；另一方面，他还拿出“救兵”——学生相求，不给浙师大供煤气等于鼓动学生们重新返迁杭州。浙师大情况特殊，希望省计委考虑供煤气。

不管蒋风怎么说，也不管蒋风怎么“吓唬”，省计委最终没有同意给浙师大供煤气。

后来，一次很偶然的机遇，蒋风“换了”8吨煤气。当时，中山大学有位新毕业的硕士研究生分配到浙师大工作，工作不久，希望调回广东佛山的一所大学，他的亲戚是浙江镇海石化总经理，他找到了蒋风，希望学校同意调任。

蒋风说：“浙师大的现状你也看到了，我们的老师生活很不方便，你能否为我们教师做点贡献，为浙师大供应点煤气，改善教职工的生活。”

镇海石化的总经理答应了蒋风所提的要求。也因此，蒋风“大胆”同意了这位年轻教师的调动。

“当时算是一种交换。”蒋风笑着说。然而，镇海石化并没有立即给浙师大供应煤气。当时，镇海石化办了一所职工子弟中学，总经理希望浙师大能够分配十个毕业生去职工子弟中学，然后供应煤气给浙师大。

蒋风说：“那好啊，你先把煤气供应过来，我再分配毕业生到职工子弟中学。”

其实，按照当时省教育厅的政策，学校自己无权分配毕业生，分配计划由省教育厅直接下达给学校。为了镇海石化能支援煤气，蒋风就亲自跑到省教育厅，找教育厅学生处协调此事，省教育厅学生处处长满脸不高兴，一直让蒋风站着汇报，蒋风为了教职工能用上煤气，还是忍着。最后，省教育厅同意分配八个毕业生指标给镇海石化，镇海石化也给浙师大提供了八吨煤气。学校教职工终于用上了煤气，大家都很高兴。

提出“唯实”校训

学校改名和煤气问题的解决，使广大教职员工在心理上得到了满足，大家也终于安心在学校工作了，与此同时，学校的发展势头也让大家看到了希望。蒋风觉得，他和这届班子领导一定要为学校的发展下更大的功夫，统一思想认识，让大家真正静下心来踏踏实实教学做科研，还要有共同的追求。

浙江师范大学的精神是什么？如何传达浙江师范大学的精神？这两个问题引起了蒋风的思考。他想到了校训。作为一所大学精神的体现，校训把学校的无形与有形，精神与学术，信仰与理想，执着与从容完美地重叠在一起。

蒋风认为，校训是一个学校的灵魂。它体现了一所学校的办学传统，代表着校园文化和教育理念，是人文精神的高度凝练，是学校历史和文化的积淀。在过去，浙师大经历了风风雨雨，一直没有校训和校歌。现在，浙师大正是大发展、大繁荣的时候，校训的提出，可以激励和劝勉在校的教师和学生，更可以成为广大师生心中的一个标尺。

基于此，蒋风与学校班子成员商量，并提出了“唯实”的校训。同时，为了更广泛地凝聚人心，还在全校范围征集校歌。

校训要体现学校的办学原则与目标。同时，校训也是广大师生共同遵守的基本行为准则与道德规范，它既是学校办学理念、治校精神的反映，也是校园文化建设的重要内容，是一所学校教风、学风、校风的集中表现，体现了大学文化精神的核心内容。蒋风认为，当时，学校不少教师干部都存在“唯上”“唯书”的风气，只听上面布置的话，只按文件书本上的规定办，不分是否可行，也不考虑学校的实际情况，工作放不开手脚。

为了反对当时存在的问题，蒋风提出了“唯实”的校训。蒋风也是从正面提倡实事求是的精神，当时，他考虑校训既要简单，又能让大家都能记牢。他想到了浙大的校训，就简简单单的“求是”两个字，既简洁又容易记，所以参照浙大，蒋风也提出了两个字的校训。

蒋风一直认为，一所大学的校训不是凭空产生的，它是在学校的历史中逐步积淀和凝练的。“唯实”校训提出后，他还在不同的场合反复强调，目的就是希望大家脚踏实地共同建设一所美好的大学。为了使“唯实”的校训引起大家的注意，当时在老校门口用绿化的灌木修剪出了“唯实”两个字。

一时间，广大教职员工和学生都备受鼓舞，“唯实”的校训也镌刻在了广大师生的心里，教师的科研意识增强了，学生的学习氛围更浓了，校园文化活动丰富起来了……“唯实”这一校训也被赋予了新的时代元素，广大师生对“唯实”校训的精神内涵有了更加清晰的认识。

学校进入良好的发展趋势后，蒋风认为，办好学校的根本在于致力改革，提高教学质量，他积极同学校班子成员一起，尽力改善办学条件，从而达到提高教学质量的目标。在蒋风的提议下，学校修订了教学计划，加强了基础教学，重视学生实践性教学环节。

他要求注重师范生的规格培养，加强普通话、板书、班级工作、教材教法等教师基本功的训练。为此，学校还专门编写了培养学生基本能力的教材，建立了“学生基本功合格卡”，制订了评价教学质量的标准，组织有关干部和教师开展教学质量评估活动。学校的教学质量也有了较大提高。

蒋风认为，学校的教学质量归根到底是靠教师的努力实现的，因此，必须建立一支质量较高的教师队伍。在蒋风及学校领导班子的共同努力下，学校一方面努力创造条件，提高教师待遇，为教师解决实际困难，稳定教师队伍；另一方面，采用公开招聘、特邀、借用、协作、交流等多种途径，引进人才。

在教学质量提高的同时，蒋风发现，学校许多老师都只注重教学。大家普遍认为，只要把书教好了就好，其他不用管。这样的现状不禁让蒋风皱起了眉头，他意识到，改变教师们的认识，就必须引导教师们在重视教学的同时，更加重视科研，从而使浙师大形成良好的学术氛围。

蒋风觉得，大学同中小学不同，中小学教师有专门的课程教材，教师只要根据教材认真上好课就行，不需要把时间精力过多花在科研上，而高校很多课程都没有教材，需要教师自行编写教材进行授课。

如果一位高校老师没有相关学科的科研能力，课就无法上好。也因此，蒋风把提高教师的科研能力放在了浙师大发展的重中之重的位置上。

他在学校的各种会议上反复强调，高校教学与科研是相互促进、不可分离的一体。教学是提升教师科研能力的孵化器，而科研是提高教学质量的推进器。教学、科研就像鸟的双翼，单抓教学一翼是难以飞翔的，抓教学的同时一定要抓科研。高校老师既要从事教学，又要进行科研，以科研促进教学，并且将两者有机结合，才能提高教学质量与科研水平。

蒋风反复强调教学与科研并重后，学校还成立了科研处。作为一个提高学校科研水平的处室，科研处在规划、指导、组织、协调、监督、激励学校教师从事科研中发挥了巨大作用，学校还建立了一批相应的研究室，并制订了相应的科研奖励政策，建立了成果档案，全校重视科研的气氛逐渐形成，科研成果也显著增多。学校也办起了《浙江师范大学学报》《高师教育》《语文教研》等七种刊物，为教师的科研成果提供了发表的园地。学校还要求各系每年举行一次学术讨论会，并规定教师在全国性刊物发表论文，学校将给予一笔奖金奖励。

由于领导重视，措施得力，广大教职工的科研热情空前高涨。据统计，1984—1987年，浙师大共出版、发表专著、编译著、论文、教材等1287篇（部），获全国优秀科技奖2项，获省级优秀论文奖38篇，技术转让5项；被国家教委教学仪器研究所、省教委、省科委列入的项目16项。

开拓与国内外交流

学校要发展壮大，打开门来加强交流学习是关键。蒋风考虑到，当时的金华作为非开放性城市，本身发展就比较滞后，如何打破学校地理位置的客观制约，积极开拓本校与国内外其他高校的交流，是提升浙师大的关键。

1984年4月，蒋风上任不久，学校突然收到德国汉堡大学寄来的一封信，该校准备在这年夏天派三十名留学生来学校学习中国文化。这让蒋风和学校领导们又惊又喜。

汉堡大学可是名牌大学，假如接待成功，对学校未来发展将起到巨大的促进作用。

“会不会搞错了，杭大的前身也叫浙师院。”学校班子有成员提出。

大家一时间围绕着这个事情展开了讨论。一部分班子成员认为，学校目前还不具备接待外国留学生的条件，不赞成接待这批留学生，大家还怀疑对方搞错了。

蒋风力主接待这批留学生。他说，没有条件，我们可以创造条件。

他仔细察看对方的来信，上面明确写着“Jinhua—Zhejiang”，再仔细看，还写着“Gao cun”。蒋风信心满满：“肯定没有搞错，如果我们接待了这批留学生，浙师院就开启了与国外高校交流的先河，这对提高学校知名度、上台阶、上层次是千载难逢的好机会。”

从客观角度考虑，当时学校确实不具备接待能力，暑假正是金华最酷热的时候，住房是最大的问题，假如没有空调，留学生肯定吃不消，而整个浙师院，只有物理实验室有一台空调。蒋风和班子成员研究后，一致认为要创造条件接待这批留学生。

于是，蒋风找到当时的金华地委，希望将地委在双龙的招待所借给学校用一个月，为留学生创造学习条件。金华地委同意了蒋风的请求。蒋风又一级一级申报，从教育厅、外办、公安厅一直到教育部。最后，安全部门提出，金华作为当时还未经国家批准的开放城市，要征求一下与浙师院毗邻的驻军部队的意见。蒋风又找到驻军首长，驻军首长很支持，但这对他们来说也是一个新情况、新问题，也得请示上级才能答复。于是，部队又一层层上报请示，等与部队协商好，离汉堡大学留学生来金华的时间已不足一周，连签协议的时间都不够了，最后，学校只好婉言谢绝，希望第二年再请他们过来学习。

蒋风感叹，费了九牛二虎之力，可以说是万事俱备，依旧只欠东风。当时很多人都骂蒋风，骂他劳民伤财，前前后后花了多少时间和精力在这上面，结果空欢喜一场。

在蒋风看来，虽然事情没做成功，但他也不后悔，一方面了解了流程，积累了经验；另一方面，蒋风认为，既然学校可以接待留学生，那也可以聘请外教。这个事情也坚定了蒋风坚持开放办学的理念。

后来，蒋风在任内与美国贝尼思学院、康涅狄格州立大学、日本梅花女子大学、德国汉堡大学等一些高校都建立了校际联系，多次派优秀教师出国深造。蒋风还亲自沟通从美国引进了一个外教。当时，有个美国刚大学毕业的女教师蒂莉，她主动写信与学校联系，表示愿意到浙师院任教。通过多方联系，层层请示，上级最后批准了浙师院聘请外教，又经过协调，以每月伍佰元人民币的待遇聘请蒂莉来工作。当时，蒋风自己的工资也不到300元，蒂莉比他还高一倍左右的工资。蒂莉于1985年2月25日来报到，当天晚上，蒋风作为校长亲自去金华火车站迎接。这也首开浙江高师院校聘请外籍教师的先河。外教的引进对学校的发展起到了很好的促进作用。

赴美考察学习

1985年，国家教委第一次组织大学校长去美国考察，共有八个名额，浙江省的唯一一个名额分派到了浙江师范大学。

蒋风后来回忆，当时，省里领导点名把名额留给了他，与改校名是分不开的。赴美考察也正是希望他借此机会把美国的先进理念带回国内，发展壮大浙师大。

10月19日至11月11日，在国家教委的选派下，蒋风参加了中国地方高校校长赴美考察团到美国考察大学教育，历时二十二天，来回行程四万公里。考察团由天津、河北、山东、河南、陕西、吉林、湖南、浙江八个省、直辖市属重点高校正副校长组成，10月19日从北京出发。他们乘坐波音747飞机，经过十二小时的飞行，到达美国旧金山机场。访问路线是从纽约到康涅狄格州，再从康州到华盛顿，又从华盛顿到爱荷华州，最后经旧金山回国。其间，考察了十所高校及其他一些教学机构，还游览了一些名胜古迹，最后回到北京做了考察小结。

在考察过程中，蒋风敏锐地发现，美国一些办得出色的公立大学都是由师范类院校转型而来。

蒋风说，师范类院校比较注重基础学科，并且能根据自己的特长充分发挥，所以在转型时具备很强的潜力与竞争力。

以哈特福特社区大学为例，该校规模虽然不大，但立足服务当地，为当地培养急需人才，特别重视继续教育，更确切地说，该大学成了当地人终身学习的理想去处。

在那里，蒋风碰到了当地的一位六十多岁的老太太。开始，蒋风以为她是学校的教员，交谈后，蒋风才发现她是大学一年级的学生。蒋风当即问了老太太年纪，随后又问她为什么这么大年纪了还上大学？老太太回答说："年轻时没有机会上学，感到很遗憾。结婚后忙于家务和孩子，更没有机会上大学。如今，子女都已经长大了，各自成家，丈夫过世了，为弥补自己的遗憾，仍想在这里继续完成高等教育。"

蒋风教授在美国考察

听完老太太的话，蒋风很受启发，美国的高等教育是值得国内学习的，那就是社区大学的设置。根据当地所需，办社区大学。

蒋风在回国后写的一篇《我期待着故乡有一所名牌大学》中

说："这次美国考察学习，让我印象特别深刻。办大学一定要根据自己的条件办出特色来，才会有声誉。事实证明，大学的知名度不在规模大小、师生多少、设备如何、地址好坏，首要的一点就是在办学过程中积淀传统，形成你无我有，你有我优，你优我更优的特色。千万不能脱离自己的基础和条件。"

通过美国的考察学习，蒋风受益匪浅，也更加坚定了办好浙师大的信心。他觉得，浙江师范大学虽然地理环境不好，但是也可以办成一所综合性的名牌大学。他还以美国哈佛、耶鲁等世界名校为例，这些名校都不是在繁华的大城市。

在回国的小结中，蒋风提出："我们教育主管部门可不可以松松绑，不要管得太死，各地根据自身实际，当地需要什么人才就培养什么样的人才，这样可以节约许多资源。"他还举了例子，全国各地市都办有师专，是否可以像美国一样，把各地市的师专逐步办成符合当地经济社会发展需要的社区大学？但是，当时他的建议并没有被采纳。

"虽然比较遗憾，但我一直没有停止努力。"蒋风举了他当校长以后的一件事情为例。1984年，蒋风意识到要突破师范院校的师范性，同时为发展壮大学校考虑，他向省里请示，力主增加计算机、美术、生物、日语四个专业。在提及计算机专业时，省教育厅有关负责人提出疑问："全省各地中学，都没有开设计算机课程，开了计算机专业，以后学生就业出路在哪里？"

蒋风则说："我们要把眼光看得远一点，计算机的专业人才各行各业都需要。"最终，省教育厅没有同意增设计算机专业，可到了1987年，也是蒋风校长退下来的这一年，省里各地市中学都开设了计算机课程。在很长一段时间里，浙江省中学的计算机课都是由物理老师或是数学老师任教。

在美国考察学习期间,蒋风切实感受了中美在教育、文化等方面的差异。考察期间,他凭借自己的勤奋与敏锐,记录和书写了《旅美手记》,回国后陆陆续续发表了几篇。以下是蒋风笔下的纽约印象:

> 这是美国的第一大城市,也是美国最大的终年不冻港。美国其他城市街道上行人不多,只有纽约街上熙熙攘攘,人来人往。全市八百多万人口,几乎包含了人类所有的种族,白、黄、黑、棕,色色齐全,仿佛是个世界最大的人种博物馆。不管生活在这里的或是过往这儿的,都根据自己的爱好自由地打扮,穿着各式各样的服装,我觉得这个城市又好似一个无奇不有的时装展览会。
>
> 这是世界上最富金钱色彩的大都市,美国垄断组织和金融机构的集中地,也是资本主义世界的金融中心,美国十大垄断集团,全都聚会在这个纸醉金迷的华尔街上钩心斗角,想把对方一口吞下。
>
> 每个大资本家都想在纽约占有一席之地,使得这个城市寸土寸金,逼使大家向上争取空间,房子愈造愈高,每条街的两侧,几乎全是摩天大楼高耸林立。置身其间令人产生恍若走进巷道的感觉。座落在曼哈顿区的华尔街,就是纽约市的缩影。这是全美金融中心的中心,全国十家最大的银行,就有六家的总行设在这里。五百米的一条短街,却成了美国金融帝国的象征,气象是那么豪华,色彩却那么阴暗,走在这样一种不协调的街道上,令

人产生一种不适。

……

蒋风到纽约后，住在曼哈顿区的斯米塔大旅社。接待部门安排考察团参观纽约市容，他们登上了世界贸易中心。站在当时纽约最高的大楼，蒋风如临其境，感受美国的民主政治。他在《自由神像》一文中写道：

……如果说华尔街是美国垄断资本的象征，那么，这顶天立地的巨像便是美国民主政治的一个标志。凡是初到美国的外国人，几乎毫不例外地都要“到此一游”。

建立这座神像的最早倡议者，不是美国人，而是法国著名历史学家爱德华·德拉布莱。可是德拉布莱的倡议，在种种条件的限制下，一时没有能够付诸实施。直到1871年，法国工程师巴托迪访美，他重提德拉布莱的建议，争取花五年的时间，在1876年美国建国一百周年纪念时建一座巨像，用来纪念法美的友谊。

这个掩埋多年的倡议，这才得到人们热心的资助。于是巴托迪便开始紧张地劳动。据说这座高达一百五十一英尺自由女神像，她的体态是以工程师日后的夫人为原型的，她的脸部神态却是巴托迪母亲的写照。他母亲是个坚强的寡妇，生活在割让给德国的故乡，过着亡国奴的艰难岁月。自由女神脸部表情淡淡地流露出一个隐藏故土沦亡之痛的坚韧女性的神态，这是不无缘故的。这座神像的主体于1884年在巴黎建成，次年分装成二百一十四个大件装船运到纽约。1886年10月28日在自由岛落成……

蒋风还在《中国菜在美国》一文中介绍了在美国用餐的情况。

到美国就该吃美国饭菜。可是我们一行十一人，多数都对西餐不适应。主人仿佛也很理解我们的心思，只要到了有中国菜馆的城市，便常常带我们去中餐馆用餐。

在华盛顿时，美国教育部正式宴请我们代表团。汽车送我们到餐馆门前，就看到张爱萍同志秀丽的笔迹："重庆楼"三个大字。进得门去，古色古香的楼厅，一派中国气象，顾客盈门。美国教育部主管高等教育的部长助理，以主人身份，一面祝酒，一面啧啧称赞中国菜味道鲜美，认为这是数千年中国文化的优秀传统之一。

确实如此，中国菜在世界上享有盛名。在美国一些大城市，赫然入目的中文招牌，几乎大多是中国菜馆。或走进楼上雅座，或步入大厅散座，全是家家客满。在纽约、华盛顿、旧金山等城市的唐人街上，不仅有一般的中国传统菜馆，还有浓郁地方风味的川菜、湘菜、粤菜、苏菜等，单看它们的招牌就可想而知，如蓉园、潇湘馆、山东饭店等等。

我们在康州访问一周，难得吃到中国菜。这对我们这些吃不惯西餐的中国人来说，乡思油然而生。所以一到华盛顿都迫切地想饱餐一顿中餐。主人便带我们去宾夕法尼亚街的山东饭店吃中国菜。

这是数年前刚从香港迁美的中国菜馆，老板是山东人。父子两人掌厨，媳妇、女儿跑堂。女儿一方面招待顾客，一方面还在马里兰大学上学。她既能用流利的英语笑迎顾客，也能以标准的普通话与华人共叙乡情。我们曾多次到这家中餐馆用餐，每次都感受到这家菜馆因为热情待客，所以生意兴隆。老板的手艺真不错，菜味远比我想象中的好。也许在名扬全球的中菜厨师中，他父子的手艺也是平平的，只不过我们实在对西餐感到难以下咽，就对中菜格外偏爱。我顺手翻开菜单，价钱在美国人看来并不算贵，一盆蘑菇鸡片，六元九角五分；一盆炒三鲜，七元九角五分；一盆家常豆腐，五元二角五分。当然，这对我们低工资的中国人来说，也许要吐舌头了。

中外人士都喜爱吃中国菜，所以外国人也学做中国饭菜。我们到圣克罗斯加州大学，校长举行宴会时，也是

美国中康州大学校长在家中接见中国大学校长访问团

一桌中国菜,只是中菜西吃而已。一坐下来就是一杯冰水,第一道海鲜汤是美国习惯,喝过汤才是一道道中国菜,最后又是美国风习,来一大颗巧克力冰淇淋。这种吃法,对我们这些远离故乡的中国人来说,也是别有一番风味的。

不同的地域,不同的文化,不同的习俗,在美国考察的日子里,蒋风用手中的笔记录了点点滴滴,并将此作为纪念。

完善学科资料

在赴美考察期间,蒋风与当时的国家教委办公厅主任有时同住一个房间。蒋风就充分利用与办公厅主任在一起的有利时机,向他介绍浙师大的现状,同时,也向他“诉苦”。

“浙师大一穷二白,条件艰苦,每天一坐到办公室,最多的就是老师要求调动。”

“为了稳定人心,经过学校不断地努力、争取,改名成功了。”

“但是,老师们生活艰难,生活不便,燃气用不上,多少好老师挡也挡不住,调走了。”

“目前,学校虽然改名了,但是我们也没有底气,系科不全,经费没有,想发展,难啊!”

……

蒋风把学校的困难,自己的辛苦一一向办公厅主任汇报。

国家教委办公厅主任听完蒋风的话,吃了一惊。他说,没想到你们学校这么困难,他表示从美国回去,如果有机会,一定帮学校一把。

国家教委办公厅主任的话让蒋风得到了安慰。他知道,多一个领导关注学校,学校就会多一点发展。从美国考察回来后,当时，香港慈善家邵逸夫先生准备向大陆高校捐资一亿元港币。国家教委办公厅主任就把浙江师范大学列入了被捐资的名单。就这样，浙师大争取到了一千万元港币的捐款。与此同时，学校还争取到了世界银行一百二十万美元贷款。

蒋风召集学校领导班子商议这两笔资金的用处。学校领导层中出现了两种意见：一部分领导认为学校教职工生活艰辛，应用一部分钱改善教职工生活，建教工宿舍是当务之急，这样可以稳定学校教职工队伍，对学校的发展有力。而蒋风则认为，要把这两笔钱用在刀刃上。蒋风说服其他班子成员，把这两笔钱分别用来建造校中心实验室和图书馆，这对学校的发展更有利。在蒋风的积极努力下，大家形成了一致意见，先把钱用来建造校中心实验室和邵逸夫图书馆。

1989年，一个一万余平方米的图书馆建成了。那时候，蒋风得知，台湾有一套《四库全书》可以购买，这套书由台湾商务印书馆影印出版，全书1292册，大陆总共才十来套，价格十分昂贵。为此，蒋风又与学校领导班子成员一起坐下来商议。大家都认为，学校中心实验室和图书馆建成了，应该把学校有限的一点钱用来改善教职工宿舍。

一些班子成员认为，购买《四库全书》的钱可以建造一排小平房了，这套书太贵了。

也有人提出，台湾版确实太贵，是不是可以再等等，等大陆版的《四库全书》。

……

讨论很激烈，绝大部分人认为学校应该考虑先改善教工宿舍。

蒋风则认为，学校的主体是学生，老师辛苦点，累点都不要紧，也都是应该的。但如果购买了《四库全书》,浙师大古典文学学科首先受益,这样就为学校的文科发展奠定了基础设备。有了中心实验室,再有这套《四库全书》,浙师大的文理两科都打下了基础。

他一方面说服班子成员,一方面又积极向大家说理,教工宿舍可以等一等,学生不能等啊,假如等到大陆版,学生就毕业离校了。

在蒋风的不断努力下,学校班子最终达成了一致意见,先把《四库全书》买下来。也因此,浙师大也成为当时国内仅有的几所购买这套书的学校之一。

邀请名人来校讲座

活跃学术空气，开展学生社团活动也是蒋风在任时力推的工作。20世纪80年代，金华还是非开放型城市，浙师大地理位置差，资源匮乏，想调名家、学者来学校工作几乎是不可能的事情。于是，蒋风想到了邀请名家来学校开设讲座。

就这样，蒋风通过自己的声望和学术交往，邀请了国内外一批名流来学校讲座。当时来学校讲学的名人，有廖沫沙、艾青、陈伯吹、戈宝权、柯岩、张志公，日本的儿童文学家鸟越信，美国内弗拉斯加州大学理查德·佛林博士等。

蒋风笑着说，当时虽然无法调名家、学者来学校工作，但是邀请名家来讲座还是做得到的。当然，他也顶住了一些压力。

讲座的效果很好，特别是廖沫沙和柯岩的讲座，在校内引起了强烈的反响。当时，因为条件艰苦，每一次的名人来访，蒋风都亲自迎接。1986年10月底，蒋风邀请柯岩来校讲学。10月31日凌晨，柯岩乘火车到达金华站，前一天，蒋风在学校叫办公室派好车，说好在火车到站前一小时接他一起去车站。蒋风怕睡过头，就早早地起来等着，可是等到离柯岩乘坐那次列车预定到站时间仅半个小时也不见司机来接他。那年月，不用说手机，连驾驶员家里也没装电话。蒋风给驾驶员值班室打了多次电话也打不通。蒋风只得关照老伴，让她告诉小车驾驶员沿着蒋风指定的路线赶过来，蒋风自己则跑步向老火车站赶。

等他赶到火车站，柯岩已在出站口台阶上等着了。蒋风告诉她，稍等片刻学校有小车来接。蒋风与柯岩一起焦急地等呀等，盼呀盼，同时也希望能找到一辆三轮车，送客人去宾馆。又等了二十多分钟，蒋风只得无奈地向柯岩表示歉意，随即扛起柯岩随身带的一个大大的行李袋，徒步走到金华第一招待所，到服务总台为客人办好入住手续，预订的房间又在六楼，当年的一招虽有电梯，但因是深更半夜，电梯停止使用，蒋风又背起那个大行李袋一口气上六楼。帮柯岩安顿好后，蒋风才舒了一口气，这令柯岩非常感动。

柯岩来浙师大讲学

讲座如期举行，蒋风当时心想，这些社会名人、大师学者走进浙师大，走进大学与学生面对面地交流，他们璀璨的社会经历、广博的知识、个人的人格魅力一定会使台下的学生心有所悟、如沐春风。开展这样的活动，主要就是让学生了解社会，开阔眼界。

一开始，蒋风还担心冷场，因为大学课堂不像中小学，学生比较自由散漫，他担心学生听到一半走掉，但是，每一场名家讲座，都受到了学生们的热捧，这让蒋风很感动。学校的电影院只能容纳几百人，但是被学生里三层外三层地围满，挤进了上千人，都是来听讲座的。“讲得太好了，让我们对文学对人生对情感豁然开朗啊。”这是当时浙师大学生听完名家讲座以后最多的感慨。

不光如此，蒋风还借助一切资源邀请名家，他的女儿曾在浙大读书，于是，他就请女儿邀请浙大的名家前来讲课。

大学就是要让学生拓宽视野，大学之大并不在于造了多少高楼，而在于有没有各种各样的大师。有时候，学生与某位大师的相遇，甚至就改变了他的一生。专家、学者们定期走进学校，也对学生的境界提升起到了极大的推动作用。基于这样的认识，蒋风在任几年不断邀请名家、学者来校讲座。几年下来，讲座开设了几十场，为浙江师范大学的人文底蕴建设增添了色彩，也锻炼了一批又一批学生。

与此同时，学生自发成立的社团也成了学校的第二课堂。文学、美术、书法、花卉、集邮、心理学、英语会话、艺术等学生社团，成员达两千余人。

丰富多彩的社团活动成为浙师大的一道亮丽风景线。这些社团既锻炼了大学生的能力，使他们的才华得以充分展示，又活跃了校园文化，增长了大学生的知识。以文学社为例，一大批热爱文学创作的学生聚集在一起，创作、研讨，很好地激发了大家的创作、阅读热情。大家把专业课的学习与文学社的学习结合起来，既增长了知识，又活跃了校园文化。

一所高校，学生社团的数量和质量在很大程度上反映了校园的文化面貌。在20世纪80年代，浙师大的学生社团就在校园中激荡青春，挥洒热情，甘于奉献，为大学生展现和塑造自我提供了一个不可多得的平台。

蒋风和学校领导班子都高度重视学生社团的发展，始终把学生社团作为加强学生思想政治教育的一个重要渠道。通过这个平台，广大青年学生自我创造、健康成才。广大社团也在组织培养学生创新精神、实践能力和加强思想政治教育中发挥了重要作用。

建立校际协作网

从一开始得知担任校长时的胆怯到走向坚强，是精神的力量一直支撑着蒋风前进。

在担任校长期间，蒋风有一个很深的体会，那就是学校缺少经费，做什么都难，幸亏在建设实验室时得到了世界银行的贷款。但是，蒋风发现，用世界银行贷款的钱购买仪器设备存在一个问题。每一件仪器设备购买以后都必须请人验收，而验收需要一笔很大的费用，学校没有那么多资金。这时候，他就想是不是可以在华东地区成立一个七所重点师大的校长协作会议，每个学校都存在请人验收仪器设备的问题，有了这个组织，高校与高校交叉验收，就可以省下费用。

于是，蒋风把他的想法同福建师大校长沟通，福建师大校长很赞成蒋风的提议。福建师大校长也认为成立校长协作会议，仪器设备的验收就节省下了费用；另一方面，地方师范学校缺乏研讨共性问题的机制平台，面对当时改革发展中的诸多问题，也迫切需要借鉴兄弟院校的经验，共同探讨未来发展路径。

蒋风希望福建师大校长发起倡议。因为，当时华东七所重点师大中，浙师大最薄弱，福建师大最强，他怕自己发起无人响应，就请福建师大校长发起。

倡议发起后,很快就得到了安徽师大等其他五所师大的响应。很快,在大家的共同努力下,华东七所重点师大校长协作会议成立了,七所高校建立了协作网,还达成了共识:各校本着平等互助、各尽所能、优先优惠、相互信赖的原则,积极开展思想政治工作与学生管理、教学工作、科研工作、后勤财务管理等方面的校际协作。特别是在信息交流、教材编写以及举办助教进修班、硕士研究生班等方面开展协作交流。

蒋风倡议的华东省属师大校长协作会议在安徽师大召开

在以改革举措解决发展中的办学难题的同时,浙师大也吸取了同类型院校的办学经验。

华东七所重点师大校长协作会议成立后,它所发出的符合时代潮流的高等教育改革之声,以及通过校际协作达到单所大学难以实现的实实在在的效益,也受到了当时越来越多同类院校的青睐。主动要求加盟校际协作网的院校不断增加,一直到现在,这一机制还在运行，而且越来越壮大。

蒋风说，校际协作的扩展不仅反映在加盟学校的数量和区域，而且体现在协作层级从校级向处系级诸多专门化领域发展。从1985年开始，曾经多次开展有关基础教育工作、新专业设置与协作、互相培养人才、各学科教学、科研管理、学生工作、后勤工作、高教研究等的专题校际协作，有些专业、领域还演变成为二级校际协作组织，定期轮流主办校际研讨会，对各院校的改革发展产生了积极的作用。

兼顾教学任务

从当校长开始，蒋风几乎是没有空闲的。除了校长职责范围内的一整套工作外，他还兼任中文系儿童文学研究室主任，带着两名研究生、两名进修教师，每周都有教学任务。

蒋风当时最大的体会就是一件事完成了，接着又有另一件事，有时甚至几件事交叉进行。

“忙呀，每一天都是那么的忙。”

“四年里，我没有看他好好休息过一天。”

……

蒋风的老伴卢德芳说起丈夫当校长的岁月时，不禁感慨。她回忆，1984年的除夕，蒋风的大舅从武汉回来，请他们全家吃团圆饭，蒋风直到晚上8时还没有赴约。桌上的菜冷了又热，热了又冷。爱人怕他出事，叫大儿子去学校寻找。原来，蒋风在慰问节日留守学校岗位的人员，把吃团圆饭的事忘了。

类似这样的事情，在蒋风任职的四年，还有很多。卢德芳说，他是在与时间赛跑呀！每一天都是争分夺秒。

当时，学校开设了儿童文学课程，因为专任的老师很少，蒋风便以身作则，成为专任教师。他注重引领教师队伍建设，为了克服人浮于事的现象，他推动学校建立完善的岗位责任制，并建立相应的考核奖惩制度，让每一位教职员工都能立足自身岗位，干出一番成绩。

岗位责任制的完善，推动了学校教师队伍整体能力的提升，形成了教学、科研、行政管理都协调发展的良好局面。

当时，蒋风还兼任人大代表、政协委员、全国高等师范教育研究会理事、中国儿童文学研究会副理事长、浙江省社联副主席、金华市作协主席等。

蒋风回忆，当时真是恨不得一天掰成两天用。有许多事务性工作等着他处理，有许多人找上门来要他接待，还有数不尽的新问题、新事物等着他去调查研究。

也因此，蒋风寝食不安，甚至连看报的时间也很难挤出。由于过度劳累，他的体质明显变弱，经常头痛、失眠、血压升高。

虽然很忙碌，但是看到学校发展一步步上台阶，蒋风心里就满足了。他还引用了安徒生的名言“凡是能冲上去、能散发出来的焰火，都是美丽的”。的确，在改革的时代大潮中，蒋风带领浙师大人踏浪前进，使浙师大进入了全面的发展阶段。

学校的发展是蒋风关注的重心，学生日常行为的养成教育、素质提升也是蒋风在任内重点关注的事情。

在浙江师范大学，校长和学生是零距离的。蒋风说，作为教育工作者，他始终坚持一条，就是走近学生，走近他们的生活。

在任内，有一件事情让蒋风记忆深刻，那就是督促学生关水龙头。有一次，蒋风偶然听到学校有一部分学生在洗碗后不关水龙头而径自离开。他听后，脸色凝重：“我们是师范院校，我们培养的都是未来的人民教师，他们都是要培养、教育下一代的人民教师，假如我们培养的老师有不良习惯,未来工作了怎么办?”

于是,他就与学校有关部门负责人说,要重点关注这样的小事。他还专门抽出时间,到洗碗的水槽旁,一个一个仔细地关上水龙头。有一次,蒋风正好看到有学生不关水龙头,他就追上去,叫住学生。不关水龙头的女生还辩解说:“后面不是有人会接着要来洗碗吗?再说那水龙头也不干净,我不想去关。”

蒋风听了很失望,他让女学生先把水龙头关掉,然后耐心同她讲道理。女学生意识到自己的错误,不禁脸红起来。

那一天中午,蒋风还发现好几例类似事件,他就一一督促学生关了水龙头再走。

后来,他对做学生工作的干部说:“学生在校就要养成好的习惯,学习要有好习惯,爱护公物不仅是好习惯,而且是很重要的素质啊!”

这之后,蒋风出现在学生面前的时间越来越多了,学校也围绕学生工作推出许多细微的措施,引导学生爱护公物,提升素质。

学生们后来回忆说,蒋校长的微笑是如此温暖,他微笑着参与学生管理,让学生养成良好的习惯。他把那一份关爱传递给了每一个人,他以身作则,为广大师范生树立了榜样,他也让我们感受到细节的重要,从生活的点滴做起,这是我们应有的素质,他的责任和态度也深深感动着我们。

任期内的“校园之变”

1988年1月，蒋风卸下了校长的职务。四年的校长任职，蒋风使浙师大上了一个新台阶，取得的成绩是有目共睹的。

“浙师大改名，是蒋风的第一大功劳。”

“蒋风当校长务实、肯干，办成了很多实事。”

“蒋风态度严谨，以身作则。”

“蒋风这人工作有大目标，但也肯做小事。”

……

大家对蒋风的离任，做出了评价。在蒋风的四年任期内，他提出的“振兴师大”不仅仅是一个口号，更重要的是取得了重大突破。

学校添设了新系新专业，一个原本比较简陋的师院发展成了系科齐全的师范大学。在蒋风任期内，学校创办了生物系、地理系、艺术系、教育系，增设了计算机应用、电化、音乐、美术、学前教育等五个专业和古籍整理、现代文学、高师教育等五个研究机构，在校内建立高师师资培训中心。1985年2月，经省政府批准，浙师院改名为浙江师范大学。

学校加强了国内外横向联系，变封闭型大学为开放型大学，建立华东七省重点师大协作网。同时，打开了通往世界的道路，学校有史以来首次聘请外教，并与美国贝尼思学院、康涅狄格州立大学等一些高校建立了校际联系，多次派优秀教师出国深造。

改善办学条件，尽力创造一个具有文化氛围的环境，并致力于改革，使教学质量显著提高。修订教学计划，加强了基础课教学，重视实践性教学环节，注重师范生的规格培养，加强普通话、板书、班级工作、教材教法等基本功训练。

改变了过去只重教学不重科研的状况，科研成果令人瞩目。活跃了学术空气，开展了学生社团活动，建立了一支质量较高的师资队伍。同时，蒋风提出的"唯实"校训，优化了学校成长环境，通过改革管理制度，简政放权，搞定编试点，建立了岗位责任制。并开拓创收途径，改善了师生员工的生活条件。

群众的眼睛是雪亮的，这些有目共睹的变化，学校教职员工都深切体会到。蒋风说，这些成绩的取得得益于党和政府改革开放和教育为立国之本的大气候，也有赖于校领导班子、职能部门以及全体师生员工的大力支持和真诚配合。

蒋风，这位念念不忘报效祖国的男子汉，带领浙师大人，为了人民的教育事业，默默奉献光和热——他的生命是美丽的，他的事业是美丽的。

蒋风卸任后，校内研究教育理论的一位老师，研究了他开拓创新的办学实践与思想，写了一篇学术论文，题为《论蒋风的高师教育观》，里面提到：

"准确的定位意识——坚持学术性与师范性的辩证统一。跨世纪的人才意识——加速师资队伍建设。开放办学意识——变封闭型大学为开放型大学。科学的高师管理意识——强调以人为中心的管理思想。”

文章最后说:今天,浙师大这所年轻的大学正以高速发展的姿态呈现在这片黄土地上,担负着为全省中等教育和其他行业输送合格人才的重任,回顾它所走过的艰辛,我们更不应忘记他——背负过浙师大重托的人。

浙江师范大学迎着风雨,踩着泥泞,向着初阳一步一步前进着。经历了半个多世纪的洗礼,浙师大的容光愈加焕发,浙师大的青春愈加亮眼。

见证着浙师大起起落落的蒋风,心中滋味复杂交错,曾经的筚路蓝缕和如今的繁荣昌盛,都沉淀成蒋风心中美好的画卷……

其实,这些都是逝去的回忆,重温过去,也许有许多的辛酸,但在蒋风心中,这些都是浙江师范大学的宝贵财富。不经历风雨,怎能见彩虹。有了几十年磨炼的浙江师范大学敢于面对挑战,迎难而上,浙师大人找到了一条路,一条适合自己的路。蒋风认为,曾经一些制约浙师大发展的因素,随着时代的发展和金华城市的发展正转变为极其有利的因素。当问起他对学校的未来发展有什么建议时,他也提出了自己的想法,殷切希望浙师大朝着更美好的未来前进。

他认为,婺学是金华学术文化史上最伟大、最辉煌的一个时期,金华站在学术的最前端,在中国历史的舞台上,扮演了一次难得的主角。

婺学绵延数百年,深深影响着一代又一代人,早在宋代,它已站在主流思想的制高点,让一块中原之外并不主流的婺州大地,成为一片名噪一时的学术胜地。“婺学”是具有金华地方特色的儒学。

古往今来,金华从未处于如此至高无上的地位。吕祖谦、何基、王柏、金履祥、许谦、宋濂……一个个如雷贯耳的名字,群星闪耀在婺州土地,他们把婺学这一学派发扬光大,教学、学术研究、文化人格建设和传递融为一体,成为跨时代的楷模,被后世敬仰。

浙师大作为在金华的一所综合性大学,如何以婺学传承为基础,在浙师大建设一个以“婺”文脉为主的博物馆,对浙师大未来的发展意义重大。

他认为,宋代婺学不仅代表了金华传统精英文化,反映了历史上金华地区辉煌的思想成就,更为重要的是,婺学诸家学者和学派所呈现出来的思想和文化精神,为当今金华提供了宝贵的历史遗产。蒋风希望,浙师大能建设独具特色的博物馆,这样对推动浙师大的整体发展和推动金华城市发展都会起到巨大的作用。

第七章

扬帆起航

学科要完整，发展史是不可或缺的

长期以来，中国儿童文学史学研究一直处于空白状态。蒋风觉得，作为一名儿童文学工作者，他有义务填补儿童文学史这个空白，也因此，从教学开始，蒋风就有写一本《中国儿童文学发展史》的想法。

蒋风说："一个学科要完整，发展史是不可或缺的。"

然而，当时资料少得可怜，除了从苏联翻译到中国的一点儿童文学理论外，基本没有其他资料。再者，受当时所处时代背景的影响，西方儿童文学理论还无法传播到中国。

没办法，蒋风只能白手起家，他从中外文学遗产中点点滴滴搜寻、整理、积累。同时，在讲课过程中，蒋风尽量融入一点儿童发展的历史。

三载寂寞讲台，蒋风的讲稿汇成《中国儿童文学讲话》一书，1959年出版后，马上被华南师大、南京师大等高校列为儿童文学参考书目。短短两年，此书一版再版连印3次，印数达4万余册，被学术界认为是"中国儿童文学史的雏形"。著名儿童文学家鲁兵先生还在《儿童文学研究》1959年第2辑上专门做了评价，认为："是我国儿童文学的'史略'……在我国儿童文学大步前进的时候，我们回顾一下它的发展道路，是很有必要的……因此，整理和编写我国儿童文学史是一项值得重视的工作。我觉得《中国儿童文学讲话》的出版，是一个良好的开端。”鲁兵的评价，大大增强了蒋风的信心。

于是，蒋风想在《中国儿童文学讲话》的基础上，修订、补充写成《中国儿童文学简史》。巧的是，正在此时，北京出版社找到著名儿童文学家金近，希望他能编写一本《中国儿童文学简史》。金近是蒋风的好朋友，他认为蒋风更适合编写《中国儿童文学简史》，于是便让出版社联系蒋风。

也因此，蒋风结识了北京出版社的责编晏明。晏明是一位老编辑，还是一位诗人，文字编辑能力强，要求高。蒋风把编写好的《中国儿童文学简史》寄给晏明后，晏明在认真审读后提出了许多宝贵意见，还与蒋风反反复复谈了很多次。老编辑的认真严谨，让蒋风颇为感动，他又花了半年多时间进行修改。修改后，蒋风决定请他的老朋友朱侃审阅后再寄给晏明。

当时，朱侃在《杭州日报》当副刊编辑。抗战期间，朱侃在金华《战地》刊物当编辑；后来，朱侃又到建瓯《民主报》做编辑。有缘的是，1942年蒋风徒步一个月到建阳考大学时，因为身无分文，蒋风在朱侃那里住了整整一个月。不仅如此，朱侃还鼓励蒋风写作，也是从那时起，蒋风开始创作并先后有好几篇文章发表在朱侃编的《民主报》副刊上。

对这位老朋友，蒋风心怀感恩，他们之间也建立了深厚的友谊。建国后，朱侃先后在《当代日报》《杭州日报》当编辑。因为对朱侃的信赖，蒋风将修改后的《中国儿童文学简史》寄给了他，希望他能审阅并提出意见。

然而,“文化大革命”爆发后,朱侃遭受迫害,蒋风的《中国儿童文学简史》书稿也毁于一旦。蒋风虽感到痛心,但这是时代的悲剧,也无可奈何。

1979年,蒋风开始招收儿童文学硕士研究生。由于教学工作的需要,编写一部《中国儿童文学史》的心愿重新在蒋风的心头燃起。

蒋风后来回忆说:“我考虑时代在发展,收集、整理儿童文学史料,编写出版儿童文学史的工作必须做较大规模的规划,花十年甚至更长的时间来完成一部《中国儿童文学史》,竭尽自己微薄的力量为我国学术界填补一项空白。”

因此,蒋风计划把它分为《中国古代儿童文学史》《中国现代儿童文学史》《中国当代儿童文学史》三卷来完成。

《中国现代儿童文学史》成了第一部中国儿童文学史

当时，蒋风手头资料比较齐全的是现代部分，加之儿童文学硕士研究生开课的需要，蒋风就先整理成一份三万多字的《中国现代儿童文学史讲授提纲》，把中国儿童文学的发生、发展与现状，放在整个时代的历史进程中，对1917年以来的中国儿童文学的概况和流变予以宏观审视和微观剖析相结合的轮廓式的勾勒，先后发给研究生和两届儿童文学教师进修班当教材试用，受到了大家的广泛认可和欢迎。

蒋风记忆犹新的是20世纪80年代初举办的一次儿童文学学术研讨会。当时，有人感叹中国是十亿多人口的大国，有数千年文明史，至今却未出版过一部儿童文学史，希望出版界朋友关心这一情况，也希望儿童文学学者做出努力，尽快填补学术界这一空白。

蒋风听后，感同身受，于是，他将自己萌发于50年代的编写《中国儿童文学简史》的心愿和为此做的尝试做了汇报，并大胆表示愿意继续来完成这一艰巨而又困难的任务。

河北少年儿童出版社负责人对蒋风的表态大为赞赏，表示要大力支持蒋风，共同肩负起完成这一填补空白的历史使命。为了集思广益，力争把这一任务完成得好一点，当出版社确定这一选题后，蒋风便发动他所在的浙江师大儿童文学研究室全体工作人员暨他带的第二届儿童文学硕士研究生一起来完成这前所未有的工作。

在反复讨论的基础上，大家决定以蒋风编写的《中国现代儿童文学史讲授提纲》为基础，并推选蒋风为主编，然后大家分工执笔撰写。

同时，根据需要，派编写组成员去北京、上海、南京、西安、重庆、桂林等地，遍访上述城市图书馆和大学图书资料部门收集资料，历时两年，才把初稿完成。正当书稿即将付梓时，蒋风被任命为校长，行政事务和教学工作千头万绪，实在挤不出时间来做统稿工作，经与编写组成员商议，决定增补当时任儿童文学研究室副主任的黄云生先生担任副主编，负责最后统稿工作。这部凝聚全体编写者心血的《中国现代儿童文学史》于1986年6月出版。全书二十七万字，分三编，共十章，四十一节。该书是中国出版史上第一部中国现代儿童文学史。

从全书看，《中国现代儿童文学史》强调儿童观和儿童文学观的变化、更新对儿童文学创作的关键性影响；重视儿童文学的艺术特征，对各时期的作家及其作品做了公允的评价；并将现代儿童文学置于一定的社会背景下，从与现代文学、世界文学的联系中，讨论儿童文学的发展规律。

《中国现代儿童文学史》出版后，受到了国内外儿童文学界的欢迎，先后有二三十家报刊做了评价和报道，认为这是中国有史以来第一本关于儿童文学发展历史的专著，被中国学术界认为“改变了我国儿童文学无史的局面，标志着我国儿童文学研究的新发展”

“在儿童文学史的研究上，填补了一项空白”“此书不但对于儿童文学史，即便是对于中国现代文学史，也是一块厚重的碑石”。

对于这本书的出版，不仅国内报刊纷纷做了评价，而且新加坡、马来西亚等国同行也广泛关注，在报刊上做了推荐，还有关心中国儿童文学的外国学者致电河北少年儿童出版社邮购。

《中国现代儿童文学史》成了第一部中国儿童文学史

填补学术空白的《中国儿童文学发展史》

《中国现代儿童文学史》的出版，给了蒋风极大的激励和鞭策。于是，他就想接着编《中国当代儿童文学史》。正好根据培养研究生科研能力的需要，他把编写《中国当代儿童文学史》列入教学计划。

《中国当代儿童文学史》的写作方式基本同《中国现代儿童文学史》一样，主编蒋风，执笔者有蒋风的同事和研究生，他们是方卫平、韦苇、王新志、汤素兰、邹亮、吴其南、赵志英、阎春来、章轲、潘延，加上蒋风本人，共十一人。蒋风先起草一份详尽的编写提纲，发动在校的全体儿童文学硕士研究生反复讨论，分头撰写。为保证书稿质量，吸收部分教师参加。全书四十六万字。

这部文学史以史家的眼光，将影响儿童文学发展的内外部原因结合起来分析，予以整体把握，以确定文学史的分期。

《中国当代儿童文学史》将新中国成立以来的儿童文学发展分成四个阶段，即1949—1956年，1960—1965年，1966—1976年，1977—1988年。整部文学史，即按这四个阶段分为四编。如果把每一编每一章的标题连缀起来，是十分有意思的，“社会主义儿童文学的诞生”“在曲折中前进的儿童文学”“毁灭性的十年”“儿童文学的春天”，这恰好反映了我国当代儿童文学发展走过的曲折道路，形成了一个文学史上的马鞍形。

这部书虽未能按预定时间在国庆四十周年之际出版，但仍引起儿童文学界的关注和瞩目：“作为一本填补学科领域空白的史学论著，它显示了筚路蓝缕的开拓精神”，是“儿童文学史研究方面的又一新开拓”，“在儿童文学理论建设上的又一座丰碑”。

蒋风说：“两部中国儿童文学史出版后，虽然得到同行们的好评，但这毕竟是一项初创性的工作，缺少借鉴和经验，一开始，我们就一边摸索一边工作，努力站在时代的高度，对中国儿童文学近百年的成败得失、经验教训、发展规律进行了初步的探索和总结，试图为关心我国儿童文学的发展者勾勒一个概貌，提供一些初步的史料和历史知识。我们扪心自问已经做了最大的努力，但由于我们编写者的学力和修养的局限，加上编写时间有限制，比较匆促，而且又是两班人马在两个时间段内完成的，因此无论是史料还是观点，还有叙述方式和衔接上，都存在着这样那样的缺点。”

基于此，蒋风又想将两书合二为一，再添上五四以前的古代部分，下延至20世纪末，修改成一部比较完整、系统的《中国儿童文

从《中国儿童文学讲话》到《中国儿童文学发展史》

学发展史》。

后来，蒋风的想法终于如愿以偿。他启动了《中国儿童文学发展史》的修订工作，在两部原著的基础上加以压缩，删繁就简，将其作为一份《中国儿童文学发展史》的初稿。蒋风在听取各方名家和广大读者的意见后，再作进一步的修订，使其成为一部比较完善的中国儿童文学发展史。

2007年12月，《中国儿童文学发展史》作为浙江师范大学儿童文学研究院红楼书系（第一辑）由上海少年儿童出版社出版，全书三十二万字。

同《中国现代儿童文学史》《中国当代儿童文学史》一样，《中国儿童文学发展史》一经出版，就受到了学术界的瞩目。

从《中国儿童文学讲话》《中国现代儿童文学史》到《中国当代儿童文学史》，再到《中国儿童文学发展史》的出版，蒋风不仅持之以恒地完成了他构筑中国儿童文学发展史的梦想，更为后人的儿童文学史学研究提供了许多有价值的研究线索和思路。

同时，蒋风也为我国儿童文学的发生、发展梳理了一条较为清晰的发展脉络，并旗帜鲜明地表现了他所坚持的中国儿童文学走的是一条以现实主义为主流的、与时代社会文学潮流紧密联系，与教育不可分割的艺术发展之路的史学观。

值得一提的是，2011年，蒋风获得“国际格林奖”后，应复旦大学出版社的约稿，又牵头启动了《中国儿童文学史》的编写任务。2017年6月，蒋风历时六年终于完成了《中国儿童文学史》的编写任务并寄给了出版社。

作为开拓者，蒋风的儿童文学史观和儿童文学史研究为中国儿童文学史的建立和研究做了开拓性贡献。

第一部儿童文学工具书

从事儿童文学理论研究的几十年间，蒋风在学习和研究儿童文学的过程中，常会为缺少一部工具型的儿童文学手册感到苦恼。有时，为了查阅一个有关儿童文学的内容翻遍资料室、图书馆的有关书籍，浪费了许多宝贵的时间。

他曾在《为了孩子，为了未来》一文中写道："我从教数十年来，对儿童文学研究工作的深切体会是，除自身的人生观、毅力、事业心及其他学力、资质条件外，外部的条件最重要的莫过于两项：一是资料，二是工具书。"

因此，蒋风萌发了自己编纂一部百科事典的念头，以满足广大儿童文学爱好者的需要。早年，蒋风曾结合自己的儿童文学研究，主编出版了《世界著名童话鉴赏辞典》《世界儿童文学事典》。以《世界著名童话鉴赏辞典》为例，该辞典荟萃了世界各国著名童话作家一百三十三家的一百六十篇作品，地域遍及五大洲，时间跨越一千载，近至当代。全书八十七万多字。鉴赏内容包括作家简介、创作活动与背景、流传情况、思想内涵与艺术特色分析等。但是，相对而言，容量还是不够丰富。

1990年，蒋风启动了《世界儿童文学事典》的编写，这是我国

第一部儿童文学工具书，山西希望出版社得知蒋风编写《世界儿童文学事典》后，给予了高度赞赏和支持，并把它列入了1992年重点书选题计划。

为了实施这个计划，蒋风盛情邀请并精心组织了国内众多对儿童文学研究有专长的学者、作家参与编写工作。因事典涉及外国儿童文学，蒋风针对各国的内容尽可能邀请各国有关专家亲自撰写或提供资料。在国内外儿童文学专家、学者、作家、出版社的共同参与和帮助下，1992年8月，蒋风主编的《世界儿童文学事典》由山西希望出版社正式出版，此书不仅为我国学术界填补了空白，而且为中外儿童文学学术交流起了一个桥梁、铺路的作用。该书荣获全国第三届冰心儿童文学奖。

蒋风在《世界儿童文学事典》后记中写道："一个蕴藏在心底四十年的心愿，为广大儿童文学爱好者提供一部专业的百科事典的愿望，终于实现了，内心激荡着一种无法形容的快慰。"

日本著名儿童文学理论家鸟越信教授说："长期以来，蒋风作为中国儿童文学研究的核心人物，他写出了许多关于中国儿童文学的理论研究书籍，特别是《世界儿童文学事典》的出版，堪称以往积累的研究业绩之集大成。此外，蒋风三次来日本，为日本与中国的儿童文学交流做出了贡献，为与世界各国的国际性儿童文学交流也尽了力。"

马来西亚儿童文学作家年红在该书出版后，于1993年5月23日在马来西亚的《新通报》上发表文章，专门就此书做了评价："此书称得上是目前具有科学性、系统性、学术性和工具性的一本专书。"

儿童文学学科孕育成长

卸任校长后，蒋风没有了具体的行政事务，他又将主要精力放在自己热爱的儿童文学研究领域。早在1979年建立浙江师院中文系儿童文学研究室时，蒋风就希望儿童文学研究室可以发展壮大。

正是有了这样的打算，任职一届校长后，蒋风就没有继续担任。1988年，蒋风在此基础上，向学校递交了把儿童文学研究室扩建为儿童文学研究所的报告，学校同意改建校级儿童文学研究所，任命蒋风为首任所长。

这也是中国高校第一个儿童文学研究所，这个研究所保留至今，成为现在浙师大儿童文化研究院下属的核心机构之一。

儿童文学研究所作为以儿童文学理论研究为主的学术机构，主要承担儿童文学基础理论、中外儿童文学史、当代儿童文学创作及思潮等方面的研究任务，同时还承担着儿童文学硕士研究生的培养任务，本科生、函授生等的儿童文学教学任务。此外，研究所还在中外儿童文学交流，尤其是在海峡两岸的儿童文学交流中扮演着重要角色。

儿童文学研究所成立以后，蒋风着重抓好儿童文学人才培养、学术研究和学科建设三方面的工作，为国家培养了一批儿童文学理论研究工作者。他的得意门生吴其南、汤锐、王泉根、方卫平、章轲等人都是儿童文学理论领域的活跃人才，他们的著作常常引起国内外同行的重视。与此同时，蒋风还为全国幼儿师范学校举办了三期儿童文学教师进修班，为几所大学培养了一大批儿童文学课程的教师。

儿童文学研究所成立后，蒋风更注重发挥所内研究人员的集体力量，汇聚了包含蒋风本人、韦苇、黄云生、方卫平、楼飞甫、周晓波、吴其南、陈华文等众多国内儿童文学界重要的或活跃的学者、作家、翻译家，形成了一个在国内乃至亚洲地区儿童文学界广有影响的学术群体。

蒋风和他的儿童文学研究所团队，在探索的道路上，取得了丰硕的学术成果，也因此，儿童文学学科在浙师大这片土地上得到了很好的孕育与成长。

1982年，蒋风出版中国当代第一部《儿童文学概论》；1986年，韦苇出版了当代第一部《外国儿童文学史概述》；1986年，由蒋风主编的当代第一部《中国现代儿童文学史》出版；1991年，蒋风主编的当代第一部《中国当代儿童文学史》出版；1993年，方卫平出版了当代第一部《中国儿童文学理论批评史》；1994年，韦苇出版了第一部《俄罗斯儿童文学论坛》；1996年，吴其南出版了第一部《德国儿童文学纵横》；1999年，方卫平出版了《法国儿童文学导论》……

蒋风特别重视儿童文学研究的当代意识和前沿意识，鼓励研究所成员注意当代儿童文学创作思潮的研究，指导各层次儿童文学研究论文注意贴近当代儿童文学发展现实的研究，推动研究所的教师和研究生，向《儿童文学研究》《儿童文学选刊》《中国儿童文学》《文艺报》儿童文学评论版等投稿。也因此，浙师大儿童文学研究所成员的名字经常出现在我国儿童文学研究的主要期刊上。

蒋风还特别重视儿童文学理论建设的系统性，注重儿童文学理论、儿童文学史和儿童文学作品的评论的结合。

系统和扎实的儿童文学研究，不仅为儿童文学教学和人才培养提供了坚实的学术基础，同时也使研究所的儿童文学研究水平和整体实力始终处于国内儿童文学研究的领先地位。

1994年，蒋风主持的儿童文学研究所的集体教学成果《儿童文学人才培养和系列教材建设》获浙江省高校优秀教学成果一等奖。

进入21世纪，浙师大的儿童文学学科得到了更好的发展、壮大，钱淑英、郑欢欢、张嘉骅、彭懿等中青年学者的加入，使浙师大儿童文学学科又不断推出了新的儿童文学研究成果，成为走在全国前列的高校之一。

应该说，在蒋风的引领下，几十年来，浙师大儿童文学学科在儿童文学研究人才培养、课程体系建设、学术平台搭建、图书资料建设、对外学术交流等方面，都取得了令人瞩目的业绩。浙师大也被国内国际儿童文学界广泛关注，并被国际儿童文学界誉为中国儿童文学研究重镇。

促进港台儿童文学交流

1994年春天，台湾海峡两岸儿童文学研究会举办“两岸儿童文学学术研讨会”，邀请蒋风出席。当时，两岸还没“三通”，中国大陆要去台湾，香港是必经之地。蒋风要去台湾参加“两岸儿童文学学术研讨会”的消息很快就被香港浸会大学的冯瑞龙博士知道了，他先写信给蒋风，后又打电话给蒋风，希望蒋风去台湾经香港时多停留几天，到浸会大学讲学一次。盛情难却，蒋风欣然同意他的邀请并与他在电话中商定了讲学的内容。

这年5月22日，蒋风第一次踏上香港土地，当天下午，冯瑞龙亲自赶到新界太和站接蒋风。冯瑞龙告诉蒋风，除在浸会大学外，香港大学也拟邀请他去讲学，并且已安排好23日到浸大，25日在港大。

5月25日，阳光灿烂，早餐后，冯瑞龙陪蒋风从沙田第一城乘车到九龙塘，转地铁到旺角，换车到金钟道，再乘小巴到薄扶林道香港大学。这座历史悠久的香港大学，面向维多利亚港湾，背靠薄扶林郊野公园，依山而建，层叠而上，一进大门，就得步步高升，逐级上去，几乎每走一步都在上山。

到了港大亚洲文化研究中心，主任单周尧博士热情接待了蒋风。其实,听众中,港大师生只占了一小部分,更多的是香港儿童文学界人士,还有多年前蒋风在狮城就相识的国立新加坡大学的皮述民教授,异地重逢,蒋风备感亲切。

根据预约,蒋风在此作了《中国儿童文学的历史和现状》的专题演讲。讲毕,还一一回答了听众的提问。这次讲学时间虽短,却给蒋风留下了一个美好的记忆。在香港期间,蒋风还去拜访了香港文学社的文学界老前辈刘以鬯。

蒋风第一次应邀到香港大学讲学,课后座谈

结束了在香港的讲学后,5月28日,蒋风整好行装,乘飞机到达台湾桃园机场。一下飞机走到出口处,蒋风就看见有位小姐拿着写有他名字的迎客牌,蒋风以为是会务组派来迎接的,一问才知是机场的服务小姐,凡是大陆来的同胞,机场都派服务小姐帮助领取行李,办理入境手续。

在候机大厅里,台湾儿童文学界的谢武彰、桂文亚、杜荣琛、陈木城等朋友都已久候,看见蒋风,大家迎上来一一握手。上了车,在高速公路上走了一小时，到达台北市南海路台北教师会馆。

当夜举行了盛大的欢迎晚宴。次日上午九点半，海峡两岸儿童文学学术研讨会隆重开幕。冰心先生从北京寄来贺词："儿童是祖国的未来。敬祝海峡两岸儿童文学研讨会圆满成功。"台湾著名儿童文学家林良先生发表了热情洋溢的欢迎词："有朋自远方来，不亦乐乎。"

简单的开幕式结束后，十点半便开始第一场童诗比较讨论会。林良先生做了题为《童诗轮廓》的发言，蒋风介绍了他的论文《情·象·境·神——从中国诗艺美学传统看海峡两岸儿童诗》，为交流打响第一炮。

蒋风应邀到台湾参加儿童文学研讨会

下午，举行了第一场童话比较研讨会和第二场童诗研讨会，由洪汛涛、小野、林焕彰、金波四位先生进行主题发言。

5 月 30 日继续举行研讨会，先后举行了七场，与会成员发言踊跃，情绪热烈，两岸同行都认为收获很大。

5月31日上午，大家参观访问《国语日报》，下午参观访问信谊基金会。上述两个与儿童文学有密切关系的团体，分别与大陆儿童文学学者和作家交流，并设宴款待。

关于这三天会议，台湾的报刊竞相报道："让这次历史性的聚首，缩小了两岸文学的鸿沟，齐心使中国民族文学幼苗茁壮成长，蓓蕾满园。"

蒋风后来回金华撰写了《台湾之行》一文，他在文章中说："台湾，确实是一个美丽的宝岛，在我的心里留下一个非常美好的记忆。"

此后，蒋风还获得了台湾"杨唤儿童文学特殊贡献奖"。因为当时赴港台手续复杂，蒋风最终没有去成颁奖仪式，后来，林焕彰来大陆参加儿童文学学术活动，把奖交给了蒋风。

1995年冬天，蒋风到香港大学做第二次讲学。这次，蒋风根据港大教育学院提出的要求，做了题为《儿童教育与儿童文学》的专题讲座。他在港大的讲台上讲了四方面内容：第一，教育要从儿童抓起；第二，文学对儿童成长的八个作用；第三，经济的发展加剧了人们生活方式的改变，儿童文学面临着电子传媒等方面的挑战，陷入暂时的困境；第四，从儿童教育、儿童文学的角度，谈对明天的思考。讲座结束，听众久久不愿离去，他们提出了一个又一个感兴趣的问题，蒋风也耐心地做了解答。

这一次，虽然行程排得很满，但是，蒋风还是在离港前的一天下午与他的研究生孙慧玲女士一起去重访刘以鬯。在短暂的拜会中，刘老非常关心家乡的发展、变化，问到浙江的许多人和事，一股浓浓的乡情从他的言谈中流露出来。蒋风除了一一作答外，欢迎他在百忙中挤出时间回故乡看看他难以忘情的山光水色。临告辞时，蒋风把一幅国画送给刘老，留作纪念，刘老则回赠了几本《香港文学》，并派了一名女职员送蒋风到湾仔地铁站。

蒋风在后来《到香港大学讲学》一文中写道：

> 随着时光流逝，许多悠悠往事，都在记忆中慢慢淡化，但两次到港大讲学，却记忆犹新。要是说第一次到港大讲学留下的是一个美好的记忆，那第二次到港大讲学留下的是终生难忘的印象。

第八章

厚谊难忘

应邀参加儿童文学国际研究会议

20世纪90年代,随着改革开放的深入,儿童文学的国际交流变得越来越频繁。因此,蒋风把主要的精力放在了儿童文学的中外交流上。

可以说,蒋风是中国儿童文学理论"走出去"的第一人。对外交流不仅给他带来学术水平上的提升,也给他带来快乐和荣誉。

他曾说:"任何一门学科的发展,都离不开中外交流,有交流才能进步,有交流才会发展。他不仅努力将中国儿童文学更多地介绍给各国,而且将各国的优秀儿童文学介绍到中国来。"

早在倡议在浙江师院创建中国第一个儿童文学研究机构时,蒋风就迫切想了解全球儿童文学研究方方面面的情况。

一次偶然的机会,在一本日本儿童文学杂志上,蒋风看到有篇文章介绍鸟越信先生在儿童文学领域的学术成就,欣喜不已,千方百计打听到鸟越信的通讯地址,冒昧地给他写了一封信,并请人翻译成日文,寄给鸟越信先生。

让蒋风喜出望外的是,鸟越信很快就给蒋风回信了。他在信中说,很高兴认识蒋风先生,希望今后共同探讨儿童文学的问题,共同促进中日两国的儿童文学交流。

机会终于来了，1986年8月，蒋风应邀赴日本东京出席IBBY召开的东京大会，鸟越信先生亲自到成田国际机场接蒋风。此后，他们经常有机会在国际学术会议上见面。

当时，因为国内申请出国的手续繁琐，蒋风先从上海坐飞机到达大阪，再由大阪转国内航班到达东京。

到达大阪时，接待蒋风的日本方面人员举着写有“欢迎蒋风先生”的牌子，蒋风一下飞机就看到了接待人员。可是，从大阪转机到东京，就没有这么顺利。

蒋风后来回忆说：“这中间，还有小插曲呢。”

到达东京成田机场时，已是晚上，蒋风走到机场出口处，没见到有人接，他便开始紧张起来。

因为没有出国经验，又不懂日语，加之已经是晚上，蒋风心里很慌。机场人山人海，各色服装、各种肤色的客人川流不息，熙熙攘攘。蒋风提着行李，在人群中转来转去，怎么也找不到鸟越信先生。

蒋风心想，鸟越信先生是位教授，举着牌子肯定觉得不好意思，或许他正在找自己，从几年的通信交往看，鸟越信先生是一位重感情、讲信义的人。蒋风坚定了自己的想法，鸟越信先生肯定会来接自己。

于是，蒋风就走到机场出口的广场，找了一个显眼的位置坐下来。大概坐了两个多小时，一直到后半夜，蒋风听到有人用日语叫自己的名字，蒋风顿时有些激动。

“肯定是鸟越信先生。”蒋风心想。

蒋风站起身，迎上去，同叫自己名字的人握手：“我是蒋风，你是鸟越信先生吗？”

鸟越信先生不停地点头。

蒋风终于放轻松了,一开始的忐忑在见到鸟越信的这一刻,消失了。蒋风说,当时想,如果鸟越信先生不来接自己,他就在周边找个旅馆先住下。

鸟越信告诉蒋风,他也在机场找了很久,因为没有见过面,又不懂汉语,他也十分着急。后来凭直觉找到蒋风先生。他详细询问了蒋风的旅途情况,并跟蒋风说了东京大会的有关情况。他的热情诚挚,让蒋风颇觉温暖。

20世纪90年代,出国审批程序非常复杂,蒋风虽然在预定的时间赶到了东京,但是会议即将结束,第二天早上就是闭幕会。

鸟越信先生说:“明天的闭幕会我不参加了,我要返回大阪参加儿童文学国际研究会议。你留下来参加闭幕会,还是提前一起跟我回大阪?”

蒋风说:“那我也不去参加闭幕会了,直接到大阪参加儿童文学国际研究会议吧。”

第二天,蒋风跟随鸟越信先生乘火车赶回大阪。虽是初次见面,但是,两个共同爱好儿童文学的人,却交流得很投机。到大阪后,在为期一周的会议中,蒋风和鸟越信相处得十分融洽。虽然会议繁忙,两人没有过多的时间畅谈,但是,从相处中,两人都感受到彼此对儿童文学的热爱。

倡议中国建一个国际儿童文学馆

当时，参加儿童文学国际研究会议的有来自十七个国家的二十位代表。在会前，与会人员集体参观了位于大阪府万博纪念公园的国际儿童文学馆。国际儿童文学馆正是在鸟越信的努力下建立的。

鸟越信先生是日本早稻田大学教授，早在早稻田大学读书时，他便献身儿童文学研究，为了孩子，为了未来，为了孩子们的健康成长，他四十年如一日，以近半个世纪的心力，全部无私地贡献给儿童文学事业。他还把自己花费数十年时间点点滴滴收集的儿童文学资料，全部捐赠给大阪府。为了使这批捐赠的藏书实现其最大的价值，当时的大阪府决定成立大阪国际儿童文学馆。

经过5年的筹备，1984年5月，国际儿童文学馆在大阪万博纪念公园内正式成立。除了收集大量国际儿童文学作品和研究资料并向阅读者、研究者开放阅读和借阅外，该馆还从事和承担相关的科研项目，每年都会向日本各大学、儿童文学研究者和图书馆员递交一份当年馆内科研成果的说明。

蒋风在与鸟越信的几年通信中，早就对大阪万博纪念公园内的国际儿童文学馆有所了解，他也曾向该馆捐赠过几百册书，只是未曾参观过该馆。

当蒋风身临其境，参观国际儿童文学馆后，他备受鼓舞，感慨道："这里环境真美，文学馆位于大阪万博纪念公园中，旁边就是梦之池。"

蒋风在大阪国际儿童文学馆为日本朋友讲故事

鸟越信和其他与会者纷纷向蒋风建议："中国是一个大国，应该建立一个儿童文学馆作为儿童文学的研究中心，开展国际交流，促进儿童文学繁荣、发展，为下一代健康成长的儿童文学事业做贡献。"

蒋风听后，颇有感触："儿童文学是孩子人生最早的教科书，对于一个从事儿童研究的教育工作者，如果把全国儿童文学作者的优秀作品集中起来管好用好它，充分发挥其作用，为全国少年儿童的健康成长做出贡献，这是一件多么有意义的事情啊！"

蒋风深知，国际上重要的儿童文学研究机构，均有著名的儿童图书馆作为其学术支撑和研究平台，其中最为著名的是德国的慕尼黑国际青少年图书馆。该图书馆建立后，获得了联合国的承认，从此，全世界各国的儿童出版社纷纷向该馆捐赠图书。在此基础上，创始人叶拉又发起成立了国际青少年读书理事会(IBBY)，该会每两年颁发一次安徒生文学奖，还创办了国际儿童文学界影响深广的会刊——《书鸟》杂志。如今，慕尼黑国际青少年图书馆已经成为国际儿童文学交流的重要中心之一。

近30年来，中国的儿童文学创作和研究事业均获得了显著发展，国内原创和译介的少年儿童读物的出版数量逐年递增，中国儿童文学界与国际儿童文学界的交流也在不断增加。中国儿童文学热切盼望与国际儿童文学的真正携手，而当我们面向国际儿童文学的大平台观望和探寻的时候，西方儿童文学界也对中国儿童文学的发展、现状和未来表现出浓厚的兴趣。建立一个中国的国际儿童文学馆，一方面可以更好地搜集和整合国内外儿童文学的创作和研究资源，同时也是作为中国儿童文学面向世界儿童文学并与之对话、交流的重要窗口和平台。

因此，蒋风下定决心一定要在中国设立国际儿童文学馆，圆自己最美好的梦。他说："孩子是人类的未来，我愿意为儿童文学事业贡献全部心血。在中国建立国际儿童文学馆是我最美的梦，我深信，我的梦，一定会实现。"

为了这个梦，蒋风四处奔波，先后到日本、新加坡和中国香港等地，跟热心公益、热爱儿童文学的人接触，希望能够得到他们的帮助。

人们常说，有梦想已经不容易，坚定不移地追求梦想，就更难能可贵了。当时，蒋风是浙江省第六届政协委员，于是，他积极撰写提案，并在政协会议上提出《关于在中国建立国际儿童文学馆的建议》。他认为，在中国建立一个儿童文学馆，对发展中国的儿童文学事业，开展国际儿童文学交流，很有意义。

与此同时，蒋风还不停地写文章向媒体发出倡议，请各方支持建立国际儿童文学馆。他还表示，如果这个馆建成，可以将自己收藏的一两万册图书资料全部捐献给儿童文学馆。蒋风的呼吁很快就得到了回应——西安、郑州、扬州、温州、台州、南昌、广州、深圳等十多个城市很快就向他发出邀请,表示可以商量设立这样的机构。

不过,在这些城市奔波考察后,蒋风却犹豫了,原因很简单,这些地方都表示儿童文学馆设立在儿童图书馆里,这与蒋风的设想存在差距,他认为文学馆主要作用是收藏儿童文学文献,对象以儿童文学研究工作者为主,虽然也有部分可以对孩子开放,但与图书馆有明显区别。就这样,设立文学馆的事情被耽搁下来了。

国内第一个国际儿童文学馆在浙师大揭牌

在众多支持建立国际儿童文学馆的城市中，苏州留给蒋风的印象最深。

蒋风说："当时，苏州有关部门的同志多次到金华来，找我商量成立国际儿童文学馆。"

苏州有关负责人提出，苏州可以专门配一个场地，挂两块牌子，国际儿童文学馆归属少儿图书馆管理。

但蒋风仍有顾虑，如果管理方少儿图书馆发生人事变动，新馆长与前任馆长意见不一致，觉得儿童文学文献与普通的书籍没什么两样，将它们充实到一般图书中，那会是个巨大损失。

蒋风曾想把自己所有的儿童文学书籍和数以万计的史料送给图书馆，其中有一本童话《无猫国》，这是光绪末年孙毓修编撰的中国第一本童话，薄薄的一本，纸张已经泛黄。不搞儿童文学的人，可能会认为比废纸都不值，但对研究中国儿童文学历史的人而言，却是十分珍贵的资料。

蒋风说："这辈子唯一珍贵的积蓄，就是省吃俭用收集和购买的两万多册儿童文学书籍和数以万计的资料。还有与国内外著名儿童文学家往来的信件,这些耗费毕生精力、辛辛苦苦积累起来的资料,我不忍心让它散失,一直想为它找一个妥顺的去处,借此回报社会。"

蒋风曾有过一个惨痛的教训:1949年,蒋风就读的英士大学并入浙江大学,英大图书馆的藏书,浙大没有要,于是就让金华的各个文教单位去挑选一些。当时,蒋风任金华人民文化馆图书部主任,等金中、金师、金卫等校挑选后,蒋风代表单位也去挑选。当蒋风走进英大图书馆时,地上一片狼藉,书架上、地上全是书。蒋风蹲下身,认真细致地捡起书,他翻阅后发现,有不少都是非常珍贵的资料。蒋风发现这些珍贵的资料后,又进行了细细挑选,一车一车地拉回文化馆保存,可是,等到蒋风调离文化馆后的第二年,蒋风再次回到图书馆看那些细心保管的图书资料时,却发现被后来的管理者全当废纸卖掉了。蒋风哑然,除了心痛,也引发了他深刻的思考。

正因为有了这样的教训,蒋风花了一辈子收集的儿童文学史料,真不敢轻易捐给图书馆,他怕日后管理不慎,把这些书籍当成"小儿书"处理。

因此,蒋风与前来洽谈的城市提出,国际儿童文学馆必须要有独立建筑物,要有专门的编制。其中,独立建筑物是蒋风最后的底线。

针对蒋风提出的要求,有些城市表示愿意设立这个机构,如果有人提供建馆经费,可以考虑提供土地,但政府财政无力顾及,还有编制问题也比较难办。因为现实存在的一些困难,建立国际儿童文学馆的事情又被拖延了下来。

建立国际儿童文学馆的事情尽管碰到了许多问题,但是蒋风并没有放弃,他继续奔波。一方面,他找到了浙江省团委,浙江省团委建议蒋风找杭州市团委,可以在西湖边的少年宫建立国际儿童文学馆，并拟先设一个儿童文学中心，聘蒋风为名誉主任，允许调一名研究生当助手开展工作。后来，因为人事变动，接头建立国际儿童文学馆相关事宜的有关领导调往其他地方任职，建馆的事情又拖延了下来。

蒋风有些灰心："为了建立国际儿童文学馆，前后奔波了这么多年，眼看事情有了眉目，却又没成功。"

不过，美好的希望总是留给长期准备的人，蒋风长期工作的浙江师范大学，因为在儿童文学学科领域取得了显著成效，很多儿童文学研究成果在国内外都产生了很大影响，时任校长徐辉找到蒋风，商量在浙师大成立国际儿童文学馆。

蒋风很感慨，心里也特别高兴："这真是缘分！这是我与儿童文学的缘分，是儿童文学与浙师大的缘分。"

蒋风觉得，在浙师大成立国际儿童文学馆是合适的。

徐辉校长说："学校新的行政中心将造好，老行政楼以后迟早都要拆，是否可以把红楼建成国际儿童文学馆？"

听完徐辉校长的话，蒋风很高兴，他觉得徐辉的提议很好。外宾们来学校参观完红楼，也都认为红楼很好，不仅周边环境好，而且国际儿童文学馆建成后，很适宜让大家静心研究儿童文学。

2006年，中国第一个高校儿童文化研究院在浙师大成立。研究院由蒋风的硕士生、著名儿童文学理论家方卫平教授任第一副院长。至此，建立国际儿童文学馆的条件也渐趋成熟。浙师大新任校长梅新林也高度重视，先后多次与蒋风商议成立国际儿童文学馆的相关事宜。蒋风也为领导们的重视而感动。

梅新林在各种场合，包括学校领导层面的会议上提出："蒋风教授是中国儿童文学事业的杰出开拓者和活动家，他在我们师大工作大半辈子，他为师大儿童文学专业的建设与人才培养做出了重大贡献，他建立国际儿童文学馆的倡议，我们浙师大有责任来实施。”梅新林的话得到了学校各位领导的同意和支持，不久就逐步落实。

2007年5月25日，国内第一个国际儿童文学馆在浙师大揭牌。青砖红瓦的红楼，以其独有的韵味吸引了来自五湖四海的人。李建树、周锐、孙建江、桂文亚等来自全国各地的儿童文学专家，以及东南亚、美国和澳洲的儿童文学专家都亲临现场。梅新林校长和蒋风一起，揭开了“国际儿童文学馆”牌上的红绸。至此，首个国际儿童文学馆有了自己的“家园”。

蒋风激动地说：“我做了21年的梦圆了。”他捐赠了首批藏书5000多册，并欣然出任国际儿童文学馆馆长。后来，他又捐赠了5000多册。

国际儿童文学馆的建立，也得到了一大批著名儿童文学作家的响应和支持。来自中国台湾的著名儿童文学作家桂文亚把收藏了近30年的三毛、林海音、余光中等作家的亲笔手稿，1000多张图片光碟和两岸儿童文学交流的资料，赠送给了国际儿童文学馆。

她说，国际儿童文学馆的成立，让她终于给自己收藏的珍贵的文稿资料找到了一个永久归宿。

同时，已故著名儿童文学作家鲁兵先生的家属，孙建江、彭懿等学者、作家也分别捐赠了近千册图书。国际儿童文学馆成立伊始，藏书就达到了4万多册。

国际儿童文学馆的成立，让蒋风圆梦。蒋风希望，新成立的国际儿童文学馆能够蒸蒸日上，真正成为具有国际水准的儿童文学馆，从而将中国的儿童文学进一步推向世界，并为世界儿童文学事业贡献力量。

蒋风与鸟越信的君子之交

在大阪参加儿童文学国际研究会议期间，蒋风就和鸟越信商量，如果有机会，希望鸟越信先生可以来浙师大，为在校的儿童文学研究生讲学。鸟越信表示，有机会一定去浙师大拜访。

1987年，蒋风以校长身份邀请鸟越信到浙师大讲学10天，鸟越信欣然应允，并主动提出不收讲课费，来回的旅费也自行支付。这份深情厚谊深深感动着蒋风，晚年一谈起此事，蒋风曾用“永世难忘”来形容。

在浙师大讲学期间，鸟越信为浙师大的儿童文学研究生方卫平、王泉根、吴其南、汤锐等主讲了日本儿童文学史，使他们对日本儿童文学史有了系统的了解。鸟越信还为浙师大的学生开设儿童文学专题讲座，热爱文学的学生都可以参加学习。

浙师大中文系1986级学生郭光初在《成长的起点》一文中写道：

> 当时的蒋风校长，还请来日本著名儿童文学理论家鸟越信先生，这位先生后来也成了浙师大儿童文化研究院的荣誉教授。20世纪80年代，交通不便，每一位学者的到来都极为不易，好学的师大人就在新东大实现和大

师相遇的心愿。

那时,新东大是浙师大的文化与信息中心、学术的前沿阵地。新东大教室两边,就是长长的布告栏,张贴着全校所有的活动通知;新东大教室里,则时时上演着全校最火热的竞赛、讲座,甚至电影……有名家来这里讲座时,经常全校轰动,新东大挤满了人,很多人都只能贴着玻璃窗在走廊上听,讲座结束时,大家都纷纷索要签名。当时,鸟越信的讲座也受到了师大学生的热捧,他们纷纷向鸟越信要签名。

蒋风当时行政事务繁忙,但是,他还是利用有限的时间陪伴鸟越信,请他品尝金华美食并游览金华双龙洞。鸟越信感谢蒋风的盛情款待。离开浙师大之际,蒋风还送了一幅中国画和一个滴水观音瓷塑,鸟越信没有拿回自己家,至今仍陈列在大阪国际儿童文学馆馆长室里。

此后,鸟越信一直致力于中日两国儿童文学的交流,他同蒋风保持着密切的联系,双方都关注彼此国家的儿童文学最新动态,为促进中日两国儿童文学交流发挥了积极作用。

鸟越信第二次来中国则是20年后的2008年。这一年,鸟越信被聘为浙师大名誉教授,时任校长梅新林教授向鸟越信先生颁发了浙师大名誉教授聘书。

2008年1月6日,由浙江师范大学儿童文化研究院主办的中日儿童文学研讨会在浙江师范大学红楼举行,来自中国和日本的二十余位儿童文学学者共同出席了此次研讨会。与会专家围绕中日两国儿童文学创作、研究、交流等话题展开了深入探讨。鸟越信先生应邀参加了此次研讨会,他还发表了题为《谈日本儿童文学的

鸟越信被聘为浙师大名誉教授，时任校长梅新林教授向鸟越信先生颁发了浙师大名誉教授聘书

现状和问题》的讲演。

鸟越信在讲演时深入剖析了日本儿童文学的现状和问题，他盼望着日中儿童文学研究的合作和交流会更加深入发展。

讲演结束时，鸟越信说："以上，我对日本儿童文学的现状和问题进行了论述，我希望今后也能继续在中国和日本，与同行们共同探讨儿童文学的问题。"

晚年，蒋风与鸟越信也一直保持着联系，有时发邮件，有时写信。

2008年，就在浙江师范大学国际儿童文学馆成立后不久，蒋风收到了鸟越信的信。

鸟越信在信中告诉蒋风，建在大阪府万博纪念公园的国际儿童文学馆将因为一系列的原因被拆除，希望蒋风写信向当地政府呼吁。

蒋风为此感到遗憾，随即，他给当地政府写信。

尊敬的大阪府桥下彻先生：

您好！

……

儿童是人类的未来，儿童文学是儿童健康成长不可或缺的精神食粮。社会有义务、有责任去推广、去研究儿童文学，为孩子们提供更美好的精神食粮。

我十分钦佩鸟越信教授的做法，他把一生收藏的儿童文学资料捐献给大阪府，大阪府又英明地在吹田市千里万博公园创建了世界上第一所国际儿童文学馆，不仅为孩子们提供精神食粮，更重要的是为繁荣儿童文学创作、发展儿童文化创建了一个研究基地，造福全球儿童。20多年来，它已经成为全世界儿童文化界的圣地，每年都有不少儿童文化界的朋友去访问参观，去学习和查找资料，去那里做研究工作。

……

我虽在病中，忍着病痛，要为它呼吁一下：请千万不要撤销大阪府国际儿童文学馆，请再三思！

1993年，我从大阪府立国际儿童文学馆做研究工作回到中国，便一直以鸟越信教授为榜样，也想把自己收藏的全部图书资料捐献出来，在中国也建立一所国际儿童文学馆。经过14年的奔走呼吁，最终得到浙江师范大学领导的认可，于2007年成立了浙江师范大学国际儿童文学馆。单从这件事，也反映出大阪府立国际儿童文学馆存在的意义和价值。

请倾听并接受我这个平凡的儿童文学工作者的呼吁

声吧！

中国浙江师范大学国际儿童文学馆馆长

2008年3月25日

后来，在日本国内及国际一大批儿童文学家的呼吁下，大阪府国际儿童文学馆移至大阪府图书馆，所有国际儿童文学馆的图书单列管理，提供儿童文学研究需要。

鸟越信一直关注中国的儿童文学发展与进步，他也一直关注蒋风的儿童文学研究和活动，每当蒋风有重要著作出版，鸟越信先生总会隔海评论与祝贺。两人深厚的友谊可见一斑。

2013年春节后的一个下午，大家都还沉浸在欢乐的节日氛围中，蒋风也一样。这天，他想到好些天没有开电脑了，准备打开邮箱察看邮件。

没想到的是，首先跳进他眼帘的竟是一条令人悲痛不已的信息：

蒋风先生：春节好！好久没有联系了，你们都好吗？我刚接到朋友的电话，她说鸟越信先生于2月14日去世了。因为他的家属一直拒绝对外联系，大家都不知道鸟越信先生的生命末期情况如何。据报纸报道是自然死亡，享年83岁。今就简此。祝您全家身体健康！中由美子2.17。

得知鸟越信去世的消息后，蒋风悲痛不已。清明前夕，他专门写了回忆散文《清明时节悲痛忆鸟越》，以纪念鸟越信。

蒋风在文章中说：

> 尽管生老病死是不可抗拒的自然规律，但当一个友人去世，都会令人悲痛，感到逝者身上具有某种不可言传、唯他独有的优秀品质，因而他的去世，成为一种无法弥补的失落。看了短信后，我就沉浸在深深的哀痛之中……

蒋风早就听说鸟越信教授因病住院，却因路途遥远无法前去探望。2011年11月，蒋风去日本大阪领取国际格林奖时，他便下决心要在紧凑的行程中挤出一天半日去看看他，并特地把行程增加一天。所以，一下飞机便迫不及待地向前来接机的日本朋友成实朋子和浅野法子打听鸟越信先生的信息。遗憾的是，她俩都不太了解，只十分笼统地说，鸟越信先生不在大阪，因病在东京住院治疗。

在大阪领奖期间，蒋风的日程被排得很满，有一系列活动：领奖庆典、纪念演讲、接待采访、和朋友们参观大阪国际儿童文学馆旧址和新馆……在此期间，蒋风不断地向熟悉的朋友打听鸟越信的情况，结果都差不多。蒋风的心愿未能完成，他只能带着种种遗憾离开大阪回国。

2012年8月，机会终于来了。第11届亚洲儿童文化大会在东京召开。蒋风又把行程增加一天，他以为到东京就一定能见到鸟越信先生。可是，他问遍了每一位日本儿童文学界的朋友，都说很久没见到他了，只知道他因病住院，但因家里人不愿他与外界联系，不让友人前去探望，所以也不知道鸟越信在哪家医院治疗。蒋风想与久违的鸟越信先生一叙的心愿又落空了。带着一份与老朋友再见的茫然期待回国。

蒋风在文章中写道：

> 本杰明·惠骑科特说："一切期待都包含着某种痛苦。"确实是至理名言。何况我的期待是茫然的，明知最后也是会成为泡影的，对这一个有近半世纪友谊的人来说，真是痛心的煎熬啊！

在蒋风的记忆里，还有一件深刻的事。1993年，蒋风曾作为教授级客座研究员在大阪府立国际儿童文学馆工作过一年。这一年，鸟越信先生荣获第四届国际格林奖，他是欧美学者以外第一个获此殊荣的亚洲人。蒋风被邀请以"为了孩子，为了未来"为题做颁奖纪念演讲。

他在演讲中这样说：

> 鸟越信先生所做的工作，对整个人类来说，也许算不上什么了不起，但从儿童文学这个领域来说，也绝不是一株小草、一滴水珠，而是一棵参天大树，一滴汇合到培养新人事业之海洋中的晶莹水珠，应该说是儿童文学园地上的一座丰碑，永远值得我们学习，值得我们颂扬！
>
> 为了孩子，为了未来，让我们在此再一次对鸟越信先生在儿童文学上取得的卓越成就并荣获第四届格林奖衷心地表示祝贺！

蒋风以崇敬的心情，对鸟越信一生为孩子的健康成长，为儿童文学的进步繁荣，为人类美好的未来的奉献精神，表示深深的敬意。

蒋风在《清明时节悲痛忆鸟越》结尾深情地写道：

> 四十多年的交往，四十多年的情谊，四十多年的往事……一幕幕像过电影似的浮现在脑海，历历在目，恍如昨日，但俱往矣，想到这里，不禁潸然泪下。
>
> 鸟越信先生走了……
>
> 2013年2月14日的天空坠落了一颗星星，儿童文学界失去了一位毕生奋力耕耘的园丁。他的为人，他的事业，令我们永远怀念。

蒋风与鸟越信的情谊，其实就是中日两国儿童文学交流与发展的缩影。值得欣喜的是，在蒋风和鸟越信的推动下，从20世纪80年代起，中日两国的儿童文学交流不断加强，并进入了一个新阶段。

鸟越信教授荣获国际格林奖时，蒋风上台祝贺

第九章

走向世界

倡议召开亚洲儿童文学大会

蒋风一直坚持，学术研究要有广泛的交流，自从1986年赴日本参加IBBY东京大会首开中国儿童文学理论国际交流之旅开始，他就一直致力于中外儿童文学交流。

1987年，蒋风收到巴黎国际儿童文学学会执委会秘书长珍妮·科蒂戈德弗雷的来信，成为国际儿童文学学会的第一位中国籍会员。这之后，蒋风又陆续担任亚洲儿童文学研究会共同会长、世界华文文学学会名誉顾问、国际格林奖评委等重要的世界儿童文学学术组织的重要职务。

从1987年到2017年这30年间，蒋风几乎每年都出访交流讲学，他先后多次在韩国、日本、美国、新加坡、马来西亚，宣传中国儿童文学，宣讲儿童文学主张，推介中国作家作品，培养儿童文学新人（还有法国、德国、英国、丹麦、芬兰等国的国际儿童文学学术会议，都因为经费等问题未能成行，但蒋风都提供了书面论文供大会交流）。

1989年，韩国儿童文学学会会长、韩国檀国大学儿童文学教授李在彻博士，计划1990年在韩国首都召开第一届韩日儿童文学研讨会，邀请蒋风以观察员身份出席会议，蒋风当即去函建议："既然邀请我这个既非韩国人也非日本人参加韩日儿童文学研讨会，何不将会议改成亚洲儿童文学研讨会或东亚儿童文学研讨会，岂不更符合实际。”李在彻博士欣然接受了蒋风的建议，并发函正式邀请蒋风出席第一届亚洲儿童文学大会，蒋风便寄去论文和简历、照片等材料，但由于当时出国手续特别烦琐，最后终因来不及签证，未能出席。但已作为中方的首席代表登录会议文件，论文也以书面形式在大会宣读。

自1990年第一届亚洲儿童文学大会开始，此后每隔两三年一届的会议，蒋风都申请出席，只有第五届大会和第九届大会在中国台湾台北举行，以论文形式参会。也因此，亚洲儿童文学大会在此后的几十年里，规模不断扩大，影响力也不断加强，与会专家也从亚洲扩大到世界范围。

1993年，蒋风结束了在日本大阪府立国际儿童文学馆教授级客座研究员工作，受李在彻的邀请，他随即赴韩国访问，并参加中韩儿童文学大会。也因此，蒋风与李在彻建立了深厚的友谊。

中韩儿童文学讨论会在长安会馆举行，韩国朋友以传统的隆重仪式欢迎蒋风这位远方来的同行。韩国文学界的老前辈朴京钟赶来了，他把自己亲笔挥毫的“琴香满庭”送给蒋风。李在彻教授则神采焕发，他那双快乐的眼睛在微秃的脑门下闪烁着智慧的光芒。老作家申铉得先生、年轻学者崔志勋先生、童话诗人郑镇埰先生，还有很多蒋风不认识的同行，为了孩子，为了明天走到了一起，大家握手问候，好似有说不完的话。也许是共同的追求，突破了语言的隔阂。也许是一样的目标，令大家心有灵犀一点通。这个欢声笑语洋溢的会馆并不太宽敞，但在每个人的心中都有一个广阔的世界。大家都围绕儿童文学发展谈了自己的观点，蒋风也发表了题为《过去·现在·未来》的主题演讲。

在韩国期间，李在彻专门设家宴款待蒋风。蒋风后来在《韩城掠影》一文中写道：

> "欢迎、欢迎，中国来的朋友。"
>
> 在两只小狗欢吠声中，李教授迎出门来。
>
> 听说韩国朋友一般不在家里宴请客人，这次家宴是个例外的例外，当我伸出手去握着李教授那只有点干瘦的手，一股暖流涌上心头。
>
> 色彩缤纷的韩国佳肴，是那样的美味可口。
>
> 香味醇郁的韩国清酒，是如此的沁人心脾。
>
> 令人垂涎的高丽泡菜，只要一筷就会上瘾。
>
> 并不起眼的汉城白饭，吃了一碗又添一碗。
>
> 为了我这个远方的客人，李夫人整整忙了一天。我真不知道该怎么表示感谢。

李在彻夫妇的热情款待，深深感动着蒋风，让蒋风记忆犹新的还有在檀国大学的讲座。在这个拥有五十多个专业，三万多师生的大学讲台上，蒋风带着自己的信仰，向韩国的朋友介绍了中国童话的过去、今天和明天。台下的听众，有教授，有大学生，他们的神情都是那么专注，投过来的每一道目光，都给了蒋风无穷的力量。激励的掌声，给蒋风增添了自信。当蒋风结束这一次"特别演讲"，从韩国大学生手中接过献花时，蒋风仿佛也变成了一个孩童。

在韩国期间，蒋风还同朋友许世旭教授参观了高丽大学博物馆。两周的访问短暂而美好，李在彻教授专程为蒋风制作了中韩儿童文学大会纪念相册。回国后的蒋风还经常翻开相册，每一张照片仿佛都还跳动着李在彻夫妇那好客的红心。

2003年8月22日至25日，由宋庆龄基金会、中国作家协会主办，辽宁省儿童文学学会、大连市文学艺术界联合会承办的以“和平、发展与新世纪的儿童文学”为主题的第六届亚洲儿童文学大会在大连国际会展中心举行。其主题与联大的行动纲领十分吻合，是中国贯彻联大精神的一个积极有力的举措。参加这次大会的共有亚洲13个国家和地区的儿童文学作家、学者、儿童问题研究专家、儿童读物出版家等200多人。蒋风和李在彻都应邀参加了大会。

这是新世纪第一次亚洲儿童文学大会，为了把它办成促进亚洲儿童文学向更新更高的方向发展的盛会，在历届均以中、日、韩三国代表为主的基础上，第六届亚洲儿童文学大会邀请范围进一步扩大，与前几届大会均无联系的西亚、北亚、南亚儿童文学家也都参加到了这个群体中。

作为亚洲儿童文学大会的发起人、创始者的李在彻教授做了热情洋溢的发言。他认为，儿童文学是“将爱和理想植根于儿童心灵来建立人类社会的和平与幸福。”

中国作家协会名誉副主席邓友梅在开幕式上讲话说，人类社会发展到今天，虽然在技术与物质文明上有进步，但至今仍有不少地区的儿童生活在战火之下。有不少人认为21世纪是东方文化的世纪，而东方文化的最大特点是讲究与人为善，讲究美。弘扬这样的精神，是现在儿童文学作家们的责任，他相信亚洲人有能力和信心带领地球人走入一个真善美的世界。

儿童文学创作怎样表现环境保护和生态危机是代表们最为关

注的一个问题。谷佳子(日本)的《和孩子们一起保护绿色地球》,蔡清波(中国台湾)的《留给未来子孙一块永远净土》,肖显志的《环境危机赋予儿童文学的使命》等发言,强调了当前儿童文学作品表现生态危机树立环保意识的重要性,同时关注可持续发展,并认为儿童文学不仅应对少年儿童进行环保的教育,还应该树立少年儿童爱护环境保护生态的自觉性。

对儿童生态的关注是本次大会另一个重要话题。爱薇(马来西亚)《还给他们一个正常的童年》、朱自强《儿童文学与童年生态》、李镇浩(韩国)《儿童文学给人性教育的影响》等发言关注儿童文学作品中的童年本位意识,深入探讨儿童文学作品中的教育性与娱乐性问题,不赞同过分强调儿童文学作品的教育功能而忽视它的娱乐和休闲功能。

随后,蒋风在《从口水吐向安徒生到哈里·波特热》的发言中,从向安徒生吐口水的言论谈及当前儿童文学在教育性与娱乐性上的一些误区,进而呼唤整体的寓教于乐的儿童文学作品。蒋风也在发言中表达了他的忧思,认为与20世纪80年代相比,当今世界的儿童文学关注儿童教育现实的热情减退了,思考儿童教育本质的力量减弱了,批判儿童教育弊端的锋芒变钝了。《哈里·波特》的畅销和一些国家图书馆的拒绝收藏无疑说明着什么。儿童文学正在从“忧患”走向“放松”,从“思考”走向“感受”,从“深度”走向“平面”,从“凝重”走向“调侃”。的确,当我们感叹今天的儿童文学作品中没有《爱弥尔》,没有《麦田里的守望者》,没有安徒生,没有格林的时候,当我们呼唤经典呼吁重读经典的时候,是否该想想,是什么导致了儿童文学创作出现的大面积思想上的贫血和力量上的虚脱。

与刘延陵的一段交往

1988年8月，蒋风应新加坡歌德学院和新加坡作家协会联合邀请，出席第二届世界华文文学大会，做《中国儿童文学如何走向世界》的主旨发言。会议期间，蒋风拜访了居住在新加坡的早期中国新诗倡导者刘延陵。

刘延陵1894年出生于江苏泰兴，祖籍安徽旌德县，天资聪慧，年少时就对读书情有独钟。1911年，17岁的刘延陵考入通州师范学校，凭借刻苦的学习态度，刘延陵年年考试都名列第一。毕业时，刘延陵受到学校创办人前清状元张謇的赏识，特保送他到上海复旦大学升学并资助他到毕业。

从复旦大学毕业后，刘延陵便从事了教职，1921年，刘延陵来到上海，与朱自清、叶圣陶等一起任教于上海吴淞的中国公学，任教的岁月里，刘延陵与朱自清、叶圣陶等都热爱文学，工作之余，他们常常写诗作文，还时常一起切磋，成为文学研究会的会员。

同年，刘延陵主编了中国第一本新诗杂志《诗》月刊。主编《诗》月刊不久后，刘延陵与郑振铎、郭绍虞、周作人、朱自清、叶圣陶、俞平伯、徐玉诺等合著出版了一本诗集《雪朝》，诗集收入了刘延陵的十三首诗，他的代表作《水手》便是其中的一诗。在中国新诗的演变与发展过程中，刘延陵可谓功劳卓著。

后来，刘延陵又到杭州的浙江第一师范学校任教，此后又考取公费前往美国西雅图州立大学攻读经济学，一年后因脑病发作全身衰弱不堪，只好入疗养院疗养。1926年，刘延陵带病回国，这一两年间，他先后在金华中学、浙江大学和上海暨南大学等校执教。

抗日战争爆发后，日本开始侵占上海，暨南大学毁于炮火，教职员纷纷逃散。刘延陵本想去后方支援抗战工作，但是，他并没有如愿。恰好这时，星（新加坡）马（马来亚，今扩大版图，改称马来西亚）报社一致号召华侨支援祖国抗战，并急从祖国聘请编辑人员，加强抗日宣传工作。刘延陵在复旦校友部力子的介绍下，于1937年渡海到马来西亚，并先后在吉隆坡《中国报》和槟城《光华日报》任编辑两年。

1939年，刘延陵移居新加坡后，在《星洲日报》电讯组任编辑。新加坡沦陷后，刘延陵一度在狮城牛车水硕莪巷租了半间店面摆书摊，以售旧书和出租小说维持生活。日寇投降后，刘延陵曾在新加坡《中兴日报》《华侨日报》，英国广播电台远东区中文部和广告公司任职，又曾任义安学院和南洋大学的兼职讲师，教导新文艺习作。

移居新加坡后，刘延陵只在1939年秘密经过上海的日军占领区，往江苏省北部故乡省亲一次。此后，刘延陵就不曾离开过新加坡。

在新加坡生活的近半个世纪中，刘延陵不曾留下太多的痕迹，几十年来，除了与固定的几位老朋友有书信往来外，刘延陵没有与其他人有过多的接触，他似乎有意为自己筑起一道墙，让人无法逾越半步。近半个多世纪，不说中国现代文学史一笔不提，连一般报刊也很少提起他。但澳门大学中文系云维利教授说："刘延陵没有同时代诗人那么著名，但是，对于早期的新诗运动，却很有贡献。"

早在1936年，蒋风还在金华中学读初一。一个偶然的机会，蒋风在图书馆就读过诗集《雪朝》。刘延陵的《水手》一诗给蒋风留下特别深的印象。半个多世纪过去了，至今，蒋风仍能脱口而出，背诵出来。刘延陵先生笔下的那个漂洋过海在船上讨生活的水手，他那思念妻子的真挚感情，动人心弦。当时，蒋风从其他老师口中得知，这位风华正茂的年轻诗人，曾在蒋风就读的金华中学执教，一种崇敬的心情一下占据了蒋风的心。从此，刘延陵这个名字就永远烙印在蒋风的脑海中。

后来，蒋风在大学任教《中国现代文学史》，对刘延陵有了更多的了解。20世纪80年代，蒋风从朋友处打听到刘延陵仍健在，隐居于新加坡郊区。他给刘先生发去了一封问候信，出乎意料的是很快就收到了刘先生的回信，就这样，蒋风和刘延陵建立了通信联系。

在新加坡期间，蒋风和与会的韩国诗人许世旭教授、香港诗人犁青先生一同去拜访了刘延陵先生。那天，蒋风一行三人从半岛酒家出来，就在门口冒雨跨上计程车。等他们到达裕廊刘家门前时，太阳竟然出来了。刘延陵热情接待了他们，虽是初次见面，但是他们谈兴很浓。随着蒋风他们的提问，刘延陵谈诗，谈自己的过去，也谈南行定居新加坡后半个世纪以来的经历。从他细声慢气的谈话里，蒋风深感这位从诗坛退隐半个多世纪的老诗人的心胸间，还有一颗未泯的诗心。

刘延陵过着近乎归隐式的生活，虽然不求闻达，但他并未真正退出诗坛，五十多年来不时还有诗作在多种刊物上发表，包括北京的《诗刊》，只是用了金季子、金正、夏逢、秋石等笔名，绝少使用自己的原名发表罢了。在新加坡定居后的刘延陵，一直默默地从事新闻文教工作。于文坛而言，近乎销声匿迹，藏在他心里的许多"五四"故事，数年来也有仰慕者欲叩其门扉，但是，据与延陵先生有多年交往的郑子瑜教授说，老人家似乎有意使人忘记他，一直以来都拒绝采访。

那天，蒋风他们意外地受到刘老热情而亲切的接待，在茶香扑鼻中谈旧忆往。临别的时刻，刘延陵一再要蒋风他们留下住址，说是要到他们下榻的旅邸回访。蒋风他们都惶恐万分，更没有想到的是，蒋风回到家之前，刘延陵的信已先蒋风而到——

蒋校长：

去年承邢济众先生介绍，得向台端修书请教，至感荣幸。最近大驾降临南岛，本当趋旅邸拜候，并导游名胜地区。无奈年迈体衰，力不从心，至祈原宥，并乞暇时不吝笔墨，多赐函教。蔽寓地址如下：

Mr. Y. L. Liu

42, Lorong Pisang Emas,

Singapore 2159

Republic of Singapore

专此。顺候

秋安！

刘延陵启

1988年8月29

那天，结伴趋访的归途，犁青先生约蒋风为他主编的香港《文学世界》写篇专访。回国后，蒋风想为了写得确切些，于是便给刘老去信，提了些问题向他请教。

延陵先生：

您好！

今接8月29日手书，十分高兴。这次趁在新加坡参加国际学术会议之机，偕同韩国许世旭教授、香港诗人犁青先生一起，趋府拜访，承蒙亲切接见，感到非常荣幸。看到您老人家九四高龄，身体健朗，至感欣慰。

您先后在金华中学，暨南大学教过书，我则先后在上述两校就读，但均未能亲聆教诲为憾。

犁青先生准备在他主办的《文学世界》约我写篇介绍您的文章，我已接下这个任务，不知您能否为我提供一些资料？

另外，我还想请教几个问题：

①您是怎样爱上新诗，并走上诗歌创作道路的？

②您主编的《诗》是在怎样的背景下办起来的？

③您对新诗的前途有何看法？

④听说您曾在金华中学教过书，确切吗？能否介绍一下过程？

⑤曹聚仁是金华浦江人，后来也在暨南大学当过教授，不知您与他有过些什么交往？

⑥您1927年南迁星洲后，有否回过大陆？

⑦能否介绍一些您与叶绍钧、朱自清、俞平伯等先生

交往中的逸闻?”

那天,去您家拜访时,我忘了带相机,照片都是许世旭先生拍的,现在中韩尚未建交,不知他能把照片寄给我否? 因此,我希望先生能惠赠一帧近照,尚祈俯允。

敬颂!

夏安!

蒋风

9月18日晚

信寄出去,不到一个月,蒋风收到了刘老的回信:

蒋风先生:

捧读九月十八日惠书,敬悉一切,今就垂询的各节,恭答如下:

①我是在胡适之先生提倡白话诗之后爱上新诗的。

②关于我编《诗》月刊的缘起,情形大概是这样的:1923年下半年(笔者按:此处系刘老记忆有误,应是1921年下半年)我与朱自清、叶圣陶两君同在吴淞中国公学教书。有一天下午我们三人同在校外散步闲谈,忽然想起编印一种专载新诗的月刊,就跟当时上海的中华书局编辑部商谈,由我们编辑此种小月刊,由中华书局印行,我们不受酬报,也不负经济上的责任。不料协商之下,一拍即合,于是开始的数期由我编辑。以后我有远行,不知编务是如何了结的。

③对中国新诗的前途的看法,我是乐观的。新诗苦

挣的时代已经过去，最近数十年中已有许多新诗杰作，在中国与海外流传，它们已以作品与事实，证明新诗是一种行得通的诗创作大道。

④我曾在金华第七中学高中部教过整整三年书，那是方豪做校长时。该高中部的大门耸立如阜，可以凭高望远。我在那边的三年生活是非常愉快的。

⑤1920年起，我在杭州省立第一师范学校教过三年书，那时曹聚仁是一师的学生。后来他先后在上海与香港教书卖文，文字中时常谈到我，这些单篇文章，后来由他自己编辑成《我与我的世界》一册自传。

他后来在暨大教过多年书，且被当时的中国教育部授以“教授”的荣衔。

⑥我是1937年9月到南洋来的。不是1927年。1937年8月13日，日本侵略军开始在上海动武，造成所谓“八一三”之役。当时我觉得以后江浙两省的学校决不能继续开办了，遂应当时马来西亚首都吉隆坡的《马华日报》的聘请，担任它的主编，以后也主编槟城的《光华日报》，做过新加坡《星洲日报》的编辑。

⑦1937年我南来之后，曾于1939年秘密经过上海的日军占领区，往江苏省北部故乡省亲一次。

⑧我与叶绍钧、朱自清、俞平伯三位相识，都是由于我们四人曾于1920—1922三年之中在杭州省立第一师范学校一同教过书。

⑨中韩虽未建交，但许世旭先生在我家所拍的照片，他必定可以寄给你。他的地址如下：

135韩国

江南区驿三洞699－26

⑩附上半身拙照一张，敬赠给先生，专此顺颂著安

刘延陵启

1988年10月8日

收到刘老这封长达千余言的来信，蒋风的心情久久不能平静，九十四岁高龄的前辈诗人竟如此迅速并详尽地回答了自己提出的问题。更令蒋风感动不已的是过了五六天又收到刘老的第二封长信，对蒋风所提的一些问题又做了进一步的补充——

蒋风先生：

日前接奉9月18日大礼后，我已对垂询各节答复，并附上拙照一帧，想已达记室。对于第七条关于我与朱自清、叶圣陶、俞平伯诸君交往中逸事遗闻一项，我答已与叶、朱两君在杭州第一师范同事时间较久，故彼此尤为亲近。实则此语尚须校正与补充。我与朱兄共事的时间最久，计先在杭州的浙江第一师范学校同事两年，后在宁波的浙江第四中学同事两年。

我与他同进杭州一师执教，与当时的一段富有戏剧性的逸事有关。大约1918年间，陈独秀在北京大学任文科学长（即今之文史哲学院院长），兼为上海的某书局编辑《新青年杂志》，鼓吹新思想。不久，杭州一师即有一名施姓学生（笔者按：即施复亮）受其影响，发表了一篇题为《非孝》（排斥孝道）的文章，引起杭州旧派士绅的激烈反

响。他们要求浙江教育厅厅长开除此学生的学籍，并罢免一师校长经子渊的职务。于是一师学生罢课留经，一师的教职员也分做拥经与反经两派，风潮激荡，甚至牵动了当时的全国学生联合会也做一师学生的后盾。

那时朱自清与俞平伯两兄已在北大毕业，而尚留校研究，他俩都与当时的北大学生罗家伦，常为当时北大学生创办的《学潮》月刊大写文章，声名甚盛；我也常为上海某杂志写些幼稚文章，冒充前进的卒子。于是由罗家伦在幕后牵线，由在上海职业教育社头子黄炎培之下帮闲的蒋梦麟博士出面，让一师的四位最受杭州旧派士绅指摘的教师（笔者按：即陈望道、刘大白、夏丏尊、李次九）离校，由朱、俞与我及另外一人接替其职务。我们四人当时曾被丘九们荣上"四大金刚"的尊号，也许这就是你要知道的逸闻轶事了。

附带再添一笔。当时是所谓五四运动时期，其时第一次欧洲大战结束，在日内瓦开和议大会。欧战方酣时，日本曾对中国提出吞并中国的24条（笔者按：系21条之误）要求，强迫中国签字。开和会时，日本又要求中国承认这些要求。于是中国全境都组织了各地学生会反对签字。这即是所谓五四运动，指反对参加和会的代表于五月四日在日内瓦和约上签字也。为了推进五四运动，当时中国全境的学生都组织了学生联合会，北京则有一个全国学生联合会总会。这个总会有一次开会时，推举北大的学生代表方豪为主席。后来方先生即因这一炮而成名，做到金华的浙江第七中学的校长。

专此奉闻。顺颂

教安

刘延陵敬启

1988年10月15日

关于这封信,1988年11月6日新加坡《联合早报》第九版曾有这么一段报道:“蒋风是中国浙江师大的校长,刘老先生年轻时在这儿当过教师。蒋风回国后曾来信,请刘老回答几个问题。去了一封信后,在去世前几天(笔者按:是去世前三天),刘老又再投寄给蒋风第二封信,据刘太太说,刘老当时表示,因为还有些问题要搞清楚。这是刘老在世投寄的最后一封信。”这种一丝不苟、诲人不倦的精神,多么令人钦敬啊!

当蒋风读到报道中说“这是刘老在世投寄的最后一封信”时,蒋风的泪水情不自禁地夺眶而出。他把正在执笔撰写的专访改成一篇题为《无限哀思,遥寄南天——悼念五四遗老刘延陵先生》的文章,寄托他的哀思。

1991年6月,蒋风应新加坡国立大学邀请参加“汉学研究之回顾与前瞻”国际学术研讨会,出发前,蒋风专程去刘延陵曾工作过的浙江一师旧址校园折柳一枝,小心用塑料袋装好,放在行囊中,带到新加坡,插在刘老的灵前,缅怀诗人刘延陵。

荣获宋庆龄儿童文学奖

2003年10月19日，第六届宋庆龄儿童文学奖评奖揭晓，蒋风同著名儿童文学翻译家、作家任溶溶，著名儿童文学评论家、组织工作者束沛德，以及浦漫汀四位年龄在70岁以上的儿童文学前辈荣获特殊贡献奖。

宋庆龄儿童文学奖是以已故国家名誉主席宋庆龄的名字命名的，创办于1986年，至2003年共成功举办六届，该奖由宋庆龄基金会和文化部、教育部、广播电影电视总局、共青团中央、全国妇联、中国作协、中国科协等共同主办，1986年，在巴金、冰心等老一辈著名作家的热心倡导下发起，是中宣部批准的全国性的重要奖项。它以宋庆龄益善、益智、益美的儿童教育观为指导，坚持主旋律和多样化、思想性和艺术性的统一。其宗旨为通过表彰一批优秀作家作品，鼓励儿童文学的创作，扩大儿童文学的影响，推进新世纪儿童文学的繁荣和发展。

宋庆龄儿童文学奖每2—3年评选一次，评选对象是海峡两岸的优秀儿童文学作品，在样式上，第一届评剧本，第二届评科普科幻，第三届评中长篇小说，第四届评童话，第五届和第六届综合。奖项设置为大奖（金、银、铜奖）和提名奖，后又加设35岁以下新人奖。第六届还增添了70岁(含70岁)以上教授、学者、评论家、翻译家的特殊贡献奖。

接到要去北京领奖的消息后,蒋风非常高兴,他只身一人坐火车到北京。颁奖大会在北京一个单位的大礼堂举行。

第六届获奖的作品有彭学军的小说《你是我的妹》,常星儿的童话《吹口琴的小野兔阿洛兹》,张之路的科学文艺作品《非法智慧》,分别荣获小说、童话和科学文艺类大奖。

郑春华、曹文轩、常新港、秦文君、萧袤、张秋生、汤素兰、王宜振、钟代华、刘先平、金波、位梦华、吴然、谷应、桂文亚、林芳萍等的16部儿童文学作品分别荣获小说、童话、科学文艺、诗歌、散文等不同门类的佳作奖。

张弘、林彦、赵海虹3位年龄在35岁以下的儿童文学作家荣获新人奖。

2003年10月,蒋风获宋庆龄儿童文学奖特殊贡献奖(左二为蒋风)

第六届宋庆龄儿童文学奖的获奖作品，也反映了近年来我国儿童文学平稳发展的态势，也是对我国近年来儿童文学创作队伍和成果的一次检阅。这些作品不仅能满足孩子们的求知欲，而且能满足他们向善、爱美的渴望，深受孩子们的喜爱。

在获奖者中，蒋风很意外地碰到了获得佳作奖的汤素兰，汤素兰是蒋风的儿童文学研究生。蒋风既欣慰又高兴。颁奖会前，蒋风与汤素兰互相祝贺，格外欣喜。

当时任全国人大常委会副委员长顾秀莲将大红的获奖荣誉证书和宋庆龄铜像以及奖金递到蒋风手上时，他满怀激情。

在这次颁奖会上，蒋风还作为代表发言。在发表获奖感言时，蒋风说：

> 这项崇高的特殊贡献奖今年第一次颁奖，就落在我这个丑小鸭身上，我感到惊喜，也感到幸福，内心充满感激之情。但我也感到有点受之有愧，因为我只不过做了点我应该做的事。
>
> 我一直想，要有追求，活着才有意义。我的理想是要为孩子们做点力所能及的事……我没有用日历计算自己的年龄，这会让你越算越老，我常常忘记了自己的年龄。我想，理想与追求与年龄无关，我每天都有自己的梦、自己的追求。
>
> 我们都有一个共同的梦，相信未来的世界一定会比今天更美好，而那个更美好的未来世界是依靠一代又一代的儿童成长后来建造的。因此通往那个美好世界的重要途径之一就是儿童文学。

蒋风感谢评委会对他平凡工作的承认与肯定，表示尽自己最大努力，在有生之年为儿童文学事业再做一点工作。会议进行中，中央电视台少儿节目著名主持人董浩在颁奖台上现场采访了蒋风。

2003年11月21日，金华市文联、作协联合主办的庆祝蒋风教授文学创作与研究六十年学术座谈会隆重举行，浙师大党委副书记梅新林，金华市委常委、宣传部长杨守春出席座谈会。二十余位来自全市各地的专家、学者、文艺家参加座谈会，大家从各个角度对蒋风教授六十年来从事儿童文学创作与研究的成就给予了高度评价。大家一致认为，蒋风教授是中国儿童文学界的泰斗级专家，他开创的儿童文学研究道路，不仅是浙师大的骄傲，也是金华的一张名片。

梅新林做了热情洋溢的讲话。他从学术成果丰硕、学术声誉高、建立和壮大师大儿童文学学科、培养儿童文学人才、促进学术交流等方面，高度评价了蒋风教授六十年的学术生涯。他说，蒋风教授在儿童文学领域六十年的辛勤耕耘，不仅留给了我们丰硕的学术成果，而且他高尚的人品、对儿童文学事业始终不变的热情和无私奉献的精神更为后学树立了光辉的榜样。他希望浙师大的学术工作者在为学、治事、做人等方面以蒋风教授为楷模，在本领域的研究中注重特色、勇于创新、强化交流，为提升师大学术品位做出贡献。

杨守春在讲话中对蒋风教授获得宋庆龄儿童文学奖特殊贡献奖表示热烈祝贺，并高度评价了蒋风教授的学术成就和对繁荣金华文学艺术事业做出的贡献。他希望金华文艺界同仁以饱满的热情，服务人民，建设金华，创作出更多更好的文艺作品，发展先进文化，提升金华城市文化品位，扩大金华对外影响。

金华市作协主席王槐荣在会上说，金华文学界很多作家是蒋风教授一手培养起来的，他自己也是听了蒋风的一句话，才在文学道路上一直奋斗到今天。

蒋风的学生、老同事、浙师大的退休教授韦苇说，蒋风不但是儿童文学作家、研究家，更是儿童文学的建设家、活动家。他的儿童文学研究几乎是与中国儿童文学同步的，他在中国首开了儿童文学硕士研究生招生，创办了儿童文学研究所，自1982年开始连续多次开办了中国儿童文学教师进修班。可以说，他自己就是一部中国儿童文学史。

著名儿童文学理论家、浙师大教授方卫平认为，蒋风教授作为中国儿童文学事业的建设者，很重要的是发挥他巨大的创造力和想象力，很多事情人们在想都不敢想的时候，蒋教授就在坚持不懈地做了，而且，也都做成了。比如，蒋教授开创的异常活跃的对外交流活动，都是想在人前、走在人前的。他的宽厚的胸怀和风格，也给他的无数学生留下了难忘的印象，成了很多后来成为教师的学生们努力追求的目标。

座谈会气氛热烈，不少年轻学者和文学界人士都谈了自己与蒋风教授的交往和感受。程丽萍女士是环城小学的一位教师，也是蒋风教授离休后带的非学历儿童文学研究生之一。她谈了自己向蒋教授学习和在小学开办儿童诗歌教学的体会。她说，儿童文学对中小学教师来说太重要了，如果中小学教师不增加文学修养尤其是儿童文学修养，那么适应新课程改革将是很困难的。

青年诗人董正勇当场写了一首诗，在座谈会上朗读。其中的几句让人印象深刻:“他是一个把一切献给未来的人……没见过比他更纯洁的人,他的微笑来自孩子的脸庞……”

中国作协会员、报告文学作家李英提出,蒋风教授是金华文学界的一面旗帜,要以他为榜样,开创金华文学艺术的新局面。

曾多次采访过蒋风教授的浙师大图书馆信息技术部主任金明生讲述了蒋风献身儿童文学事业的一些事迹,总结了蒋风走向成功的主要因素,他引用了蒋风自己做的一个形象比喻:“做花瓣上的雨露,是我一生的追求。”

马来西亚巡回讲学

2003年12月18日至29日，蒋风应邀赴马来西亚做全国巡回讲学。这是时隔一年后的再次巡回讲学。

这次讲学，当地最大的华文报纸《星洲日报》报道了近一个月，还曾连续用五个整版来报道。

蒋风到马来西亚巡回讲学

马来西亚对儿童文学的重视让他备受感动。说起马来西亚，蒋风并不陌生。早在1992年，马来西亚作家爱薇，从一个少年刊物主编的岗位上退休后，因知道蒋风的儿童文学研究班，就赶到金华，到浙江师大蒋风主持的儿童文学研究所游学，时间长达半年。蒋风和其他研究所的老师轮流给她授课。

爱薇出生于苦难的时代，她总觉得自己的生命力比一般女性强。1941年12月16日，正是日本侵略马来西亚的前一个月，爱薇来到这个世界。13岁那年，因家乡民不聊生，爱薇只好随着祖父漂洋过海，南来谋生，从此落地生根。祖父靠着勤劳苦干，省吃俭用，白手起家，挣下一份家业，成了当地一个小橡胶园主。所以，童年的爱薇，可以算是过着衣食无忧的生活。

然而，由于自小就在重男轻女的家庭中长大，爱薇无形中养成了倔强、刻苦与不轻易服输的性格。在完成小学学业之后，爱薇就已经开始学习为自身未来命运展开抗争。除了极力争取升学的机会外，对于一些她认为不合理的事物，她都会据理力争，绝不轻易放弃。

爱薇自小就与图书结下不解之缘。从小学开始，作文一科是她的强项，也是她的最爱。由于之前养成的爱看书的习惯，爱薇不必挖空心思，而是下笔"有料"，作业都能顺利完成。

因此，她不但赢得老师的赞赏，也被鼓励向外投稿。小学三年级时，她就已经是香港的《世界儿童》《世界少年》和《少年旬刊》的小读者和小作者了。

近半个世纪，爱薇出版了四十多本书，其中包括小说、散文、报告文学、儿童文学，还有两百多场的广播剧。

她说："我爱好写作，但是我是为了自己，为了自己的乐趣而写作。文学是一种精神事业，是红烧脑汁，是既寂寞而又自我的孤独工作。但是，对我个人来说，不必去在意外来的掌声是否热烈或寥落，只要自我感觉愉悦就好。"

对文学的执着与热爱，使爱薇在游学的半年里收获颇多。游学结束后，爱薇回到马来西亚，在相关媒体几次写文章介绍蒋风。

《守望的情结》一书就收进了爱薇写的两篇有关蒋风的文章。一篇题为《给孩子一个美丽的童年——访浙江师大儿童文学研究所所长蒋风教授》，发在1993年9月5日马来西亚《新通报》上。另一篇题为《"不老的童树"——蒋风教授》，发在2002年5月出版的爱薇创作的一本儿童文学与评论集《不老的童树》里。

2002年，蒋风应邀第一次到马来西亚巡回讲学，为该国的教师及儿童文学爱好者做了三次公开演讲，反响极佳。

第二次到马来西亚巡回讲学，蒋风和夫人卢德芳在接待单位的安排下，在马来西亚七个地方讲学，都是不收报酬的。蒋风先后去了星洲日报总社礼堂、关丹彭亨佛教会、关丹清凉社会大学、槟城檀香寺、新山南方学院、古晋佛教居士林、诗巫华人社团联合会礼堂。每到一处地方讲学，都收到了很好的效果，也引起了强烈的反响。蒋风在后来的《寻梦槟榔屿》一文中回忆：

> 晚上，就该由我在佛香缭绕的檀香寺佛堂里弘"法"了。不过我弘的"法"是"儿童文学"。其实，儿童文学就与檀香寺的"少有所学"的"檀香信念"十分切合。我的讲题是《儿童文学：开启儿童心灵的钥匙》也符合佛家所提倡的"禅心"。儿童文学能扩大儿童视野、增长儿童知识、活跃儿童思维、拓展儿童想象、发展儿童语言、丰富儿童情感、陶冶儿童情操、培养儿童个性、健全儿童人格，无不是为了启迪儿童心智，正是为了"少有所学"。其主旨也和一位佛教信徒所说很近似。他说："以慈心，愿我的付

出，能让自己及他人的生活过得更幸福、更美满！以悲心，愿我的付出，能减少自己及他人在生活上的烦恼及痛苦！以喜心，愿我在助人的道路上，常常以一颗欣赏及赞叹的心念，肯定自己及他人的付出！以舍心，愿我在助人的道路上，常常以一颗平常心，不因他人的否定而退缩、不因他人的称赞而自满！"从教育目的而论，真可说是殊途同归。

在佛堂里不仅坐满了孩子，还有孩子的家长、教师。当地佛教信徒来了，寺里的义工来了，连寺里的法师也来了。这场面使我有点感动。事后檀香寺的电子报的报道中有这样一段话："在槟城檀香寺12月25日的圣诞节当晚的讲座会，蒋风教授做了一场精彩的演讲，并得到了听众们热烈的回应，在双方的互动与交流中，大家相互探讨如何为现今儿童寻找一个有效且富有创意力的教学方案。"这至少反映了我的讲座得到了法师们的认可，也说明了檀香寺住持法师的远见，让我这个凡夫俗子在庄严的佛堂弘"法"。这是一个让我难以忘怀的夜晚。

荣获儿童文学理论贡献奖

2006年8月21至25日，第二届世界儿童文学大会暨第八届亚洲儿童文学大会在韩国首都首尔隆重召开，来自世界各地的400多名儿童文学家、学者齐聚一堂。在此次大会上，蒋风教授获得了唯一一个儿童文学理论贡献奖。

韩国第一个儿童文学博士、亚洲儿童文学大会会长李在彻为蒋风颁奖，并宣读颁奖词：

> 蒋风先生是代表中国儿童文学研究学界，曾任浙江师范大学教授。已出版了《儿童文学概论》(1980)《中国现代儿童文学史》(1987)《世界儿童文学事典》(1992)《幼儿文学概论》(2005)等，把中国儿童文学理论提升到了世界级的水平，其贡献获亚洲儿童文学之具体肯定，特此给予理论贡献奖。
>
> 2006年8月24日
>
> 第二次世界儿童文学首尔大会
>
> 亚细亚儿童文学学会共同会会长李在彻

李在彻还授予蒋风写有上述颁奖词的一块“功劳牌”。蒋风在国内外儿童文学界享有较高的知名度。此次，他的照片还和其他几位荣获儿童文学大奖的学者一起印在了大会会徽上。

此届大会的主题是“向往和平的儿童文学”。81岁高龄的蒋风提交了题为《和平，儿童文学的永恒主题》的论文，并在大会上做了长达20分钟的阐述：“今天的儿童是主宰未来世界的新一代主人，所以赋予儿童们必需的良知、智慧和精神力量，使之日后能开创一个世界永久和平的新时代，是人类为缔造一个富有希望的美好明天所做的伟大的准备。”

蒋风的观点与大会的主旨有着惊人的相似。在大会人手一册的书的扉页上就写着这样几句话：儿童是我们的明天，也是未来。为了人类共同的和平与福祉，今天我们所未尽的理想，寄托予他们。

会议期间，蒋风还与参会的朋友们讨论了当今中外儿童文学畅销书等议题，蒋风认为，一部优秀的儿童文学作品必须具备四性：首先要有文学性；其次要有儿童性；第三要有趣味性；第四要有方向性。文学性是第一位的，后面的三性都要服从于文学性，通过美感完成一部作品的创作。蒋风还以儿童文学作品最畅销的英国女作家J. K. 罗琳和杨红樱为例，谈了他的忧虑。他认为，现在的儿童文学几乎变成了快餐文学的代名词，快乐儿童文学被人狭隘、错误地理解成了轻松文学。蒋风说：“杨红樱是很有才气的，早期的作品像《女生日记》等写得挺不错的，很有文学气息。可后来的一些作品，像《淘气包马小跳》等迎合了孩子的心理，只讲趣味，文学性不够。”

蒋风认为，一个人的精力有限，不可能源源不断无限期地写作。一些当红作家很容易被出版社牵着鼻子走，几个系列一起写，根本出不了精品。英国女作家J. K. 罗琳的《哈利·波特》从某种意义上说，也迎合了孩子的心理，商业炒作味道重了一些。当然，《哈利·波特》也有它的成功之处，想象力丰富，将作家的想象和古代的魔法结合起来，描写了当代学生的生活，作者正是通过这个抓住了孩子的心。

儿童文学界有一种观点，认为一部作品受小孩、大人欢迎必将成为经典。蒋风认为未必，日本的漫画，大人、小孩都喜欢，但你能说它是经典吗?

2010年10月16日至19日，第十届亚洲儿童文学大会召开，值得骄傲的是，此次盛会召开的地点是浙江师范大学。开幕式上，来自中国大陆、中国香港、中国台湾和日本、韩国等地的近200名作家、学者、画家和出版界人士，相聚在金华美丽的芙蓉峰下，以“世界儿童文学视野下的亚洲儿童文学”为主题共同筹划亚洲儿童文学的美好愿景。

一直以来，以亚洲儿童文学大会共同会长、著名世界儿童文学作家蒋风教授为核心，具有深厚儿童文学学术传统和积淀的浙江师范大学，利用儿童文学的学科优势，在近30多年学术累积的基础上开拓疆域，成果斐然。学校成立了全国首家儿童文化研究院，同时还设立了台湾儿童读物资料中心。“浙江师范大学儿童文化研究院红楼书系”第一辑、第二辑在少年儿童出版社出版，是1949年以来中国当代儿童文学理论界首次系统译介、引进的国外儿童文学研究成果。

如今，全球化的进程不可阻挡，亚洲儿童文学必须放置在国际的视野中才能建立更为清醒的认知。现代亚洲儿童文学的未来趋势又在哪里？大众传媒时代，儿童文学会不会走向消逝？北京师范大学教授王泉根介绍，1978年改革开放以来，中国“以儿童为主体”，尊重儿童发展和儿童生存的权利。将儿童文学从以成人意志、成人功利目的论为中心转移到以儿童为中心，贴近儿童，走向儿童，这是一个革命性的转变。北京大学教授曹文轩则表达了对当下中国儿童文学写作状态的警醒和担忧，他说我们应该意识到——当我们用天下最优美的言词去赞美阅读时，我们却同时面临着泛滥成灾的无意义的、劣质的、蛊惑人心的、使人变得无知和愚昧，甚至使人堕落的书。

“因此读不读书，是一个重要的问题。”马来西亚作家爱薇也以自身的感受出发，讲述了童年与儿童文学的有关话题：它甚至可以被解读为一个国家、一个民族、一个人的文明程度。而读什么书，却是一个更重要的问题。对于儿童来说，这个问题则尤为重要。

“因消费文化所带来文化变革，构成了消费文化语境下儿童文学发展所必须面对的重要课题。消费文化时代使商业图书在图书出版中所占的份额大为增加，童书与儿童文学出版是其中一个重要的构成部分。”浙江师范大学儿童文化研究院院长方卫平说：“与此同时消费文化时代也为儿童文学带来了一些前所未有的新问题。进入21世纪以来，随着亚洲儿童文学与其他各大洲儿童文学的接触、交流愈益频繁和密切，这种交流所构建起来的两者之间的文学、文化关系也变得日益丰富和复杂。”方卫平说，今天也许已经不存在一个完全封闭、自足的“亚洲儿童文学”的概念，谈论亚洲儿童文学的历史、现状和未来，也早已不是一种封闭和孤立的文学判断和描述，而必然要与它所置身其中的世界儿童文学的大背景融合在一起。

问鼎国际格林奖

2011年，第十三届国际格林奖揭晓，蒋风继连续两届获该奖项提名后，问鼎国际格林奖，成为获此殊荣的第一个中国人。

国际格林奖和国际安徒生奖被誉为儿童文学界两大世界性最高奖项。与国际安徒生奖着重鼓励儿童文学作家与画家不同的是，国际格林奖更注重对那些在儿童文学理论与普及等方面做出突出贡献的个人进行奖励。国际格林奖由大阪国际儿童文学馆和金兰基金会联手创设，希望为儿童文学研究提供切实有效的帮助。该奖项始于1987年，每两年评选一次，每次只有一人获选。早在1998年9月，国际格林奖改组评委会，蒋风接替已故的中国评委陈伯吹，入选由九人组成的评委会。成为评委后，蒋风有了更多机会看到各国出色的儿童文学作品，这也让蒋风更好地比较了中国儿童文学作品和别国的不同，看到了中国儿童文学作品的优点和不足。

在评选的前一年，组委会会给全球范围的四五百位儿童文学界的学者、专家发去信件，让他们全球提名。根据提名数及提名人资料，选出6位候选人，再由9～13位评委会成员投票选举当选人。

2005年和2007年，蒋风欣喜地收到第十、第十一届国际格林奖初评组发来的电子邮件，先后两次告知他本人荣幸地被列为第十、第十一届国际格林奖候选人。两次都是候选人，排名第二，但都没有选上，第十二届国际格林奖时，蒋风没有被提名。2010年，蒋风再次被提名，并获奖。最终能当选，蒋风有点意外。他说："之前两次都没选上，我就想过，自己的著作连个翻译本都没有，别人对我的了解肯定是不多的。"他觉得，能够获奖，关键还是中国的影响力，之前评了十二届，除了两个日本人当选，其他都是欧美人，大家觉得这次该给中国人了。

拿到格林奖主办方寄过来的100万日元的奖金后，蒋风便想办一个儿童文学理论贡献奖，推动中国的理论研究。他不辞辛劳，四处奔走，终于在2014年设立了"蒋风儿童文学理论贡献奖"，每两年评一人。著名学者刘绪源是这个"理论贡献奖"的首届得主。刘绪源说，蒋风先生此举，将国际奖和中国奖联结起来，在同行间广结善缘。

蒋风(右)荣获第十三届国际格林奖，在日本领奖

在频繁的中外儿童文学学术交流中，蒋风写下了大量的介绍论文和在各国考察儿童文学的考察文章，1998年1月他将这些文章收集成册，出版了《海外鸿爪录》（希望出版社）。从这部论文集中，我们可以看到蒋风开阔的眼界，他已将研究的视角扩大到了亚洲，甚至更远。其中，他的著作对日本、韩国儿童文学的介绍更为详尽，使我们能了解到这些国家和地区的一些出版物。2002年10月在他出版的《儿童文学史论》一书中又收录了更多的世界儿童文学，特别是对东南亚地区华文儿童文学的介绍，为儿童文学的理论研究打开了更大的视野。尽管这些研究大都侧重于介绍，但它对促进儿童文学在国际上的交流起到了很大作用，不仅使世界认识到中国儿童文学，也使中国更进一步了解到世界儿童文学。

第十章

发挥余热

创办中国儿童文学研究中心

1994年，根据组织部门的安排，蒋风办了离休手续。

离休后，蒋风心想，他该干点什么？思前想后，他决定在已结了不解之缘的儿童文学事业中继续寻找生命之光。

蒋风觉得，在培养儿童文学人才方面，他已经积累了一些经验，那就继续招儿童文学研究生吧！

因此，蒋风创办了中国儿童文学研究中心，并以中国儿童文学研究中心的名义，面向全球免费培养非学历儿童文学研究生。

决定一个人办“大学”时，有一件事让蒋风印象深刻。当时，从外地来金华的一位从事儿童文学创作的小学教师找到蒋风，她希望能够跟随蒋风学习一些实用的儿童文学理论，她不追求正式的硕士学位，只想学到实际的儿童文学理论，并能在创作上得到具体指导，就心满意足了。

这件事让蒋风感触很深，他想起自己带研究生的两大遗憾：一个遗憾是，一个专业课成绩都在90分以上的学生，因为英语不过关而被挡在门外，令人扼腕的是，这件事的过错在蒋风，因为他不知道对方学的外语是俄语；另一个遗憾是，蒋风带了九届研究生，但一共只培养了20多名，数量太少了。

这两个遗憾更加坚定了蒋风要办一个不受任何条条框框限制的“大学”，不管什么国籍、什么年龄、什么职业，只要热爱儿童文学，都可以来学，只要能通过考核标准，都是研究生。

于是，蒋风向学校领导汇报了想法，也同一起工作过的老同志商量，探讨这个想法的可行性。当他把想法同领导和周围的人讲了以后，大家都很理解和支持。

就这样，1994年下半年，在有关部门领导的支持下，蒋风创办的中国儿童文学研究中心正式成立，作为一个民间性质的学术研究机构和办学机构，挂靠在金华市一个民间性的中国经济文化研究院，并于1995年开始运转。

中国儿童文学研究中心开始运转后，打破了所有条条框框，免费招收非学历儿童文学研究生。招生信息一传开，报名者纷至沓来，第一届就招了39名，至今已经21届，近600名学员参加，学员不仅遍及中国大陆地区，且逐步延伸至中国港台地区，又扩至新加坡、马来西亚和日本。

这些年龄不一、职业不一、国籍不一的学员，他们来参加不被国家认可的非学历教育，不为钱财，只是想进一步提高自己对儿童文学的认识。

这些学员中，最小的只有二十多岁，最大的比蒋风还大。比蒋风大两岁的老作家、编审孙毅，民国时期开始儿童剧的创作，20世纪50年代就已是《儿童时代》总编辑了。他在84岁时成了蒋风的研究生，做作业、写论文特别勉力、认真，两年后也如期拿到结业证书，出版了新著《娃娃剧场开演啦——孙爷爷教你写剧本》。

蒋风说，他的这所“大学”是宽进严出，尽管不是严格意义上的大学，但却是一所严谨的“大学”。20多年来，600名学员参加了学习，但是只有十分之一不到的人拿到了结业证书。

10%的结业率，这非学历研究生的作业该有多难？蒋风给前来学习的学生布置的作业是：两年内，每月读一本儿童文学作品，写一篇评析；每年写一篇年度论文；两年后，写一篇结业论文并通过答辩。自学完6门课程，完成24篇作业和3篇论文，这三个条件，缺一不可。而且，作业和论文的质量要达到全日制研究生的标准，且没有讨价还价的余地。

蒋风设计的答辩会，也与众不同。所有学员都是答辩委员，一个答辩会，大概有四五十个学员做答辩委员，他们一起向答辩的学生提问。

青岛幼儿师范学校的教导处主任，花8年时间完成了蒋风的三个条件，才拿到结业证书。

也有学员向蒋风求情，你这个大学结业率太低了，只有10%，学员来学习已经很不容易了，你就放宽结业要求。

蒋风坚持自己的理念，我没有向学员收费，不欠他们什么东西，我可以坚持自己的原则。

因为缺乏经费来源，这个民办的中国儿童文学研究中心事实上只有蒋风一个人，办公地点就是他的家。虽然面临许多常人难以想象的困难，但在蒋风教授的努力下，研究中心一直正常运行着，为我国儿童文学事业的发展做了许多杰出的贡献。

蒋风说，我无力给学历证书，只好套用了非农业户口的非字，招收非学历儿童文学研究生。因为是奉献余热，所以不收学费。因为我是单枪匹马，所以只能自学为主，面授为辅。平时根据我提供的书目和我编写的《自学指导》进行自学，每年暑假面授一次。

通过两年或更多的时间学完六门研究生的课程。按照要求完成不低于最低限量的作业，每年撰写学年论文，结业论文答辩后发结业证书。

浓厚的学习氛围

蒋风主办的非学历儿童文学研究生班的重要教学形式，就是每年暑假举行的一次儿童文学讲习会和向学员们的面授。1996年，在蒋风的积极组织下，首届儿童文学讲习会在青岛举办。

黄锡忠是蒋风的第一届非学历儿童文学研究生，虽然是中文系科班出身，但是在参加这次讲习会前，黄锡忠没有多少儿童文学方面的修养，甚至不知道儿童文学作为一门二级学科存在着。然而，参加了首届讲习会，黄锡忠收获颇深，他不仅享受到了精神上的自由，而且让他敞开心扉获得了思想。

他说："讲习会让他获得了丰富的审美体验，感谢蒋老师的巧妙安排，受邀的专家里，作家的数量占绝对优势。作家不迷信理论、概念，甚至视之为大敌，也不谋求共性，喜欢而且擅长以个人的创作经验说话，处处流露出感性的、个性的审美情致。"

著名儿童诗人圣野给黄锡忠留下了深刻印象。圣野的儿童诗歌讲座不讲诗歌理论，只是朗诵，进行热情洋溢的"本色"表演。他不朗诵的时候，或声音暗哑，或默然无声，而一旦朗诵起来，他就要爆发，就成了纯粹的诗人，或者说就是诗歌本身。圣野以朗诵的形式启发大家，诗歌不是躺在文本里的符号，诗歌是声音，是激情，是生命的喷发与升华，像利剑一样有穿透力。

讲习会给予学员们思想上的启发。黄锡忠在《跟随蒋风先生学习儿童文学》一文中写道：

> 首先，理论家可能在宏观上归纳、发现创作的规律，但是在微观上，作家往往最前沿、最敏感，也最具有实验精神。他们无私给予我们的艺术、人生经验是未定型的、原汁原味的，因而往往具有前瞻性和启发性。譬如，青岛会议上，夏崒生老师提出了她的所谓“歪把子理论”。其中，她认为，幻想是有层次、水平或境界之分的，从低级到高级分别为模拟、夸张和奇思。“模拟”幻想是一种“假性幻想”，可以用常人体的形象置换拟人体的形象的方式来检验，如果没有超现实的情节存在或者干脆变成了儿童生活故事，那么它实际上就没有幻想，即假性幻想。
>
> 其次，理论家思维表达的方式是逻辑性的，作家思维

全国儿童文学讲习会代表留影

表达的方式是直觉性的，即通过对事物的整体把握来关照世界，而且往往是瞬间领悟整个世界。因此，我们从作家那里体验到了某个特定的完整的世界，他们的话语只是为我们推开了通往那个世界的大门，我们得靠自己的经验去捕捉、贴近那个世界。

每年的讲习会，黄锡忠都会赶来参加。20世纪90年代，从新疆到上海乘火车要五天五夜，他也不辞辛劳。像黄锡忠一样，学员们对讲习会的学习兴趣都非常浓厚，讲习会也取得了实实在在的成效。

20多年来，蒋风凭借自己的人脉，邀请到国内文学界、理论界和儿童文学界的专家、教授及作家们为学员讲课。如：吉狄马加、熊元义、刘琼、圣野、金波、樊发稼、方卫平、彭懿、梅子涵、韦苇、冰波、汤汤、王一梅、孙毅等。

专家们的讲学各有侧重。理论家侧重从宏观上归纳、预测创作的规律；儿童文学作家们侧重从擅长的创作领域并结合自身的作品进行讲解、分析。

参加学习的学员们都有强烈的求学热情，大家一般都有稳定的工作，但都秉着对儿童、儿童教育的热爱和对发展儿童文学事业的热情，把儿童文学作为一门潜心研究的学科来学习。学习中，学员们总会有许多的专业问题与专家、学者互动提问，每一届讲习会都充满浓厚的学术氛围。

每一届的讲习会，蒋风也会参与讨论、互动，他希望以这样的方式带动大家的学习。2015年暑假，第二十届全国儿童文学讲习会在浙师大如期举行，名家云集，气氛热烈。

当时，当代著名诗人、中国作协副主席吉狄马加为大家主讲了我国当前诗歌现状及当代诗人如何创作更有穿透力的作品的主题讲座。

讲座结束后，蒋风老师第一个向吉狄马加提问："吉狄马加先生，你如何看待网络语言对诗歌的影响，对儿童读诗、学诗、写诗有何建议？"吉狄马加谈了自己的看法，大家听了都颇受启迪。

紧接着，与会人员也纷纷向吉狄马加提问，吉狄马加一一作了回答，蒋风边听边记，现场气氛非常活跃。

2017年的讲习会，蒋风因病不能参与，但是，他时刻关注着讲习会的动态。学员们报到当晚，蒋风通过视频与大家面对面交流，他还专门写信给各位学员，寄语大家好好学习，认真讨论。

尊敬的儿童文学界师友们，亲爱的讲习会学员同志们：

一年一度的2017全国儿童文学讲习会今年又在金华举办，这是一次相互学习的聚会，也是一次友谊的聚会，更是一次欢乐的聚会，只要参与过一次的朋友都会有这份感受和体会。

全国儿童文学讲习会自1996年在青岛首届举办，至今已有20多年了，2012年因特殊原因停办过一次，作为一个纯民间的公益事业，不仅坚持了23年，且越办越兴旺，越办越具有强大的生命力，这不能不说是个奇迹！

为什么能做到这一点？我想主要有两个条件：第一是信仰的力量，我们都相信儿童文学，大家都把它当作最有希望的事业；第二是团结的力量，每一位参与进来的儿童文学爱好者都把讲习会当作自己的家，都想把这个家建设得更美好，并亲力亲为贡献出自己的全部力量。

这两个条件让我们的事业欣欣向荣。我因身体的原因，今年不能参与其中，虽然感到遗憾，但我的心还是和大家贴在一起，明年一定会在讲习会上相聚的。

让我预祝讲习会圆满成功，让每一与会者满载而归。

我祝愿讲习会万古长青。

我还要感谢大家对我健康的深情关切。谢谢！

讲习会期间，虽然蒋风没有参加，但是，学习氛围依然浓厚，讨论也非常激烈。蒋风时时关注着学员们的讨论，他说："我的心始终跟大家在一起，遗憾的是在望江山微信信号不好，连接不上。8月29日到家，我急忙去看微信群，看到大家的学术讨论很热烈，如方先义、玉米、一介、晓旭、书虫脉望、翟攀峰等围绕中心抓住主旨，谈出自己的真知灼见，引领了研讨的好风气，希望发扬光大！"

蒋风说："人的一生是很短暂的，短暂的岁月要求我们好好领会生活的进程。走在儿童文学创作、教学、研究这一光荣的荆棘路上，我一步一步奋然前行，尽一个人所能尽的最大努力，不折不挠地为自己，也为儿童文学事业开拓道路。"

丰硕的创作成果

非学历儿童文学研究生班开办20多年来，蒋风花费的财力、精力难以计算。为节约成本，蒋风一切从简，但有时候还是难免亏损。1996年，蒋风第一次举办讲习会，没经验，亏了一万多元。最后，蒋风自掏腰包和协办单位分别补了几千元。

当看到非学历儿童文学研究生班培养了国内众多儿童文学作者，有的作者在全国乃至国际都有很大的影响，蒋风特别高兴。每当看到有学员出书，或者获奖，或者成为某一领域的专家，蒋风更觉得是最幸福的事情。

沈芬是石家庄的一位退休老太太，长期从事基础教育工作，后来到教育报刊当编辑，工作的对象一直是少年儿童。她了解孩子们不喜欢枯燥的知识和单纯的说教，而喜欢寓教于乐的教育形式。因为编辑的文稿都是有关自然科学方面的，于是，她结合工作写了一些“知识童话”，慢慢地就喜欢上了儿童文学。为了突破自己，她就报名参加非学历儿童文学研究生班学习。

在学习期间，沈芬得到了蒋风的具体指导，之后，沈芬写出了《绿色家园科学童话》一书，该书荣获冰心儿童图书奖。2007年，她被中国科普作家协会第五次代表大会授予“有突出贡献的科普作家”。2009年，沈芬又创作出版了《弹拨月亮琴》，又荣获冰心儿童图书奖。每次出书，蒋风都会为沈芬作序，每次沈芬创作完成一本书后，蒋风都会给予具体指导，同时也会提出希望。他希望沈芬专注保护生态环境这一永恒大主题，同时渗透优秀的中华传统文化。

2015年，沈芬创作的“红海棠丛书——沈芬科学童话精粹”6卷本——《地缝中的举人》《夜游的女神》《没嗓子的歌唱家》《肚子里的蛙鸣》《披肩上的呼救》《神秘的摩天宫》，由河北少年儿童出版社出版发行。蒋风为这套丛书题词“似真却幻，似幻却真。知而获智，智达高远”。题词既体现了理论研究的成果，又有对实践的指导意义。

汤宏英是非学历儿童文学研究生班中的典型代表，笔名汤汤。她原是武义实验小学的老师。2003年，蒋风的儿童文学讲习班在浙江武义县城举办，这也是蒋风20年办班历程中记忆最深的一次。这一年，汤宏英刚好参加了讲习班学习。

当时，多数老师都是被要求来听课的，对童话创作不感兴趣，大家就趁着这同行聚首的难得机会，三三两两在课堂上聊天，蒋风时不时在教室里走动，维护课堂纪律。但是，也有四五个老师听得特别认真。

在这四五个老师中，汤汤就是其中之一。然而，当时的汤汤也并非十分乐意来听课的。学校校长要求每个语文老师必须参加，还要点名，汤汤也只能硬着头皮，百般不情愿地去听课。但是，汤汤对那场与童话创作的美丽邂逅记忆犹新：“人生就是有许多偶然，就是因为那几天的课，我对儿童文学产生了好奇和兴趣，课结束的那一天，我几乎抑制不住内心的冲动，打算以后在课余时间写写童话，然后把它们念给孩子们听听。就是这么朴素而平实的想法，我开始了儿童文学创作。”

对儿童文学产生了好奇和兴趣后，汤汤的眼前忽地开了扇窗子。汤汤突然觉得，经典的儿童文学作品，那种文字的温暖、思想的深邃、情感的渗透力、故事的张力是能直抵心灵的。汤汤的心悄然萌动起来，讲习会结束，汤汤报考了蒋风的儿童文学创作非学历研究生，并于次年结业。

凭借着勤奋和对童话的热爱，汤汤创作了一系列精彩的作品。想象力奇特、大胆、丰富，无论是早期童话系列还是后来的小说，都彰显了一个优秀儿童文学作家的想象力。她创作的“鬼童话”系列作品，颠覆了传统文学中鬼的形象，在她笔下，鬼是可爱、单纯、善良、忧伤、诗意的，它们渴望与人交流、沟通，希望能与孩子们相处，这样的形象无疑是适合儿童阅读的。她把“鬼”作为童话的主角，在她的笔下，“鬼”变成了充满童趣、感情的鲜活人物。汤汤的作品充满爱心，如《烟·囱》，很容易让人联想到安徒生的名作《海的女儿》，再如童话故事《无欢》，汤汤在故事的结尾写道，他们都还是孩子的模样……无欢原来是一个被施了魔法的小姑娘。再如《土土土》，故事写到最后，尽心尽力的土地公公，竟然变成泥土钻到泥土里睡觉了。在汤汤的笔下，我们看到，真正的童话从来不排斥苦难和悲伤，从来不是只有快乐和美好，它是有担当的，不是轻，而是重的，举重若轻。这种文字中的干净、温暖，是儿童文学写作中非常可贵的品质。

对这个得意门生，蒋风丝毫不吝啬赞美之词，“这是个很勤奋的孩子，经常主动找到我，探讨很多童话创作方面的问题，悟性也很高，第二年就出了作品。我很庆幸把这个好苗子领进了门”。如今，汤汤可谓获奖不断：冰心儿童文学佳作奖、陈伯吹儿童文学奖优秀作品奖、《儿童文学》擂台赛铜奖……她把“鬼”作为童话的主角，在她的笔下，“鬼”变成了充满童趣、感情的鲜活人物。蒋风说，所有的大奖，她都拿了，汤宏英也成了金华儿童文学的希望。金华的儿童文学曾经不错，有圣野、鲁兵、洪汛涛等一批名人，但后起之秀比较少，汤宏英的出现，让他们看到了希望。

2015年10月，“中国梦·梦驻童心——浙江新生代儿童文学作家群研讨会”在金华市举行。蒋风和中国作协副主席高洪波、中国作协儿委会副主任张之路、资深少儿出版人海飞、《文艺报》副总编辑徐可等来自全国的专家齐聚一堂，对浙江省青年儿童文学创作中存在的问题及未来方向进行面对面的问诊、把脉和建言。以汤汤为首的新生代浙江儿童文学作家群成了此次研讨会的重点，因对儿童文学题材的开拓，艺术生态的丰富，对恒久儿童文学品质的追求等综合因素，汤汤受到了瞩目。

同汤汤一样，来自沈阳师范大学文学院的教授马力，从蒋风的“大学”结业后，她在儿童文学领域的成就越来越突出。1999年，她写的《童话学通论》荣获第十届全国冰心儿童图书奖；2007年，她还被评为“辽宁教育年度人物”。

除了培养了一批儿童文学作家、专家外，蒋风的“大学”还培养了一大批儿童文学教育工作者。很多参加完学习的儿童文学教育工作者，回到学校，把有趣的童话故事运用到教学中，孩子们都非常喜欢。

蒋风一人办“大学”的坚持和努力，引起儿童文学界的普遍赞扬。马来西亚作家爱薇在来信中对蒋风说：“一直很敬佩您这种培育后人的精神，本来以您的条件，大可以不理一切，但基于对儿童文学的热忱，您不惜拨出宝贵时间为孩子们的进修而辛勤操心。”

学者俞义认为，如果说对正规研究生培养是一项制造儿童文学界“文化精英”的工程，那么对非学历儿童文学研究生的培养则是把儿童文学研究由高层推向民间、推向大众，让更多有志于儿童文学的人来参与儿童文学的研究工作，盘活整个儿童文学界，造成“百花齐放，百家争鸣”的繁荣局面。蒋风对非学历儿童文学研究生培养的意义也正在于此。

非学历儿童文学研究生汪胜为蒋风系红领巾

单枪匹马办起报纸

非学历儿童文学研究生班办起来后，蒋风突然变得异常忙碌。每天，他都会接到十多位学员的来电来信，向他请教有关儿童文学方面的问题。

蒋风心想，学员所提的问题大体都一致，我要一一答复，实在有些疲劳。何不办一份报纸，把学员们所提的共性问题通过报纸告知他们，这样就可以省下很多时间用于具体指导学员们的论文、创作。

蒋风觉得，受市场经济的影响，近年来儿童文学报刊发表纯儿童文学的阵地正在遭受缩水的威胁。儿童文学刊物市场比较乱，粗制滥造、低级庸俗的儿童读物严重伤害少年儿童的身心健康。而一份好的少儿刊物在倡导少儿阅读方面发挥着巨大的作用。

蒋风决定，自己办报以后，要拿出较大篇幅刊登孩子们的作品，这对孩子们是一种促进。有了这个办报想法以后，蒋风就单枪匹马开始一个人干了起来。蒋风做过记者，又长期研究儿童文学，对国内外儿童文学信息一直比较关注，也比较熟悉，所以，办一张报纸对蒋风而言，并不是太难。

1995年6月，蒋风自费创办的《儿童文学信息》报纸面世了。

他请著名作家、诗人臧克家题写了报名。同时向学校宣传部门了解了内部办报纸及印刷的申请、审批手续，又跑到金华市委宣传新闻出版主管单位，成功地申办了“（金宣）内字1—0030号许可证”。

《儿童文学信息》虽然是一份内部资料，但是在办报方向上却有着自己明确的定位：刊登能够体现、引导创作主流的原创儿童文学作品，力求把主流、原创与时尚、新锐的作品结合起来，以满足不同层次读者的审美需求。

这是一份内容清新、别具一格的对开四版小报。报纸的第一版为儿童文学信息与文学动态，第二、三、四版专门发表儿童文学作品与儿童文学评论。发表的儿童文学作品体裁包括儿歌、童诗、童话、寓言、故事、散文、小说等。迄今为止，该报已发表包括圣野、蒋风、樊发稼、金波、王泉根、彭斯远、马力等著名儿童文学作家、诗人、评论家在内的儿童文学作家的作品专辑。

《儿童文学信息》所发表的作品，以“中心”学员和当今儿童文学舞台上唱主角的作家为主，他们的作品在《儿童文学信息》的版面上占着显著地位。同时，蒋风也特别注意发现、推举富有潜力的文学新人。《儿童文学信息》从童年的视角出发，童年的意象、童年的气息、童年的味道贯穿整张报纸，从而形成了《儿童文学信息》鲜明的特色。

《儿童文学信息》不仅从大量自由来稿中选发优秀儿童文学作品，为广大儿童文学作者提供一个发表作品的园地，为“中心”学员搭建一个交流学习的平台，它还有自己的特别之处——主题策划。主要体现在三个方面：一是为国内外儿童文学作家推出专版；二是为省内外中小学文学社团出作品专刊；三是关于重大儿童文学活动的报道。这些都大大提升了报纸的文学品位。如第41期，第一版刊登了儿童文学重要信息,第二版刊登了三篇儿童文学理论文章,第三版则是汤汤专页,介绍汤汤从事儿童文学创作的成就,同时以整版的篇幅发表她的作品《鬼牙齿》。第四版则刊登小学生的诗篇——六篇散文、四首诗。其中,三年级小朋友刘昊翔的诗令人印象深刻。题目是《妈妈的眼睛》:

当我考试考得很差时,
妈妈的眼睛,
一眨一眨,
好像在说:"不要泄气,加油!"
当我考了一百分时,
妈妈的眼睛,
一闪一闪,
好像在说:"不要骄傲,继续努力。"
我爱妈妈,
更爱妈妈那双会说话的眼睛。

读者的爱戴

《儿童文学信息》创办至今，一直千方百计地力求发表思想性、艺术性和可读性完美统一的上乘之作、优秀之作，坚持高品位、高格调，坚守文学的基本品格，弘扬人文精神，体现了对当代少年儿童生存状态的关怀，对少年儿童精神成长、心灵成长的关怀。

著名儿童文学作家、上海市作协儿童文学委员会副主任刘保法在《串起珍珠的那根线》中写道：

> 每隔两个月，就有一份四开小报《儿童文学信息》从浙江金华遥寄到我家，至今已出满66期。我编报办刊几十年，当过记者、编辑、主编，深知其中的甘苦，一般来说，编一本杂志可以配两个文编、两个美编，还有办公室后勤负责印刷、出版。而对于一份报纸来说，因为时效性更强、信息量更大，所以起码也得有十几个人围着它转，能量这么大，他的那个班子究竟是怎么样的呢？尤其是他离休以后，办报的人力、物力、财力又是怎样解决的呢？
>
> 一次参加一个儿童文学活动，正好跟蒋风老师同居一室，我就迫不及待地问起了那个研究生班和那份《儿童

文学信息》。我这才知道——他的那个研究生班是免费招生的，只收一些资料费和邮寄费。他的那份《儿童文学信息》，就他一个人忙碌，可以说是集组稿、选稿、编辑、出版、校对和送印于一身；报纸印出来后，还要亲自将其装入信封，将三四千份报纸一份份寄出。夫人卢德芳见他实在忙不过来，就主动分担了校对和邮寄的工作。

"那么资金来源呢？印刷、纸张，光邮寄就是一笔不小的开销呀！"

"当然是从我的离休金里支出……"

蒋风老师说这番话时，就像一张白纸飘落地面那样毫不经意、平平淡淡，但是就这平平淡淡几句话，却使我的内心受到强烈的震撼！

中国儿童文学不缺优秀的儿童文学作家，缺少的是像蒋风老师那样的"园丁"和"穿线人"。

这份报纸也让蒋风的非学历儿童文学研究生获得了有益的信息。来自山东日照的学员宋庆艳，自幼热爱文学，从事少儿图书策划工作，并先后出版了《叮叮当的魔幻之旅》《小猪悠悠走进梦想之门》等童话书。作为一名刚刚步入儿童文学园地的初学者，宋庆艳每次收到报纸，都会异常高兴。

宋庆艳说："《儿童文学信息》上刊登着儿童文学的写作技巧和理论指导，这对于仍在探索写作的我来说，犹如一盏黑暗中的小橘灯，它烛照着我模糊的思路，直到渐渐清晰。虽然偏爱幻想文学，但也从未系统地认识自己在创作中的短板和盲点，《儿童文学信息》时有经典或当代的作品及品读，看到别人的高度，才知道自己还需要走长长的路。《儿童文学信息》这一份无声的陪伴，就像朋友一样，正是蒋老师送给我们的最好的礼物。"

来自浙江温岭的小学老师周冰清说："每次，从学校门卫收到这份报纸，都有种沉甸甸的感觉，它给我带来儿童文学最前沿的信息，每次总要细细阅读头版头条的内容，当然我最喜欢每一期的第四版专题——儿童文学作家介绍，第一次阅读到的作家是汤汤老师。受此影响，如今，我也在温岭开展图书阅读推广，取得了积极成效。"

办报这么多年，蒋风始终一人身兼组稿、选稿、编辑、画版、送印、校对、通读清样所有工作，然后一份份封好，写好信封，再送邮局寄出。后来，蒋风的夫人卢德芳主动分担了校对和邮寄的工作。一开始，卢德芳不太赞成办报；后来，卢德芳发现，当她把报纸送到自己曾经工作过的小学时，竟大受欢迎。从此，她也赞成办报。《儿童文学信息》报每期印3000～3500份，它不仅是学员们的函授教材，而且给全国各地儿童文学研究者、工作者和爱好者们提供了儿童文学动态消息和作家作品、评论文章；其中有500份还会寄往中国港台地区，成为互相交流的一个窗口。

很多人不解地问蒋风："蒋老师，你这么大年纪了，办报这么具体烦琐的事情，怎么不叫学生去办？你还是老校长呢！"蒋风笑笑说："自己还吃得消，就不麻烦别人了。"其实，蒋风很清楚，他这份报纸是贴钱印刷的，请人来帮忙，他不可能付报酬，这样，人家来帮一次两次还可以，时间长了，就坚持不了。

在办报的前几年，蒋风的离休工资还不高，一期报纸要花费他两个月的工资。现在工资涨了，但一期报纸，还是要花费蒋风一个月的工资。

蒋风一直坚持高品位、高质量办报，还努力做到广开文路、兼容并蓄，提倡题材、体裁、样式、风格的多样化。报纸的版面、栏目相对稳定，但又不时根据变化的新情况进行调整。小说、童话、诗歌、散文每期都有，异域文学、网络文学也都占有一席之地。所发儿童文学作品无论是名家还是新人，均能体现作者自觉地探求儿童文学的儿童本位，文字幽默，题材贴近自然，切合儿童心理，故事曲折，内涵广泛，蕴涵游戏精神，更多地表现童心童趣。

第十一章

博爱的心

关爱送给特困生

很少有人能把“严师”和“慈父”这两个词兼具一身，可是，蒋风做到了。他为人严肃，特别对自己的研究生，非常严格，他要求学生进行严格的专业思想训练。他认为，只有严格的导师，才能带出优秀的学生，能在严师指导下成长才能学有所成。

蒋风说，宽严须相济，所谓严，就是对学生的学业一定要严格要求，丝毫不能放松。

他始终认为，既然要学习自己选择的专业，就应该专注于这一领域，如果东敲敲，西打打，那就什么也学不好。学生来学校，愿意做你的学生，就是希望得到导师的指导，学习到真知识、真能力、真功夫。学生既然想学习到真知识、真能力、真功夫，那么，老师的严格要求就是符合学生愿望的。

在他带研究生期间，有一个研究生进校一年多了，还没有动手写过文章，蒋风就找到他，指出他的问题；后来，这位学生在他的指导下开始写论文，还在《文艺报》等刊物上发表文章。

当学生遇到困难时，诸如生病、家人出事、贫困、找不到工作等，蒋风都会想尽一切办法，像一位父亲那样去帮助他们。

对自己的事情，蒋风常常顺其自然，很少去争什么。他的讲师、副教授、教授职称评定，在相同条件下，都比别人晚。他为自己的事，决不踩领导的门槛，决不托人做什么对他有利的事情。但为了学生，为了解决学生的困难，为了帮助学生，蒋风总是尽他最大的力量帮助。

1998年9月，学校新学期开学后不久，一天晚上，蒋风吃完晚饭，习惯地拿出新到的《浙江师大报》，了解学校的动态新闻。当他看到一则新闻，报道说本校新入学的新生中有一部分是特困生，虽然报到入学了，但是即将面临四年生活学习费用不够的困难。蒋风拿着校报陷入了沉思。他不由想起自己抗战期间从浙江常山步行一个月到福建建阳报考东南联大的情景，初到建阳身无分文，以茶代饭坚持三天，后来到收容所靠施粥过日。直到考上东南联大先修班，生活还是极其艰苦。现在离休了，子女也都不用他担心，他和老伴商量资助一名特困生，他的想法得到了老伴的理解和支持。他马上拿起笔给校报写了一封信。

蒋风在信中写道："最初从报上看到，我们的大学生中还有一部分特困生，虽然考取了大学，但因家境困难而面临失学的困窘，心中感到非常难受，也很同情这部分特困生。因此想做点力所能及的工作，愿意从我有限的离休工资中省下一点钱帮助一名特困生，帮他解除后顾之忧，克服生活上的困难，发奋学习，完成学业。"

蒋风的信给校报编辑部带来了好消息，编辑部的王国珍老师马上与学生处等有关部门联系落实。很快，他们找到了外语学院的一名新生特困生吴爱萍同学。

世上的幸福大都类似，而世上的不幸却是各种各样。吴爱萍，这位来自浙江江山山区的乡村小姑娘，瘦削的面容透着难言的哀伤和无奈。由于父母病弱甚至无力自顾，再加上两个年幼的弟妹，烧饭洗衣,插秧割稻,喂猪割草,吴爱萍幼小的双肩便一直扛着这份沉重的生活担子。学院老师问及其父母的病况,吴爱萍总是黯然不语。后来,终于得知她母亲不知何故经常大口大口吐血,父亲也是体虚至极,一家五口生活举步维艰,更不敢奢望延医救治。1998年,吴爱萍考上浙师大外语系,东借西凑才交上学费的她,面临漫漫四年求学生涯的学习和生活困境……

吴爱萍又是幸运的,很快,在校报编辑部的安排下,蒋风和吴爱萍这一老一少见面了。这是一个美好的时刻,这是一个温馨的开端。从此,一位师大特困生苦涩的生活里,源源不断地流淌进一位师大老校长酿就的无私奉献的爱的甘甜。

时光飞逝,两年多过去,校报编辑部王国珍再次把吴爱萍请到校报编辑部。当年瘦小拘束的小姑娘如今散发出了健康开朗的气息。吴爱萍说,蒋风教授对她非常关心和爱护,除每月定时给她一百元生活费外,还常送她食品、衣物、书籍等。另外,蒋风还不时鼓励她在逆境中发奋成才,服务社会。吴爱萍拿出珍藏在身边的蒋风的亲笔赠言:

"人生最有用的是时间,即使你一无所有,只要拥有时间就够了,时间能够创造一切。在逆境中成长,更要牢牢地把握时间,做时间的主人。在逆境中生活,需要勇气,需要坚强的意志,用来把握自己、主宰自己。只要懂得珍惜时间,你就能成才。"

一开始,吴爱萍不好意思到蒋老师家里去,蒋风把钱送到校报编辑部,由吴爱萍到校报去取。后来熟悉了,每学期开学后,吴爱萍都会去蒋风家里。

蒋风表示,他将资助吴爱萍完成大学学业,如果她立志考研,他也将资助她完成研究生学业。蒋风说,他力所能及地资助特困生是出于一种美好的愿望，希望有更多的人来资助需要帮助的人。“愿世上不再有哀伤、泪水，愿生活充满和睦、甜蜜。”

后来，吴爱萍本科毕业后就参加了工作，分配到了浙江余姚教书。

参观大型国际玩具展

晚年,蒋风一直都没有闲着,他觉得只有把每天的生活过得忙碌,他才觉得踏实。

亲友们见了他,总是劝他好好休息,别累着。有时,听着亲友们的善意劝告,他心里却并不是滋味。

颐养天年的日子是许多人向往的,而蒋风却不想无所事事。养花养草、养狗养猫他都不感兴趣,下棋打牌更不会,甚至过年过节都从简。

他回忆自己离休后的生活,说过这样一段话:“我身体健康、思维敏捷,总不能就坐着享清福过养老的生活。我想我应该在自己的有生之年,再为社会奉献一点余热。”

正如他所说,他不仅身体力行广播儿童文学的“种子”,他还一头扎进小孩子的玩具中。

蒋风认为,没有玩具的儿童世界就会成为一个枯燥乏味的世界,而且玩具对一个人的成长有着不可忽视的作用。

著名学者于光远说:“研究玩具文化,这是一项伟大的事业,对于未来新一代聪明才智有巨大的影响。”

在蒋风看来,玩具是人生的第一本教科书。他曾经讲过一个真实的故事——小费米玩陀螺。恩里科·费米是世界上伟大的物理学家，是全世界第一座原子反应堆的设计者、发明人、研究家。童年时期的费米常常跟小伙伴们玩陀螺。当那个陀螺兴高采烈飞速旋转起来的时候，小费米感到非常惊奇，他目不转睛地站在一旁观察，一边仔细琢磨：为什么陀螺飞速旋转时，它的轴便开始倾斜并跟地平面形成了一个夹角？同时顶端晃晃悠悠显现出一个圆圈来……

这一连串的问题，不断地在小费米的脑海中盘旋，他带着这些问题千方百计寻找答案，也常把这些问题跟小伙伴们讨论。可是，这些问题不仅在当时的教科书中找不到答案，在课外读物中也找不到答案，在小伙伴的争论中也没有一个满意的解释，甚至老师也没有让他信服的解答。

然而，童年时期的那个飞速旋转的陀螺，在他脑子里留下了难忘的印象。他说，一直到后来成为科学家进行原子反应堆试验时，终于从中得到有益的启发。

世上许多有成就的科学家回忆自己童年时，都认为童年的玩具给他们以后的事业成功带来过有益的影响。

蒋风认为，玩具是儿童的天使，孩子的健康成长离不开玩具。玩具对孩子的成长作用，是不可估量的。

2000年，迎着新世纪的第一缕曙光，应香港中文大学的邀请，蒋风前去讲学。当时，正遇一年一度的香港玩具展在香港会议展览中心展出。参观大型玩具展是蒋风多年的梦想。因此，讲学期间，蒋风特地挤出时间赶到湾仔一睹盛况。

“2000香港玩具展”有来自中国大陆、德国、韩国、西班牙、以色列、泰国以及中国台湾、中国澳门、中国香港本地等29个国家和地区共1560家参展商，分七个展厅展出，可以说是盛况空前。

到达展览厅前，蒋风碰上了点麻烦，因为只限定接待买家，供18岁以上业内人士参观，对蒋风这个没有一点“商”气的文人，主办方并不欢迎。几经交涉并办理申请手续，买了每人100港元的门票后，主办方才同意蒋风一行入内参观。

一进展厅，蒋风就仿佛置身一个童话世界，握一下娃娃的手，他会说：“带我到公园去玩。”碰一下小熊的脚，它会问：“要不要跳个舞给你看？”激光玩具、芭比娃娃、遥控汽车……这些新潮玩具，应有尽有。在玩具制造商的精心设计下，玩具成为现代儿童梦寐以求的玩伴。

蒋风走进展厅后便被一个意大利制造的“互动小熊”吸引。这是一只憨态可掬的小熊，毛茸茸的黄毛，非常可爱。还有一种电子小狗，看上去形态和真的狗一样，兼有两款科幻的颜色选择，亦真亦幻。

蒋风边走边看，在展厅漫游。当他看到一种“喜马拉雅爬山车”，能爬上三十五度斜坡时，童心大发，在征得参展商同意后，蒋风也在展厅里玩了起来，好像返老还童一样。

参观玩具展，也给蒋风带来思考。蒋风认为，在香港，玩具是三大工业支柱之一。香港的玩具厂大大小小有2000多家，从业人员达五万多人，在香港生产的各种玩具有数万款，出口外销总额达100多亿港元，比日本和中国台湾产量总和还要多。香港有世界优良的海港，有名列世界第三的大型集装箱货柜码头，有东南亚地区最繁忙的大型国际机场，还有发展玩具生产离不开的高水平的印刷、制衣、电子等行业，使香港玩具业生产充满活力，因此，被誉为亚洲最大规模的香港玩具展，每年在这里举行，不仅可以使香港玩具业不断开拓，不断发展，而且可以作为一个窗口，让中国玩具走向世界，迷住地球每个角落的每一位儿童。

填补学术空白的《玩具论》

蒋风反复思考，在国外，欧美和日本等先进国家都十分重视玩具理论的研究和推广，从玩具发展史到玩具文化，都有深入的研究。在美国大学里，就有《玩具学》的课程开设，还出版了洋洋大观的《玩具发展史》；在日本还设有专门的“玩具文化学院”；法国、日本都有颇具规模的玩具博物馆。

作为有数千年古老文化的中国，在余姚河姆渡出土文物中就有不少玩具，包括陶制的小牛、小猪、小狗等，还有雕有花纹的石陀螺。中国玩具文化历史悠久，至少已有七千多年历史。全国各地民间玩具，更是琳琅满目，各具特色，可是至今尚未有人对中国的玩具历史、玩具文化做过系统的研究。

蒋风在出国参加国际学术会议时，对美、日、新、韩等国及中国港台等地玩具市场做过一番考察，又对全国各地别具一格的民间玩具做了深入探索，采集了数以千计的精美玩具图片，他还组织对玩具有研究的教授、学者，发挥集体智慧，花了近三年的时间，合力编撰了图文并茂的《玩具论》，并于1996年12月由山西希望出版社出版，这是中国人出版的第一本有关玩具的理论专著，填补了中国在这一学术领域的一项空白。

蒋风主编的《玩具论》出版后，他多了一项活动，即有些玩具生产及销售企业举办研讨会时，常主动邀请蒋风去参加。他因此到过浙江云和县等地参加此类研讨会。

发展中国玩具事业，培养人才是第一位的。20世纪末，蒋风就曾向浙师大决策层提出希望在浙江师大创建玩具设计专业，一共提了六次建议，终于在2009年迎来在浙江师大创建玩具设计工程专业的决定。

2009年6月，蒋风还被邀请去浙江师大杭州幼儿师范学院参加关于申报设置玩具专业（包含玩具设计、生产等专业）的论证会。

《玩具论》出版后，市场很快脱销了，读者和玩具生产厂家很难再找到这本书。2009年，为适应中国新时期儿童玩具的利用和生产制造的发展，原出版社邀请蒋风对此书做全面的修订。

《玩具论》（修订版）由蒋风担任主编，20余位校内外专家学者参与撰写，在原版的基础上，广泛汲取各方意见，充实最新资料和信息，发挥集体智慧，重新组织编撰而成的。该书分玩具概念、玩具历史、玩具民俗、玩具教育、玩具文化、玩具经济等六编十八章，从历史、文化、教育、心理、审美等诸方面出发，运用多学科研究方法，对玩具的产生、作用和发展进行了详尽论述，对玩具理论研究、玩具教育实践、玩具开发、设计、制造及指导玩具消费方面，具有重要的理论价值和参考意义。

2011年，备受瞩目的第二届中国出版政府奖评选结果揭晓，《玩具论》（修订版）获中国出版政府奖图书奖。中国出版政府奖是国家设立的新闻出版行业的最高奖，2007年首次开奖，每三年评选一次，旨在表彰和奖励优秀出版物、出版单位和个人。该奖项将原国家图书奖、国家期刊奖等多种出版界最高奖项整合，纳入中国出版政府奖评选系列,阵容整齐,规模盛大,是对出版成果的权威展示。中国出版政府奖图书奖作为中国出版政府奖的最重要子项,是中国出版最高荣誉的图书奖之一,也是我国唯一的政府图书奖。

童心在创作中翱翔

在儿童文学研究领域，蒋风取得了丰硕的学术成果。同时，他还为小朋友们创作了许多精彩的儿童文学作品。蒋风热爱儿童，他曾搜集三万首儿歌，不仅如此，他还专注于从事儿童诗歌创作，他创作的儿童诗歌流传盛广。

早在20世纪八九十年代，金华人民广播电台就专门对蒋风进行了专访："把挚爱洒向人间——介绍蒋风和他的儿童文学创作"。播出了蒋风创作的三首儿歌：

会飞的星

一颗星
两颗星
七颗　八颗……
颗颗都在眨眼睛
天上星　亮晶晶
地上星　亮晶晶
哈，地上哪儿会有星星？
喏，草地里飞出三颗星！

啊，怎么还有会飞的星？

哦，原来是三只萤火虫！

牵牛花

牵牛花，爬篱笆

爬呀爬，爬呀爬……

不见你牵牛来，只见你吹喇叭

嘟嘟大、嘟嘟大

嘟哒嘟哒嘟嘟大！

下雨啦

滴答！滴答！下雨啦！

雨呢？下到田里啦！

田呢？种上谷啦！

谷呢？碾成米啦！

米呢？做成糕啦！

糕呢！小华吃啦！

小华呢？乘上航天飞船啦！

航天飞船呢？

小华驾着飞向金星啦！

蒋风这三首儿童诗的字里行间充满了对爱和美的追求，洋溢着爱和美的主题。阅读他的儿童诗，总觉得有一股暖流涌入心田，心灵在爱和美的洗礼下，得到净化，从而获得最大程度的身心愉悦享受。

蒋风的作品笔触细腻，语言活泼，朴素自然，流淌出了憧憬祖国美好未来的乐观情绪。他善于抓住儿童的心理特征，不以奇特的细节去吸引小读者，而总以细腻、准确的心理描写，自然而然地产生一种艺术感染力。

蒋风也一直坚持，儿童诗创作要用自己的爱让孩子们懂得爱：爱祖国、爱人民、爱家人、爱朋友，爱一切美好的事物，让孩子们从小得到心灵上的爱。

无论是《会飞的星》，还是《牵牛花》，抑或是《下雨啦》，蒋风都极力描摹美丽的大自然，通过孩子与大自然之间奇妙的和谐，找寻诗的共振，将一种恬静的意趣沁入小朋友的心里。

蒋风的儿童诗向大自然一切美好的事物张开双臂——一颗闪闪发亮的星星，一只散发着光芒的萤火虫，调皮淘气的牵牛花，活泼好动的小雨点。这些大自然中充满灵性的事物，在蒋风的笔下，变得如此活泼、生动。诗中表现的对大自然的热爱是那么的坦率、纯真，这也唤起了孩子们爱一切美好事物的愿望，同时，也有着重要的启迪作用。

活泼好动是每一个孩子的天性，他们本能地喜爱一切美好事物。作为一个深谙儿童心理的诗人，蒋风在创作儿童诗的过程中，除了给孩子以爱的熏陶，更重要的是给孩子以美的享受。“哈，地上哪儿会有星星/喏，草地里飞出三颗星/啊，怎么还有会飞的星/哦，原来是三只萤火虫！”

这些表现美的诗句，相信每一位小读者读后，都会为诗中悠远的意境和浓得化不开的情愫深深打动，读着读着，小读者都会被诗中的活泼所打动。

在孩子们的眼里，世界是五颜六色、缤纷多样的，而蒋风则如同一位画家，用手中的调色板，把多彩的色调融入诗中，为孩子们勾画出一幅美丽的画卷，让人们在不经意的阅读中，读懂童年的辽阔和迷人。

2003年，年近80岁高龄的蒋风仍满含童心创作了一篇意趣盎然的作品。那天早上醒来，他看到对面人家阳台上的牵牛花开得正艳，马路上的孩子们蹦蹦跳跳背着书包去上学，突然，他的灵感来了，题为《清晨》的美文跃然纸上：

清晨，我从一个很美很美的梦中醒来。
仿佛听到嘀嗒嘀嗒的喇叭声……
啊！窗外的牵牛花开啦！
它在催我赶快上学去啦！

2004年，《清晨》被收进香港《今日中国语文》小学教材，他的诗歌的动人来自对儿童诗的热爱，来自对广大少年儿童的挚爱。

蒋风在从事儿童文学理论研究的同时，一直坚持为儿童写作，题材要多方面，样式也要多样化。童诗、散文、小说、戏剧……他在为孩子创作诗歌的同时，还为少年儿童创作散文。不管是叙事散文还是状物写景散文，蒋风从儿童的叙述视角出发，通过叙述、抒情等方式，带领少年儿童感受大自然，感受世界，感受成长的意义。

表现儿童生活兴趣，是儿童文学的固有特色，在儿童散文中，“趣”的内涵囊括了意趣和理趣两个方面的内容，以跃动的童心表现童趣，借事理物象的描述融贯理趣，这是儿童散文的一个鲜明特色。蒋风早年创作的《给，永远比拿愉快》，就是一篇成功的“趣”味散文，曾被多种语文教材采用：

给，永远比拿愉快

有一年，俄国作家高尔基在意大利的一个岛上休养。他十岁的儿子跟着妈妈来看望爸爸。儿子在爸爸住的院子里栽了好些花。不久，就跟着妈妈回俄国了。

春天，儿子栽下的花开了。高尔基看着窗下怒放的鲜花，心里很高兴，就给儿子写了一封信，意思是这样的：

你走了，可是你栽的花留了下来。我望着它们，心里想：我的好儿子在岛上留下了一样美好的东西——鲜花。

要是你不管在什么时候、什么地方，留给人们的都是美好的东西，像鲜花啦，好的思想啦，还有对你的非常好的回忆，那你的生活该是多么愉快啊！

那时候，你会感到所有的人都需要你，要知道，给永远比拿要愉快。

小朋友，喜欢这封信吗？我愿每个小朋友，都能随时随地做好事，给别人留下像鲜花一样美好的回忆。

蒋风在多方面、多角度地表现儿童的精神世界、情感世界和生活世界的同时，自然地将美好的情感情趣、丰富的知识事物融入其中，使儿童散文拥有了童趣之美和理趣之美。

一篇优秀的儿童散文总是以充溢于全文的童趣而产生永远的魅力。《给，永远比拿愉快》这篇散文，文笔平实，蒋风在描绘儿童眼中的世界时，将知识与道理乃至人生哲理融入其中。

当蒋风用含情带意的笔墨对蕴涵着生活哲理的自然物象、生活琐事等进行摹写时，儿童散文的这份理趣也深刻地展示了出来。

作品富有哲理、童趣的描述，也给人以精神、智慧的启迪。

儿童散文同其他儿童文学体裁相比，更加注重美的和谐统一，儿童散文更强调以美的内质给小读者以美的熏陶。这在蒋风创作的另一篇散文《浪花》中，就得到了淋漓尽致的体现。《浪花》一文也被当时的金华广播电台播出。

浪　花

火车跑得真快，发出哐当哐当的欢乐的声音，要去海滨旅行，我猜想火车一定也跟我一样高兴。

在火车上，我在想，我跟爸爸离开您了，妈妈，您独个儿留在家里多寂寞，回家时，我该带点什么让您也高兴高兴呢？

妈妈，最好您也帮我想一想，想好了赶快拍份电报来。

妈妈，我还没见到过海，可我已在想海的一切：贝壳、海螺、浪花、海鸥……回家时给您带点什么呢？捡一朵玫瑰色的扇面贝送给您，好吗？

不好，贝壳是死的，最好送活的……

爸爸说，捉一个寄居蟹送给妈妈吧！

不，也不好。

妈妈，您跟我一样，从未见过海，那么，我应该给您带点什么回来？

妈妈，我要从湛蓝的海水中采撷一朵最洁白的浪花，带回家送给您。妈妈，您猜为什么？

——喏，我想让您也亲眼看一看海……

一到普陀，放下行囊，我便飞也似的来到百步沙海边。

蓝蓝的海水，白白的浪花，扬帆出海的渔船，展翅飞翔的海鸥……妈妈，海真美啊！

可是，我才没心思去欣赏那些迷人的海景呐！不信，您看，浪花像一排顽皮的娃娃，哗一下涌过来了，我马上伸手去捕捉，它又顽皮地退回去，躲得无影无踪了。

它躲到哪儿去了？妈妈，您可知道？

我想，它一定躲到海里去了，大海是浪花住的地方，海水是浪花的妈妈，当我要去捕捉浪花的时候，海水妈妈的心是多么着急呀！

我想，浪花尽管调皮，海水妈妈还是挺喜爱它的，妈妈，就像我淘气的时候，您装作生气的样子，可脸上还含着微笑看着我……

哦，浪花又涌来了，它洁白的脸上漾着顽皮的笑窝，可是，妈妈，我该不该再去捕捉浪花带给您呢……

这是一篇融情感美、意境美、语言美为一体的优秀儿童散文。语言精练，构思别致，蒋风采用了第一人称的手法，小主人公第一次去海滨旅行的所思所想，以及小主人公一系列心理活动描写和对浪花的拟人化描述，把一个热情纯真、热爱生活，充满幻想的儿童形象展现在我们面前。

同时，蒋风也以清新优美的语言，细腻刻画了儿童纯真美好的心灵。它带给我们的，不仅是精神的愉悦，审美的享受，更多的还有许多生活的哲理和人生的启迪，是一篇集思想性、趣味性和知识性于一体的儿童散文。

第十二章

春风化雨

把书当作“宝”

上小学时，蒋风就热爱阅读，是一个十足的小书迷，并表现出非同一般的写作天赋。在母亲的唐诗启蒙和老师的循循善诱下，蒋风沉浸在书的世界里。

人们常说，书是文人生命的禅堂，对蒋风而言，书籍与他的生命紧密相系。晚年，蒋风还是每日饱读诗书，不仅如此，他还积极推广阅读。当谈起自己的藏书时，他更像个孩子般，始终微笑着。

在蒋风眼中，每本书都像孩子，它能感受到你的抚摸和温度，它会和你交流，分享喜悦哀伤，会陪你一起慢慢成长。只有让书在手中翻动时，它才会灵动而富有生命。

早在1986年，蒋风就开始向外界传递让个人藏书流动起来的想法，并积极倡导实践。

1994年，蒋风离休后，他就全身心投入推广儿童文学阅读，希望帮助孩子们从小培养起阅读兴趣和阅读习惯。

“腹有诗书气自华，最是书香能致远”，蒋风始终认为，对于处在学习阶段的学生来讲，如果能在小小的年纪打下扎实的阅读基础，养成良好的阅读习惯，将受益一生。

小时候，蒋风就把读书作为生活的一部分。工作以后，当时一个月工资只有几十块，结婚前，除了基本的吃饭穿衣，蒋风工作所得的钱都是用来买书的。

蒋风没有其他的爱好，读书看报基本是他生活的全部。

20世纪50年代，光顾书店成了他最大的乐趣。书店一有新书到，蒋风就会第一时间去书店购买。久而久之，书店工作人员也熟悉蒋风了，他们也会把好书留给蒋风。

不仅如此，蒋风在外出差也经常往书店跑，跑得多了，自然会有意想不到的收获。

蒋风在书房

20世纪50年代，蒋风在上海一个旧书店买到了一本《无猫国》，该书出版于清朝末年，是中国第一本童话书，这本书连北京、上海的大图书馆都没能收藏到，足见其珍贵。

多年前，蒋风在一家旧书店淘书时，还意外地发现了自己小时候读过的一本书，书的扉页还留有自己的签名和印章。他惊喜万分，现在回想起来，蒋风仍笑着说，不可思议，这就是书的轮回吧。

蒋风一生过得都很清贫，而唯独买书，他十分慷慨。

因此，几十年积攒下来，蒋风并没有财富，唯一的财产就是两万多册的图书，这些藏书见证了蒋风的生活足迹，这些藏书融入了蒋风的一生情怀，这些藏书滋润了蒋风的平淡一生。

蒋风视这些书为自己的宝贝。

他是大彻大悟的老人，两袖清风，胸怀博大。

晚年，他一直倡导私人藏书应该公益化，藏书应该拿出来流通。

蒋风说，这些年，他把儿童文学研究放在一边，转而投身推广阅读工作，第一件事就是把他的藏书拿出来，让这些书发挥更大的作用。

20世纪80年代，很多社会教育机构没有图书室，连简单的阅览室也没有，因此，蒋风想把部分藏书送到外面流通。蒋风随即捐了几千册私人藏书给其中两个社会教育机构，帮助成立了简单的阅览室。过了四五年，他再回来看，发现阅览室被废弃，当初捐的书也不翼而飞了，问了当时的工作人员，没有一人能说得出书的下落。

虽然如此事件发生了好几次，但都没有动摇蒋风私人藏书公益化的想法，相反，他从中吸取了教训。

蒋风还是坚持送，但是他说不能白送，他要送得有凭有据。他列了书单，并要求跟对方签订协议，这些书是交给对方保管，他要保留所有权，如果对方阅览室关了，需要把书一本不少地还回来，少了就要赔。

一直到现在，每次送书，蒋风还一直采取这种方式。

同时，他还倡议有关部门或机构建立一个国际儿童文学馆，他愿意把他的全部藏书捐献出来。这个心愿也在他多年的奔波、呼喊下,得到了实现。

2007年,国际儿童文学馆在浙师大成立,蒋风兑现了诺言,也实现了愿望,他将自己半个多世纪积累下来的1万多册儿童读物和相关资料,还有与国内外著名的儿童文学作家的来往信件,悉数捐赠给了儿童文学馆,为浙师大的儿童文学研究提供了许多珍贵的研究资料。

公益小书房建设

深知阅读对一个人的成长是至关重要的，晚年，蒋风不顾自己年事已高，积极投身公益小书房的建设，让越来越多的少年儿童爱上阅读。

每到周末，金华市青少年宫的公益小书房里，就会热闹非凡。孩子们团团围坐在一起，津津有味地看着丰富多彩的儿童图书。

有时候，孩子们还和长辈们一起看书，其乐融融。公益小书房，虽然场地不大，但是很温馨。适合孩子和家长阅读的书籍品种繁多，许多家长也会利用难得的周末时间，在这里汲取知识。

这一切，正是源于蒋风的努力。

早在2004年，儿童文学作家漪然自己制作了一个儿童文学主页，由阅读推广人艾斯苔尔参与建设，在儿童文学作家流火等人的帮助下建立起了一个正规的网站，并在莫音等一批网上义工的帮助下，渐渐将网站内容丰富起来。

2007年7月1日，由漪然提出"阅读童年，收获梦想"的公益小书房阅读推广活动的倡议书发出后，得到众多网友的响应，他们纷纷报名成为公益小书房的志愿者，由此，小书房渐渐形成了自己的公益团队，并一直在线上线下，为儿童阅读推广奉献着一分力量。

漪然是蒋风的非学历儿童文学研究生，一位身残志不残的姑娘。她不仅自学成才，成为一位优秀的童话作家，还自学外语，成为一位出色的翻译家，至今已经出版了几十本书。

受到她的感染和启迪，蒋风觉得，他应该为推广公益小书房建设而努力。

功夫不负有心人，经过几年的奔波，金华公益小书房的筹建，得到了金华青少年宫的赞赏和大力支持，并由其提供场地、设备和人力。

参加公益阅读会后与年轻妈妈们交流亲子共读经验

2010年1月，金华公益小书房在市青少年宫正式建成。时任金华市政协主席陈章凤出席了启动仪式，并为公益小书房捐款。

启动仪式上，蒋风捐赠了1500多册书，还订了数十种期刊。看到孩子们沉浸在公益小书房的图书世界里，露出灿烂的笑容，蒋风的心里就暖暖的。这不就是书的温度吗！这就是书的新生命。

蒋风说，启动金华公益小书房，也是为了营造一个良好的读书氛围，丰富青少年儿童的文化生活。

公益小书房的建成，也使青少年宫的各项文学活动丰富起来。如推广亲子阅读、培养故事妈妈、经典儿歌童谣传唱、举办读书节、推荐优秀儿童读物、与作家见面交朋友、组织青少年儿童参与创作活动、参加全国各项作文比赛……

这些活动的开展，进一步激发了孩子的阅读兴趣，让他们在一个健康的读书场所里亲近书本，爱上阅读，学会读书；也进一步引导他们在读书实践活动中遨游书海，与大师对话，呼吸书香，与好书为友，与经典为伴，为人生奠基，享受读书的乐趣，感受读书的幸福。

著名儿童文学作家汤汤、毛芦芦等也走进公益小书房，与孩子们面对面，开展儿童文学写作的系列讲座。

蒋风家庭文库流通站启用

相比城里孩子的阅读，农村留守儿童的阅读远远没有城里孩子多，然而，农村留守儿童也喜欢图书，渴望阅读。

蒋风去过一些农村学校，亲眼目睹过学校的图书室。说是图书室，可书架上的图书大多有十多年的历史，图书来源也十分复杂，果蔬种植、农机修理、蚕桑种植……历史悠久的书居然是20世纪50年代，举国上下向苏联老大哥学习时购置的俄语书。

不要说天真烂漫，富于想象的儿童，就是教师也很难从这些书中找到乐趣。

这样的图书室很难吸引师生，门可罗雀不是夸张的描摹，甚至真有小鸟在图书室里安了家，地上的鸟粪是曾经快乐的小鸟们留下的足迹和印痕。那里还成了老鼠的家园，它们时不时三五成群地从阴暗的角落往外蹿出，向人们宣示这是它们的地盘。

看到农村学校图书室的状况后，蒋风神情凝重，他希望能为农村孩子的阅读做点有益的事情。

他想让自己的藏书"活"起来，让更多的孩子享受读书的乐趣。

也是这个时候，他从报纸上看到婺城区莘畈小学开展文艺名家进校园活动，莘畈小学校长夏胜华还专程找到蒋风，希望他能到莘畈小学同孩子们互动交流，讲讲阅读的故事。

同许多偏远山区的学校一样，莘畈乡中心小学是一所集社会力量共同出资建设的希望小学。因为贫穷落后，莘畈小学一直是社会关注的学校，这些年，在各级领导和社会各界爱心人士的关注下，学生的受助面不断扩大，从教学楼等硬件到学生生活的方方面面，都有了一定的改善。

尽管莘畈小学的硬件设施逐步完善，但孩子们的课外读物仍然十分缺乏。蒋风心想，一个孩子在童年时多看一些童书，对孩子的成长是必要的。孩子们也会因为一本好书而改变一生。

2012年6月29日，正值莘畈小学开展第六届感恩节活动。蒋风得知消息后，决定让蒋风儿童家庭文库流通站在莘畈启用。蒋风亲自来到莘畈小学，为孩子们送去了价值5000元的儿童书籍。烈日高照，虽然十分炎热，但是大家都十分激动。

送书的车刚刚停稳，等待许久的孩子们就把车子团团围住。他们伸出小手，三四个人合作，将打包成捆的书籍搬回学校图书室，又从包装纸里将一本本散发着油墨香味的书籍整齐地摆放在书架上，每个人的小脸上都洋溢着幸福的笑容。

孩子们还用文艺演出的形式“感恩”蒋风。他们唱起了欢快的歌曲，跳起快乐的舞蹈，把最好的节目回赠给蒋风爷爷，也对父母、学校、社会各界的关心表达感激。

二年级的徐慧手捧蒋风爷爷送来的新书，迫不及待地在烈日下看起来。徐慧小学二年级就住校了，需要独自照料自己的日常生活。她说，记忆里，父母陪伴她的时间很少。徐慧知道，父母在外工作，为了一家的生活更加美好，为了让自己能得到更好的学习而努力打工。这让她稚嫩的心灵深处立下了一个愿望：“好好读书，就能让爸爸妈妈更开心、快乐。”

在莘畈小学的阳光下，徐慧眨着漂亮的眼睛，用手轻轻摩挲着童话书，笑着说：“感谢蒋爷爷，这是我第一次看到这么精美的童话书。”

图书带领孩子们走进一个美丽的世界，看到孩子们如此懂事，蒋风很是感动。他还和孩子们讲起故事。

蒋风说，一个人的私人藏书往往利用率不高，考虑到他买的大多数是儿童文学的书，他才有了将这些书流通利用起来的想法。

也因此，蒋风家庭文库流通站从金华市汤溪镇始发，并陆续到罗埠、洋埠、莘畈、箬阳等地送书下乡。

《大林和小林》《小坡的生日》《忆》《文明国》……这些孩子们喜欢的少儿图书，带领孩子们走进了美妙的童话世界，也给当地不少孩子的课外阅读增添了一抹亮色。

引导儿童热爱阅读

在很多场合，蒋风始终强调“是孩子们给予我力量，让我一辈子都与儿童打交道”。正如他所言，蒋风把一颗童心交给孩子们，对孩子们怀着一种深沉的爱。这些年，每年的世界读书日前夕，蒋风都异常忙碌，忙着给孩子们开阅读书目，忙着到学校讲课，忙着与孩子们分享他自己的阅读故事。

2016年世界读书日前夕，应金华市婺城区雅畈小学的邀请，蒋风来到学校，与这里的师生面对面，畅谈阅读的意义，并与小朋友们进行互动交流。

当天，阳光明媚，空气中充满着温暖的气息。孩子们得知蒋风爷爷要来学校，都特别兴奋，大家欢呼雀跃，希望与蒋风爷爷一起，分享他们的阅读故事。

蒋风结合自己的亲身经历与学校师生交流了读书的意义和作用。蒋风说，书对每一个人都有特别重要的意义，尤其是对小朋友来说，童年时期阅读一本好书，可以改变人的一生，也可以在无形中指引人们前进。

他还饶有兴致地和孩子们讲故事。20世纪30年代，在莫斯科的地铁里，一位小偷偷了一只很漂亮的手提箱。小偷心想，这么漂亮的手提箱，里面肯定装着许多值钱的东西。他偷偷地找了一个没有人的地方，当他打开手提箱时十分诧异，手提箱里只有一本沉甸甸的书——《钢铁是怎样炼成的》。小偷很失望，当他感到无聊时翻开书本看了几页，不知不觉中，小偷被书中的主人公吸引了，他边看边想，并把自己偷鸡摸狗的行为与小说主人公处处为别人着想的行为进行对比，在对比中，小偷感觉很惭愧。读完书后，小偷决定洗心革面。后来，他在地铁站找了份工作，从此开始了新生活。

蒋风说，阅读使小偷洗心革面，从此改变了他的一生。阅读的力量是无穷的，他希望孩子们能从故事中得到启发，从小培养良好的阅读兴趣，选择有趣味、有意义、有生命力的书进行阅读，从而养成良好的阅读习惯。

当天，他还为小朋友们推荐了10本书：《三国演义》《西游记》《寄小读者》《木偶戏》《伊索寓言》《安徒生童话》《一千零一夜》《爱丽丝漫游奇境记》《童年》《长袜子皮皮》。

互动中，孩子们争先恐后地发言，在不断的启发、思考和讨论中，孩子们更深刻地了解了阅读的意义，也对阅读产生了浓厚的兴趣。

不仅如此，蒋风还非常关注现今的儿童文学创作，并有自己的思考。蒋风曾经说过，当社会大环境趋于平稳以后，中国儿童文学也获得了重新起步并日渐繁荣的生机。创作队伍的扩大、原创能力的提高都成为儿童文学发展的标志，从严文井、任溶溶到曹文轩、秦文君再到彭学军、汤素兰等，这支老中青三代结合的队伍为儿童文学注入了无限的新生活力，从最初的开拓者到探索者，无论是致力于精神家园的寻求和守望还是致力于唯美、诗意、狂欢世界的塑造，这许多或者成熟或者稍显稚嫩的探索形成了极为崭新的局面。在文字的世界中，儿童文学正以其特有的姿态走出属于自己的步伐。

蒋风认为，中国儿童文学不缺乏精品，但是在阅读推广上还需要加强。童年时期，让小孩子多阅读儿童文学，需要学校、家庭和社会的共同努力。

当孩子在阅读儿童文学时用的时间多了，那么花在网络游戏上的时间就少了，读书会让孩子有所思考，而一本好书，足够影响孩子一生，也是孩子一生中的思想财富。

蒋风认为，优秀的文学作品是心灵的营养品。孩子需要身心健康地成长，而儿童文学作品，是哺育人心灵的。

为孩子们讲阅读的故事

世界读书日，与孩子们在一起

对当今我国的儿童文学的发展，蒋风有着自己的认识。他说，中国儿童文学还存在很大缺陷，想象力远远不够。这和中国的传统有关，西方儿童文学偏向幻想型，而中国则是现实型，过多地注重讲道理，而忽视对孩子们想象力的培养。

蒋风认为，现在的小孩子普遍害怕写作文、讨厌写作文，究其根源，是因为写不出东西，而写不出东西恰恰是由于想象力没有被调动起来。

幸好，这个状况在这几年得到了很大改善，大家终于开始意识到这一领域的重要性，同时很多年轻作家也开始在作品中注入想象力。儿童文学作家郑渊洁的《皮皮鲁总动员》总共54册，发行量达1050万单册。

蒋风觉得，现在孩子压力太大了，大家给孩子的，多是要求，要求他们掌握一定的技能技巧，更具有竞争力，而忽视了感情的交流和滋养。

蒋风说，如果我们能和孩子一起阅读一本经典图书，引发一些讨论的话，那该是一次多么深入的交流，因此，阅读一本儿童文学作品，可以给孩子一些童年的记忆，给他们的情感和心灵以滋养。

呼唤儿童经典

在童书市场相对繁荣、创作有些浮躁的当下，蒋风担忧，日渐严重的“快餐式”儿童文学现象，恐怕对孩子们有害无益。蒋风说，改革开放以来，中国的儿童文学发展很快，涌现出一大批优秀的儿童文学作家，但也面临着市场化的问题。对于出版机构来说，他们要生存，就得靠销量来创造利润，这也导致了市场上儿童读物良莠不齐的现象。

蒋风认为，从培养孩子健康成长的角度出发，需要有渠道来告诉孩子和家长，哪些作品才是好的儿童文学作品。

也因此，蒋风一直致力于中国儿童文学研究，免费招收非学历儿童文学研究生。他希望通过这种方式，培养出一批以传播正确的儿童文学理念为己任、真正以创作为目的的儿童文学创作者和研究者。

蒋风认为，越来越多的人会为了儿童文学的正确方向发展而不断努力，不断弥补当下童书市场存在的缺陷。

要让孩子们爱上儿童文学，喜欢阅读儿童文学书籍，就要先培养他们的阅读兴趣。这就需要老师的引导。这些年，不仅在青少年宫，每到一处，蒋风都积极参与阅读推广工作。他从孩子们的心理特点出发，提出了儿童阅读习惯培养的不少好点子。

前几年，他启程前往武义实验小学，把“蒋风爷爷送生日礼物”系列活动带到了武义。这是个不定期举行的活动，为每所前往学校内当月生日的孩子送上一份生日礼物，这份特殊的礼物就是一本图书。

每次去送书，蒋风就觉得自己像圣诞老人一样，看着孩子们高兴的脸，他特别满足。蒋风笑着说，孩子们对突然收到的图书肯定特别爱惜，自然也会仔细阅读，这样，他的目的就基本达到了。一个人的阅读兴趣不是一出生就有的，而是需要外在一些助力和刺激来引导和培养。

蒋风发现，现在的孩子传唱的儿歌依然是几十年前的老经典，儿歌创作缺乏创新，他在呼唤经典的同时，又特地为孩子们创作儿歌。

蒋风说：“儿歌创作，重在纯真，儿童文学也一样，只有真心从孩子的角度出发去创作，重童真、童趣、童味，才能创作出新的经典。”

2013年“六一”前夕，蒋风将自己创作的儿歌《小蜗牛》送给孩子们。

> “别说我小，我能背着房子到处跑！／别说我慢，我花三天时间能走一米三！／别看我不起眼，我跟兔子赛跑荣获冠军呐！／请你猜猜看，伊索爷爷为什么要给我发奖杯？”

谈起对我国儿童文学的未来，蒋风十分乐观并且信心满满。

他说，作为儿童文学创作者，首先应尊重儿童个性，遵循儿童的成长规律，通过艺术的技巧，正面反映现实生活，文学作品往往给人以启迪，儿童本性中的纯真，儿童天性中的快乐，儿童悟性中的成长智慧，这些都是需要儿童文学创作者来表现，文学创作中，无论是现实型还是幻想型，都应该像鸟的两个翅膀，只有两者都丰满，才能展翅高飞。现在，图书市场极大丰富了，可选择的空间也很大。对于儿童阅读，老师、家长需要引导，从而把孩子们带进书的海洋。

2015年底，笔者带着事先整理好的问题，来到蒋风的家，请他谈谈青少年阅读和儿童文学作家的创作问题。

针对青少年阅读，蒋风说："养成好的读书习惯，对孩子是很重要的，一个孩子从小喜欢阅读童话，他的成长是幸福的。"他列举了社会上不良少年杀害自己老师的新闻，说着，他眼里闪着泪花："看着年少的孩子做出对社会不利的事情，我很痛心，假如这些孩子从小热爱阅读，有人引导他们多阅读，就不会做出这样的事情。"

我问道："如今，很多青少年都热爱文学，但是，在阅读与写作的过程中，却为何找不到方向？"

蒋风听后说："我们的语文课本，都是最经典的文章，很多时候，是我们的教学出了问题，把一篇文章按照字词句篇分开来讲解，孩子们自然失去了兴趣。在我认为，孩子们在学校里课本上学的文章，只是起一个引导的作用，我们的教育工作者，要引导孩子们走进一个个作家，去阅读作家的作品，从而爱上阅读，这样才能有所收获。"

蒋风经常思索，作为儿童文学工作者，如何面对新形势下儿童文学面临的挑战？儿童文学怎样才能卓有成效地帮助儿童成为有理想、有道德、有教养的人，发挥它独特的作用？有的孩子沉迷在电视网络不能自拔，儿童文学工作者怎样把孩子吸引到书本上来？

针对这些问题，蒋风说："我们提倡儿童文学创作的题材可以多样化，既可以是诗歌，也可以是小说，还可以是戏剧……当前，对少年儿童最直接产生作用的，我觉得是报告文学，报告文学是真实的素材，没有虚构，多用报告文学来引导少年儿童，儿童文学作家可以多做一些尝试。"

近年来，儿童文学创作和出版领域都出现了"系列化"的趋势，改变了原来外国有、中国无的儿童文学创作面貌，成为儿童文学创作出版中一个引人注目的现象，对儿童文学繁荣起到了推波助澜的作用。同时，"系列化"中也出现了"走偏走样"现象，如"注水式"创作系列，简单高效的低层次重复生产的"拼盘式"组合系列。

对此，蒋风认为，儿童文学"系列化"应该说是中国儿童文学发展的一个标志。以前中国的出版不够强大，受人力、物力等制约，还有质量也达不到要求，当然无法出系列。现在，中国有能力出系列了，这是中国儿童文学大力发展的一个标志。

但是现在中国儿童文学"系列化"有不足的一面。也就是所谓"注水"，本来内容不够丰富的，靠注水把它灌满。对此，蒋风认为要有一个正确的观点来对待，应当看到"系列化"是中国儿童文学发展的必然，是中国儿童文学走向成熟的表现。像曹文轩在国内已经有相当的影响力了，他出"系列书"一点也不为过。另外，现在的家长给孩子买书，包括老师给家长给孩子推荐书也很难，分不出什么是好的，什么是不好的，名家"系列书"就大大方便了家长和孩子。蒋风觉得，这是好的现象。

当然，蒋风也有担忧。他说，"系列化"有一个质量问题，拼凑成系列,是一种浪费,这需要引起足够的重视。出版社有责任,不能只看数量,单纯从追求利润出发,应该对读者负责,注重质量,推出会产生好的效果的作品。另外,作家也应该自律。

从最幼小的娃娃抓起

在全身心投身儿童文学推广活动的同时，蒋风把目光投在了更加年幼的一代身上。他们的健康成长，牵动着蒋风的心。

蒋风说，要做好这一工作，就要从最幼小的娃娃抓起。

他是这么说的，更是这么做的。

浙师大幼儿园准备在小朋友中开展儿歌教学，蒋风得知后，高兴极了，他不仅赞成幼儿园的做法，而且主动参与到儿歌教学中。

蒋风认为，幼儿园开展儿歌教学是一件极具创新意义的事，也是一项十分值得推行的实验。他觉得，儿歌不仅是诗，而且儿歌比儿童诗更贴近婴幼儿生活。

他列举了陈伯吹的《摇篮曲》作为例子。这是一首地地道道可以唱的儿歌。"风不吹/浪不高/小小的船儿轻轻摇/小宝宝啊要睡觉/风不吹/树不摇/小鸟不飞也不叫/小宝宝啊快睡觉/风不吹/云不飘/蓝蓝的天空静悄悄/小宝宝啊/好好地睡一觉。"

这是一首艺术性极高的儿歌，作者凭借自己丰富的艺术造诣，用十分浅显而优美的口语化的文字，唱出一种静悄悄、甜蜜蜜的意境。"风不吹""浪不高""树不摇""云不飘""小鸟不飞也不叫"……用一个个意象，营造了一个十分静谧安详恬静的梦境，童趣盎然，极富诗情画意。

蒋风说，一个儿童，如果在幼年阶段就能听到精彩的儿歌，那么，他的童年会有更多乐趣。

幼年时，蒋风在妈妈怀抱里度过的那些温馨岁月，儿歌带着天籁般的情愫走进他的感情世界，至今，蒋风依然能想起母亲那轻声的吟唱：一颗星，咯咯叮；两颗星，挂油瓶；油瓶漏，好炒豆；豆香，好种秧……那自然、轻快、委婉的旋律，给蒋风的童年带来无穷的乐趣。

正如一位诗人所言，诗的本质就是发现；诗人要永远像婴儿一样，睁大了好奇的眼睛，去看周围的世界，去发现世界的新的美。发自内心的诗是真正的诗，发自内心的歌也是真正的诗。具有诗情画意的儿歌才能引起幼儿的共鸣，才能赢得幼儿的喜爱。

在推广儿歌教学的同时，蒋风对童谣的发展也给予了高度关注。童谣是最具有中华文化特色的一种民间文学样式，也是中国儿童文学最珍贵的文化遗产。蒋风一直提倡，儿童文学作家的创作应该多元化。

2015年9月19日，浙师大儿童文化研究院举办的红楼儿童文学新作第二十场——著名图画书作家周翔先生《一园青菜成了精》《耗子大爷在家吗?》作品研讨会。蒋风应邀参加了研讨会，他既高兴又激动，会上，蒋风发表了热情洋溢的讲话。他说，周翔先生运用他精湛的艺术特长，把它与新兴的图画书这种儿童文学类型结合起来，是非常值得点赞的探索和创造，既传承了优秀的中华文化，又为孩子们开创了一个崭新的艺术天地，有它特别重要的现实意义和深远的历史意义。

蒋风认为，人类进入新世纪以来，由于科技飞速发展，经济腾飞，人们的物质生活随之得到改善，电子传媒产品的普及，改变年幼一代的生活方式。孩子们大量时间坐在电视机、电脑、ipad、苹果手机屏幕前，童谣与他们渐行渐远，以至消失。周翔先生的探索和创新是童谣传承的创新，确实是件值得文化人关注的大事。

他觉得，童谣作为一种文化遗产，更值得儿童文学作者珍惜，儿童文学作者也有责任让它回到孩子们的生活中来。

蒋风说："其实童谣极富艺术魅力，我们正好通过今天周翔先生两本图画书做些探讨。"蒋风在发言中说：

> 什么是童谣艺术魅力？我认为幽默诙谐是童谣的要素之一。《一园青菜成了精》这首流传全中国的山东童谣，它通过称王、挂帅、出兵、打仗……把一园青菜写得活灵活现，热热闹闹，就是童谣的艺术魅力所在。画家周翔也说："因为喜欢这首童谣，被其诙谐幽默的语言所吸引，便激起要将它画出来的愿望。"把童谣的语言转换成形象的图画语言，确实是很难的。画家却以他多年修炼的功力，把称王的绿头萝卜的神态，挂帅的胡萝卜一身出征的令旗，都画得活灵活现，洋溢诙谐味，充满幽默感。
>
> 这本图画书受到小读者的欢迎，不仅有它的诙谐和幽默感，还有情节生动的故事性。爱听故事是儿童天性。《一园青菜成了精》童谣本身就是一个生动完整的故事，一经画家的生花妙笔更让孩子们爱不释手。另一个作品《耗子大爷在家吗》也是源自一首北方童谣的再创作，童谣本身非常简单质朴，且是一再重复的句式，却被画家抓准童谣本身的稚拙、纯真的美学特征和游戏互动的幼儿

文学文本的特征。用夸张的欢快风格，以一问一答的形式展现猫与鼠一家的互动，又在画面上隐藏许多小伏笔，把故事讲得有声有色，大大延伸了童谣的艺术魅力。这是画家艺术功力的所在。

童谣读起来节奏欢快，朗朗上口，声谐句顺，讲究悦耳动听，这也是童谣流传千百年不衰的艺术魅力的内核。音韵美依赖听觉来感受，而图画的美感却依赖视觉传递。画家如何将童谣的音韵美翻译成听觉的美感确实是个难题，而周翔先生却通过他巧妙的构思，借助他圆润的笔法，把声音传递给小读者，如《耗子大爷在家吗?》中，当猫把利爪伸进鼠洞时，吓得耗子大妈手中的熨斗都掉在地上了，画家用三条黑线和三道白光巧妙地传递了声响。当耗子一家与老猫斗智斗勇取得全胜后，耗子大爷在子孙簇拥下出去遛湾时那种欢声笑语仿佛也从画面荡漾开来。这种童趣当然也是从童谣本身生发出来的。

盎然的童趣更是童谣吸引小读者特殊的艺术魅力，优秀的童谣能千年百代让孩子们口耳相传，也是儿童天性的体现，大多童谣的字里行间都会流露出盎然的童趣。

蒋风说，周翔先生创作的两本图画书均处处洋溢着童趣。一本富“抒情”的色彩，一本更带“热闹”的格调，都为中华童谣的传承和探索提供了有益的范例。蒋风期待周翔先生有更多的创新和开拓。他期待周翔先生的新探索，新创作，让中华童谣发扬光大。

让蒋风感到欣慰的是，在关注童谣发展、传承的同时，金华本地的作家也开始了童谣创作的尝试。2015年，金华九峰职校老师刘跃飞女士、退休老师范天行先生共同主编的《九峰新童谣》，立足金华，许多金华本土的人文景观和风土人情均有涉及。而《九峰新童谣》的出版发行，正好填补了金华八婺原创童谣出版发行史上的空白。

《九峰新童谣》有较多篇章对金华城市做了讴歌。如《金华城》《九峰水库》《金华火腿》《两头乌》等。一个品牌的推广需要广告的投入，更离不开先进文化的灌输。一首简短的童谣就能把一个地区或者一样产品唱活，这种广告效应是任何形式的广告都无法比拟的。

图文并茂的《九峰新童谣》，得到了蒋风的高度评价，他欣然为该书作序。蒋风在序言中写道："一个地方的童谣，反映一个地方深厚的文化底蕴；一个时代的童谣，反映一个时代的精神风貌。"金华市委宣传部原部长、浙中书画院院长杨守春同志也在百忙中抽出时间，两次为该书审稿，严格把好文字关，在稿件立意和韵律的修正上花了不少心血，力求将《九峰新童谣》打造成金华本土出版的精品书，并为该书题写了书名。

第十三章

推广童诗

播撒诗的“种子”

蒋风晚年一直想做点有益的事回报社会,除了推广阅读以及义务招生非学历儿童文学研究生外,他还想做点更有意义的实践性工作。因为一生都与儿童文学结下不解之缘,他深深体会到诗的熏陶对一个孩子的成长有一种不可替代的作用,诗可以让孩子得到情操上的陶冶、心灵的净化、意志的磨炼、创造力的激发,使孩子们全面发展,拥有健全的人格。他认为,一个人如果从小受到诗的熏陶,长大后,一定能成为一个有用的人才。

基于这样的认识,蒋风便在各地孩子们心中播撒诗的种子,希望他们热爱诗。他从金华起步,先后在金师附小、环城小学、新世纪学校、江滨小学等学校推广儿童诗,继而扩大到省内、全国直至马来西亚的华人孩子中,并在海外华人子弟中办“蒋风爷爷教你学写诗”写作营。

蒋风说:“教孩子们读诗、写诗,最主要是陶冶孩子们的情操,激发孩子们的创造力。儿童创造力的培养,关系着一个民族的未来。”因此,一开始,蒋风让孩子们先进行仿写,然后提醒孩子们发挥自己独特的想象,开启自己心灵的窗户,写出别具一格的诗。

为了消除孩子们对诗的神秘感和畏惧感,蒋风每到一处讲课,都会和孩子们从讲故事开始，讲解诗歌的阅读与写作。他会和孩子们一起背诵唐代诗人骆宾王7岁时写的《鹅》，让孩子们懂得“诗”并不神秘，也不是高不可攀。只要发挥自己的想象，每个孩子都能写出诗来。他的鼓励如滋润的春雨，使许多诗歌的小苗得到滋养。

他先后到全国二十多所小学指导小学教师开展诗歌教学，并倡导办小诗报，成立小诗社，义务担任他们的顾问。他还举办“蒋风爷爷教你学写诗”系列讲座，极大地激发孩子们热爱文学的兴趣。讲座中，孩子们既学会了如何欣赏儿童诗，也大胆地用简洁、生动的语言传达自己那被激活的诗心。

同时，蒋风还在自己创办的《儿童文学信息》报上陆续推出一批批新人近作，以此在儿童文学业内扩大影响力。尽管如此，国内推广儿童诗的氛围依然不是很浓厚，儿童诗读物更是匮乏。

2000年7月1日，《文汇读书周报》刊发了一篇题为《儿童诗选难觅》的呼吁文章。作者顾燕龙在文章中写道：

> 笔者进行业余诗歌写作已有10余年了，对“儿童诗”这一诗歌类型中的“小弟弟”颇感兴趣。遗憾的是，笔者想找几册有分量的儿童诗选做参考，却遍寻不着。手头上仅有的是《台湾儿童诗选》（安徽文艺出版社1991年版）《幼儿文学教程》（蒋风教授著，东南大学出版社1999年版）。
>
> 笔者不解的是，堂堂的一个诗歌大国，据说每年自费、公费出版的诗集有成千上万种，像模像样的儿童诗选却如此难觅。笔者查阅了最近几年的《诗刊》，发觉刊登

的"儿童诗"质量并不差,而且创作"儿童诗"的作者也不少。但仅在每年的"六一"时应景,显然是个缺陷,其他诗刊基本不用儿童诗。

著名儿童文学家圣野看到呼吁文章后,深有感触,他随即给蒋风写了一封题为《请各界关注儿童诗》的信。

尊敬的蒋风先生:

《文汇读书周报》(2000.07.01)上刊出顾燕龙的呼吁文章《儿童诗选难觅》。想主要的问题,是发行渠道阻隔,彼此缺乏沟通,这么大的一个新华书店,不肯发行一本《儿童诗》(主要嫌书价太低,只卖3元,赢利太少,不值一顾),我们只好走"大搞诗社活动,自办发行"这条路。《儿童诗》自1995年复刊出了《希望号》之后,已先后出了八期,每期印1—2万册。通过到各地指导成立诗社,把诗送到"望诗若渴"的小读者手中,基本上已卖得所剩无几。如果社会各界(包括新华书店、各邮局报刊亭)能玉成此事,印数远可大大上升。

这些年,儿童诗虽步履艰难,仍然得到了关注。除《诗刊》特别重视,每年要在5月份出一个"儿童诗"专辑外,上海少儿、上海教育、上海辞书社、汉语大词典、远东出版社、浙江少儿、四川少儿、湖北少儿、安徽少儿、希望出版社等都出了不少好的儿童诗选和诗丛,可惜新闻媒介介绍得太少了。这方面,你主编的《儿童文学信息》是做了大量工作的,不仅及时地刊出大量的信息,而且推出一批批新人近作，非常值得感谢。

祝

夏健！

圣野

2000年7月4日

与金华市青少年宫儿童文学社社员在一起

读完圣野的来信，蒋风颇为感动，虽然自己也为推广儿童诗做了一些身体力行的工作，但是，他觉得做得还远远不够，认为应该尽自己的最大力量做更多的工作。

2001年，在蒋风的号召和倡议下，金华市青少年宫蒋风文学社成立了，首批就吸收了50位社员，每周都开展儿童诗教学。蒋风也会定期来到孩子们身边，和孩子们面对面交流童诗写作。

2003年，蒋风取消了一切外出计划，市青少年宫希望他能为孩子们讲一个学期的儿童诗，蒋风欣然答应，虽然是给孩子们上课，但是，蒋风异常认真，每次讲课前，他都要备很长时间的课。也因此,有了后来的《蒋风爷爷教你学写诗》一书。

第一次给孩子们讲的是《跟"诗"做朋友》。上课一开始,蒋风便说:

> 小朋友,你们好。
>
> 今天我来给你们介绍一位好朋友,好不好?
>
> 这位朋友啊,不仅长得很美,也很聪明,她懂得好多好多知识,可有学问啦。她不仅可以帮助你们提高驾驭祖国语言文字的能力,而且还能和你们一起陶冶高尚的情操,做一个见多识广、有胆有识的谦谦君子哩。
>
> 想必你们一定会拍手说:"好啊,好啊,欢迎,欢迎。"
>
> 好,现在我就把她介绍给你们,让你们与她成为好朋友。
>
> 她姓童,名诗,叫童诗。

每次上课,蒋风的开场白都是有趣又有味。孩子们跟随蒋风爷爷走进童诗的世界。每次上课,蒋风都会选择一个新的角度讲,顺着第一次课,蒋风又从写诗难不难、从阅读入手、提高欣赏水平、诗从生活来等方面与孩子们面对面交流。到期末,蒋风让小朋友们写总结,大部分的小朋友都用诗作为总结交给他,如叶歆韵的《学诗小结》:

> 一个学期过去了
> 回想一下过去
> 优点与不足

清清楚楚地展现出来
尝一尝
尝到了浓浓的诗味
看一看
看到世上美丽的东西
闻一闻
闻到了空中诗的气息
听一听
听到了无数孩子的心声
想一想
想到了诗那美丽的笑容

简洁的概括，准确的总结，蒋风看后像孩子一样，高兴地笑起来。

时间回到2002年夏天，蒋风应邀为苍南小作家班授课。他为23名一至三年级小学生上课，教他们学写诗，取得了意想不到的效果。为了解除孩子们对诗的神秘感和写诗的畏难心理，蒋风先举了唐代诗人骆宾王7岁时写的优秀习作，让孩子懂得“诗”虽神秘，但也不是高不可攀，只要发挥自己的想象，都能写出好诗来。全班23名小朋友在蒋风的鼓励下，都写出了生平的第一首诗。二年级的李宇翔写了一首《水》：

水啊，水啊
你会变成水汽
你会变成白云

为什么不能变成玩具
让我玩个痛快？

蒋风在他的诗作最后两句旁边画了一串红圈圈，并在评语中点出："这是一个独特的想象，祝贺你，这第一首诗就是成功的。"

2003年，蒋风赴马来西亚做巡回讲学，其间，蒋风为当地写作营的小朋友讲了两天儿童诗，共有70多位来自马来西亚全国各地的儿童参加了这次写作营，小营员们创作了百余首诗，蒋风为儿童诗歌写作营总结时表示："我相信所有参与诗歌营的小营员们，经过2天的上课，已经不再是诗盲，只要大家再继续努力，有朝一日成为诗王也说不定。"他寄语小营员们，要写好诗，必须不断地练习，观察四周的环境及不断地尝试。

多年来，每当看着孩子们的小诗，蒋风内心都会感到阵阵欣喜。2009年，蒋风把多年推广儿童诗的讲课稿整理成《蒋风爷爷教你学写诗》，由重庆出版社正式出版。

在蒋风看来，他所做的正是打开孩子心灵的窗户，放飞他们的灵感。蒋风说，生活是多姿多彩的，所以生活才如此美好。诗是反映生活的，所以诗的美也是多姿多彩的。儿童诗是诗的一种，它具有多姿多彩的诗美。诗拥有巨大的魔力，让孩子们用美的纯洁的心去发觉身边的美，然后插上想象的翅膀，在诗歌的世界中翱翔。看到孩子们在诗的熏陶下快乐成长，他感到生活很充实、很快乐、很有成就感。

《蒋风爷爷教你学写诗》出版后，很快就被抢购一空，该书具有很强的实践指导意义。来自山东济南的儿童文学教师林静是蒋风的非学历儿童文学研究生，在学习期间，蒋风赠送给她《蒋风爷爷教你学写诗》一书。后来，她的儿子看到了书，觉得有趣极了，吵着要见蒋风爷爷，之后，小朋友在妈妈的鼓励下，创作了《小豆丁幼儿园成长记》并由作家出版社出版。蒋风在寄语中写道："童年如诗，真美；如诗的童年记忆，更美！"2016年，为了和蒋风爷爷见面，小朋友跟着妈妈一起从山东来到金华，他还专门做了一个橡皮泥玩具送给蒋风爷爷。

中国童诗博物馆

看到孩子在童诗的温润下快乐成长，蒋风很高兴。这些年，蒋风一直身体力行地参与到孩子们中间，同孩子们一起讲儿童诗，还指导孩子们进行童诗阅读。2018年6月，《蒋风爷爷教你学写诗》修订后由浙江工商大学出版社再版，同样受到了小读者们的喜爱。

2009年，中国童诗博物馆在金师附小成立，这是国内唯一一个以童诗为主题的博物馆。金师附小是诗人的摇篮，出了好多诗人，艾青、蒋风、鲁兵、圣野……更难能可贵的是，这几位校友都为孩子们创作了大量的童诗、儿歌，这是一笔巨大的精神财富。

蒋风对金师附小也给予了更多关注，在他的指导下，金师附小对诗歌教育进行了进一步深挖，中国童诗博物馆也成了学校诗教新的阵地。如今，中国童诗博物馆每周都会有人慕名而来，他们有爱好诗歌的学生，有家长，甚至还有许多外宾。

永远的诗意童心

江苏省常州市新北区新桥实验小学教师任小霞是一名童诗推广者，她在学校的支持下，成立了“紫藤花”儿童诗社，并在著名儿童文学家金波的建议下，创建了“童诗典藏馆”。十多年来，学校诗教活动取得了丰硕的成果，先后出版了《满天的星星鸟》和《新北小学儿童诗丛书》等多本诗集，形成了“诗意儿童文化”的学校特色。

有一年，全国童诗夏令营活动在苏州木渎举办，蒋风、圣野、金波、樊发稼等儿童文学界的前辈都参加了活动。也正是这次活动，任小霞结识了蒋风，蒋风先生的热情与平易近人感染着任小霞。任小霞希望可以得到蒋风的指点，她主动找到蒋风，令她没想到的是蒋风欣然答应，也是从那时起，蒋风一期不落地给任小霞寄自己出资办的《儿童文学信息》报。

任小霞后来在《永远的诗意童心》一文中写道：“《儿童文学信息》报是打开我视野的一扇窗，它让我看到了很多儿童文学作品与儿童文学作家，更让我看到了蒋风先生为儿童文学事业所做的努力，让我感慨而感动。”

因为童诗的缘故，任小霞与蒋风一直保持着联系，也有很多机会相遇。2008年，江苏省儿童诗教学与研讨会正巧在新桥实验小学举行，蒋风应邀参加。整个活动，蒋风都是全程参与，哪怕是老师们的论坛，他也是微笑旁听，大家若有什么请教他，他必认真作答，态度的严谨与执着常让老师们感动与敬佩不已。

活动结束，任小霞陪同蒋风及其夫人卢德芳、好友朱自强去常州的恐龙园游玩，一路上，蒋风与朱自强谈论着儿童文学的方方面面，任小霞则和卢德芳关注着恐龙园的花花草草。到了旋转飞椅的游乐场地，朱自强和卢德芳都比较有兴趣，蒋风也很好奇。这时，任小霞想到出门前领导的叮嘱，忙对蒋风说："这个项目您不能去尝试，有年龄限制的。"蒋风瞧瞧任小霞，张了张嘴，把要说的话咽了回去。朱自强和卢德芳在飞椅上转得很开心，蒋风一边跟他们挥手一边微笑，转而对任小霞说："小霞，你怎么不上去啊，多好玩啊。"任小霞笑着说："哎，我怕头晕。"蒋风于是笑着批评任小霞："你看你上课时很有童心啊，怎么现在就没童趣了，如果不是你拦着我，我肯定是要上去的，我比你更有童心啊……"

任小霞看到蒋风那么专注地瞧着飞椅的旋转，真正像一个特别想玩的孩童。这一幕，一直深深地印在她的脑海里，在她后来的童诗教学与儿童文学写作中，任小霞常常也会这么问自己："我知道孩童的真正状态吗？我是一个融入孩童中间的老师吗？"

细节常常会有经久的力量，那时对话的场面至今仍留在任小霞心中，并影响到她很多很多。2014年，江苏省名校名师活动在任小霞所在的学校举办，学校筹备活动之初，想邀请几位儿童文学界与教育界的专家为学校写一些文字。任小霞想到蒋风的时候，并不敢奢望他能答应。没想到当任小霞打电话给蒋风邀请他时，蒋风不但一口应承，而且态度极为认真，请任小霞寄近些年学校出版的所有书报给他看。整个2014年春节，蒋风都在阅读与思考如何写这篇文章。当任小霞收到沉甸甸的稿子时,她感动不已。

晚年,蒋风的眼睛一直不好,读书看资料都比较辛苦,更不要说写作了。但是,因为他心中怀有对童诗的永恒情结,从写文章到发言都细心准备。。

当年九月,蒋风如期到会,用他的童心与诗心再度为所有来宾诠释——童诗可以让人永远活在快乐与年轻之中。在这个活动中,他依然如故——自始至终没有错过任何一节课、一个活动、一个论坛,当老师们看到台上白发苍苍的蒋风时,大家都备受感动。而蒋风,永远有着孩童的好奇与天真,永远有孩子的快乐与认真,他的心中,永远跳动着一颗诗意的童心!

童诗推广人鲁守华每次说起蒋风,都怀着崇敬的心情。他是1999年8月参加在浙江宁海举行的全国小诗人夏令营时结识蒋风的,从那时起,鲁守华经常得到蒋风的教诲。在之后每年举行的夏令营活动中,蒋风冒着高温和孩子们一起跋山涉水的忙碌身影,更使鲁守华深受感动。

多年来,鲁守华亲眼看见蒋风不遗余力地为推广童诗奔波,这使他心中不时激起要传递接力棒的念头。

自从走进童诗天地,经常有一个问题萦绕在鲁守华的脑海:童诗教育推广人的职责是什么?2012年7月,中国童诗第五届年会在广州举行,鲁守华再次见到了蒋风老师。趁着童诗教学课的间隙,鲁守华请蒋风老师题词,蒋风欣然答应了,他略微想了想,拿起笔写下了一段寓意深刻的话:“让每个孩子心中都有诗,是我们童诗教育推广人的职责,也是我们童诗教育推广人的生命意义。”

蒋风老师题好词后,一边递给鲁守华,一边笑着对他说:“简单写两句,你看看行不行?”

鲁守华接过蒋风老师的题词，认真地读了一遍，一种重任在肩的感受油然而生。他想：这何止是简单的两句话，每一个字都是沉甸甸的。这既是蒋风老师人生经历的真实写照，又是他对我们从事儿童诗教育推广人寄予的厚望。

这么多年，鲁守华也在蒋风的引领下，为推广儿童诗积极努力着。他曾在《童诗推广人的职责》一文中写道："让我们肩负起振兴中国童诗的重任，在传承中华诗国传统文化、关爱下一代成长的伟大事业中，一步一个脚印地向前走，去播撒诗歌的种子，去传递生命的意义。"

特殊的祝贺信

2015年，蒋风九十华诞前夕，他收到一封来自广东中山市石岐第一小学郑素言老师的特殊的祝贺信。

郑素言在信中说：

> 我在中国童诗广州年会后接了新教的一年级班，便在班上开展童诗教学，并把这个班命名为‘蒋风班’，给孩子们讲你的故事，读你写的诗歌，学习你积极进取永不放弃的文学梦。三年多来，我与这群孩子和他们家长建立了深深的感情。我教他们读经典的诗歌，学习创作儿童诗歌，参加广东儿童诗创作比赛，发展他们的想象力，让他们受到诗美的熏陶。现在把孩子们的诗选编成一本题为《葵花上的童年》诗集，每人5首，再加2幅插画。你是我们‘蒋风班’的灵魂，他们以你为荣，以你为榜样。我衷心希望你能为诗集写篇‘序’。

读完来信，蒋风既惊讶又兴奋，他想不到数千里外岭南的中山市还有个“蒋风班”。他沉醉在孩子们的诗中，欣然提笔，为《葵花上的童年》写序。他在序的开头写道：

我用了三天时间，把诗集原稿从头到尾读一遍。令我更惊讶的是，孩子们的诗写得真美真好。读着读着竟忘了自己右眼带状疱疹后遗症的刺痛，一遍又一遍读着这本诗集，让我沉醉其中，流连忘返。

与来家做客的小诗人在一起

蒋风读了小诗人李蕴哲的《想变成》后，为之点赞：

想变成一棵棵小草，
拥有无数个小伙伴，
手拉着手，
让满山遍野，
变成绿油油的地毯。

想变成快乐的小鸟，

成群结队，
在广阔的天空中，
自由自在地翱翔，
把歌声带给大地。

想变成一个个小雨滴，
滴滴答答，
淅淅沥沥，
洒遍田野，
奏响丰收的乐曲。

他说，孩子的世界充满了奇趣的幻想，“想变……”是孩子们一直喜欢的话题，他们可以任意放飞想象的翅膀，翱翔在自己的梦想中。这首诗的小作者把自己变成了小草和小伙伴们一起把满山遍野变成绿油油的地毯；变成小鸟，把歌声带给大地；变成小雨滴，奏响丰收的乐曲，多美的想象啊！读着诗歌，眼前仿佛出现一幅幅美丽的景色，清新而又让人感到温暖。

朱诗潼三年级时写的《母爱》，让蒋风读完后回想起了自己的童年。

爱，像一件棉袄，
在我最寒冷的时候，
给我温暖。
母爱，像一把伞，
为我遮风挡雨。

母爱，像一本书。
里面有我的童年，
有哭也有笑，
把这些当作最美好的记忆。
母爱，
就像一个影子，
在我的身后紧紧跟随，
天一黑，它即消失在黑夜里。

蒋风说，每一个妈妈都用自己深情的母爱呵护着孩子，妈妈的爱犹如影子紧紧相随着孩子，永不离弃，却又悄无声息。母爱促动孩子的心灵，小诗人把妈妈对自己的爱比喻成一件温暖的棉袄、一把遮风挡雨的伞、一本有美好记忆的书，孩子感知到了妈妈对自己无微不至的爱，这样的母子情谊平凡、朴实却又温暖人心。字里行间，处处跳动着一个“情”字，让他颇为感动。

诗人林庚教授说：“诗人要永远像婴儿一样，睁开好奇的眼睛，去看周围的世界，去发现世界的新的美。”

“蒋风班”小诗人都拥有一双善于发现的眼睛，李蕴哲三年级时写的《听听，春天的声音》，带我们走进了一个春意盎然的天地。

听听，
春天的声音，
小溪缓缓流动，
叮咚、叮咚，
是春姑娘的脚步声。

听听，
春天的声音，
雷声打响了，
轰隆、轰隆，
将万物唤醒。

春天一到，
布谷鸟就开始歌唱，
布谷、布谷，
提醒农民伯伯播种。

听听，
走进春，
走进这万物复苏的节日，
我们去听春天的声音。

春天的声音，
在一条条小溪里，
在一阵阵微风里，
在每一朵小花里，
在每一场春雨里。
春的声音，
从远方飞快地来，
向远方飞快地去。

春天是一个色彩斑斓的季节，小诗人却用听觉感受到了万物复苏、生机勃勃的春天，从“叮咚、叮咚”的溪水声，“轰隆、轰隆”的春雷声，“布谷、布谷”的鸟鸣中捕捉到了不尽的春意。这些美妙的声音交织在一起，奏出了春天的交响乐，这是多美的发现啊！

让蒋风点赞的，还有孩子们运用语言的能力。他说，诗应该是无声的画，用最简洁精练的语言画出最美的画来，才能打动人。

黄婧怡三年级时写的《我喜欢》，读后让人眼前一亮。

我喜欢美丽的春天，
春天，
来到我的耳边，
悄悄地告诉我，
小鸟的欢笑，
花朵的芳香。

我喜欢炎热的夏天，
夏天，
带我来到了游泳池旁，
把我推下水，
看我卷起金黄色的水花。

我喜欢红彤彤的秋天，
秋天，
把我引进枫林里，

带我走进红色的海洋。

我喜欢寒冷的冬天,
冬天,
把我领进雪地里,
陪我堆雪人、打雪仗,
逗我笑开了花。

小诗人用拟人的手法勾勒出了春、夏、秋、冬四个季节典型的特征,春天的鸟语花香、夏天的游泳池、秋天的红枫林、冬天的雪地,一一亮相,组成一幅幅美丽的画面,色彩艳丽而又动感十足。

蒋风一次次沉醉在孩子们优美的诗中,他在序的结尾写道:

“我要为孩子们人人学诗,人人写出好诗点赞,我也要为郑素言老师三年多来所付出的辛劳点赞。孩子们诗写得好,我要鼓掌。但我们学诗绝不是为了培养诗人;今后‘蒋风班’里能冒出一个或两个‘艾青’来,我当然更要鼓掌,但我更希望‘蒋风班’每一位小朋友都能在学诗中受到诗的熏陶,健康成长,人人都成为有用的人,为社会服务,为世界添美增加光彩,这才是我最期盼的。”

其实,广东中山市的“蒋风班”只是其中之一。离休后的20多年来,蒋风开办的儿童文学讲习班,走出了一批又一批的儿童文学工作者,他们在全国各地闪耀着童诗的亮光,为推广童诗教学不懈努力。

蒋风给上门采访的小朋友讲童诗

蒋风说，文字的力量看似虚无，实则深入人心。蒋风感动的是，他的童诗教育，深深影响着祖国各地和海外的孩子们，许多的学子受到他的感染，受到童诗的感染。

八咏童心诗社

2015年，蒋风倡议成立一个诗社，初衷便是引导广大童诗爱好者加入诗社，创作既有天真童趣，又有浓厚诗意的优秀童诗，同时，推广童诗教育。

这个想法得到了社会各界的关注与共鸣。在筹备成立童诗社团过程中，金华市婺城区文联希望笔者能具体负责童诗社团，做好秘书长的工作，这让我既高兴又意外。这年5月的一个下午，我同几位诗人一同去蒋风老师家，商议成立童诗社的相关事宜。到了蒋风老师家，他和师母早已准备了糕点、水果，并为我们泡了茶。蒋老师很随和，平易近人，就像一位老朋友。

我赶紧打招呼："蒋老师好！"蒋风老师回首看我，点头应答。去商议童诗社之前，我还特意阅读了蒋风老师的童诗，他的《牵牛花》，打开了我的心扉，那纯净、透明、有趣的语言，吹进了我的心田里，带着我的心一路奔流向前。

眼前的蒋风老师鹤发童颜，和蔼可亲，虽已年届九旬却眼不花耳不聋，思维清晰，一说起儿童文学，眼睛里就闪着特别的光芒，笑容里带着童真。他说，儿童文学的春天属于你们，也属于我。

作为中国儿童文学界的泰斗，蒋风老师始终让自己的内心跳跃着纯净、活泼的童心，保持一种乐观向上的精神，和孩子们一起，为美好未来奋斗不息。

诗社通过前期筹备顺利成立了，经过商议，我们最终把诗社命名为“八咏童心诗社”，以体现诗社的地域特征和人文追求，旨在延续八咏楼这一文化地标所传承的数千年诗脉。儿童是天然的诗人，如何让孩子心头之诗落在纸上形成文字之诗，其间就需要童诗写作者和教育者加以指导来完成。蒋风在八咏童心诗社成立大会上创作了一首《有一条蜈蚣》：

从前，有一条蜈蚣九尺九寸长
长了多少只脚它全都忘
瞎编，世上哪有这么长的千脚虫
白痴才会忘了自己长了几双脚
全是说三道四，蜈蚣理也不理
它忙着去找鞋店买鞋穿……
胡说八道，有谁见过穿鞋的蜈蚣
世上哪儿有卖蜈蚣鞋的店
蜈蚣脚多爬得快
果真让它找到一爿店
老板问：“您要买几双鞋？”
蜈蚣答：“只需我脚丫都穿上。”
小伙计帮它穿鞋忙了三天又三夜
数数又点点，共计2016只——1008双
呀！真是个吹牛大王！吹得天花又乱坠。
要是真有这样的蜈蚣，不想去看的还有谁？

童诗社的成员从“20后”到“90后”，每一个年龄段都有，社员年龄层次跨越了近一个世纪。同时，由中国儿童文学研究中心、中国诗歌学会校园工作委员会等联合主办的每月两期的《童心诗刊》在金华《今日婺城》报纸上正式推出，我负责主编《童心诗刊》。

因为有了《童心诗刊》，我与蒋风老师的见面机会就慢慢多了起来。我也时常去他家，听取他对《童心诗刊》的意见和建议。

八咏童心诗社成立后，还定期举办“童诗进校园”活动。伴随着活动的深入开展，课堂上的孩子们在八咏童心诗社儿童文学作家的鼓励下，创作出一首首精美的小诗，当小诗被编成儿歌欢快地传唱时，蒋风的内心有着说不出的喜悦。

蒋风倡议成立的八咏童心诗社

2016年，蒋风举办的全国儿童文学讲习会如期举行，他专门为参加的学员开设了题为“谈谈诗和儿童诗”的讲座。讲座一开始，蒋风说道：

> 我们大家都是儿童文学工作者，至少是儿童文学爱好者，所以经常接触诗，对诗不会有什么神秘感，但是有的人在接触诗的时候，往往会有神秘感。对我们来讲，我觉得不会有神秘感。因为一首诗就是一篇童话，一首诗就是一个故事，一首诗就是一种情绪，一首诗就是一种心声……同样，一篇好的童话就是一首诗，一个优美的故事也是一首诗，一种情绪是一首诗，一种心声也是一首诗。诗是我们的生活，我们的生活就是诗。

蒋风从什么是诗、诗有哪些要素、写诗难不难、什么是好诗、如何引导孩子写诗五个方面深入系统地阐述了他对诗和儿童诗的理解。

蒋风认为，诗之所以成为诗，是由语言、想象、情感、声调、意象五个要素构成，这五个要素不可缺少。

针对什么是好诗，蒋风认为需要具备以下几点：

> 第一是能发现美。第二是要有想象。第三是充满情感。第四是要有点幽默感。第五是有韵律，有节奏，赋予音乐感。第六要有新鲜感，每首诗写出来都要有点新鲜感。第七要用凝练的语言表达丰富的东西。第八要有哲理。

讲座最后，蒋风说："小孩子想象力的培养是很重要的，往大的方面说，这是创造力问题，如何引导小孩子写诗？小孩子随着孩子年龄的增长，他们在有了写作技巧后，想象力会开始缺乏，这种时候，我们要给孩子创造机会。我举办全国儿童文学讲习会，就是希望通过我的努力，能够影响年幼的一代。我们这些当教师的学员们，希望你们对儿童想象力的培养，要坚持下去。孩子年龄大，想象力有变化，这很正常，因为随着年龄增长，小孩子的阅历自然多了。”

蒋风建议老师们在日常教学中可以这样操作，一、二年级推广童诗教学，三、四年级推广童话教学，到了五、六年级，则可以是儿童小说教学，这样，会让孩子们一生都有想象力和创造力。学会用儿童的耳朵听，用儿童的眼睛看，用儿童的内心来感受，多和孩子接触，多观察他们，让孩子们真正富有创造力。

第十四章

老骥伏枥

90岁的"90后"

步入90岁后，蒋风每天的生活依然是在书房里度过。他宁静儒雅，神清气爽，望着窗外的蓝天，他眼睛发亮，炯炯有神；他思路敏捷，文思奔涌，在慈祥的脸上，时时泛起温厚的微笑，如清风明月，山间泉水……让人感到无限的爱。

这位年过九旬的老人，依然保持着异乎寻常的精力和创造的激情，在忙碌着。他的世界就是儿童文学。

2015年10月25日，古朴沧桑的浙师大红楼，迎来了一场儿童文学界的盛会。这天上午，二楼会议室里传来阵阵欢声笑语，来自海内外的儿童文学专家、学者、儿童文学爱好者齐聚一堂，共同祝贺蒋风教授90华诞，著名儿童文学理论家方卫平主持座谈会。

"我今年90岁了，内心却还很年轻，是个90后。"这是蒋风先生在座谈会上风趣的开场白。虽是90高龄，他却童心依旧，言语间透着一种充满童趣的单纯。

与会人员怀着敬仰之情，认真观看了由浙江师范大学儿童文学研究院精心编选的《恭贺蒋风先生九十华诞》记录片。

蒋风先生的成长经历和人生足迹以及他与儿童文学相识、相知、相依的70年创作和教研历程，从一个侧面展现了中国儿童文学70年来发展的恢宏画卷，深深感动和震撼了在场的每一个人。

蒋风的读书生涯是坎坷的，六年小学只读了三年。

1937年抗战全面爆发时，蒋风才念到初一。之后，六年的中学时光，蒋风同样断断续续只读了三年半。

1942年6月，在漂泊中，蒋风从常山徒步一个月到达福建建阳考大学。在那个战火纷飞的年代，大部分学子投身数理化和经济学，蒋风只能选择读农学，因为农学专业是公费的。

大学毕业后，蒋风先是做了《申报》记者。之后，蒋风参与了婺剧改革并担任金华文协主席。

1952年，蒋风进入金华师范学校，开设了儿童文学课。从此，踏上了儿童文学这条“光荣的荆棘路”。

1956年，蒋风调到浙江师院教书，继续教儿童文学课程，在开课的三年时间里，蒋风结合教学工作编写了一份讲稿，1958年，他从中抽出一部分，并在1959年出版了他第一本关于儿童文学的书——《中国儿童文学讲话》。这本书后来也被学术界认为是“中国儿童文学史的雏形”。

蒋风乐此不疲地投身儿童文学，在本可以大展拳脚的时候，浙师院一波三折，受此影响，蒋风还被打成“反动学术权威”，关进牛棚，即使这样，他仍然没有放弃他的儿童文学研究。

直到改革开放，中国迎来了“春天”。1978年，蒋风受邀参加了“庐山会议”，正是参加这次会议，为蒋风日后从事儿童文学理论研究打下了坚实基础，也让他的全部智慧和力量都得以奉献给这门学科。

座谈会上，方卫平教授首先致辞，他代表研究院师生对蒋风先生九十华诞表示衷心的祝福和崇高的敬意，并介绍了蒋风先生在儿童文学领域所取得的成就。

九十华诞

随后，韦苇、王尚文、周晓波等教授先后发言。他们怀着崇敬的心情回顾与蒋风先生的交往，并向蒋风先生献上最衷心的祝愿。

蒋风九十华诞活动

浙江工商大学出版社特意在会前赶印出由周晓波教授精心编选的《筚路蓝缕圆梦中国儿童文学事业———祝贺蒋风教授九十华诞暨从事儿童文学事业70周年纪念文集》，同时在会议上举办了该书的首发式。

蒋风和夫人卢德芳认真观看学员们为他精心准备的生日节日

汤汤非常感慨，以前，在她看来，儿童文学一直是件看不上眼的事情。2003年，她参加了蒋风老师在武义举办的儿童文学讲习班，从此走上了儿童文学创作之路。汤汤的发言充满深情，表达了大家的共同心愿。

中国作协会员，报告文学作家李英深情回顾了与蒋风先生从相识到得到先生鼓励、扶持的历程。他说："那是一个冬天，外面正飘洒着纷纷扬扬的大雪，我怀着惴惴不安的心叩开蒋风老师家的门。性情随和而毫无学者架子的蒋风把我迎进了他的客厅，顿时使我感受到了温暖。"

蒋风先生最后说："我还要为儿童文学事业继续奋力向前，绝不停息……"

交换“童心”的力量

蒋风的心始终与儿童连在一起。有人曾面对这位一米八几的“大男子汉”,极力寻找他与中国儿童文学这不惹人注目的“小天地”之间的联系时,终于发现:在他宽阔厚实的胸膛里,埋藏着一颗纯真的童心。

在蒋风的记忆里,有一年秋天,一个阳光灿烂的日子里,他意外地收到了一封特别的信。蒋风仔细看信封,上面竟然写着“浙江金华蒋风爷爷收”!

当邮递员把信件送到蒋风家时,蒋风和邮递员都笑了。邮递员说:“你的信都是我负责送到的,所以,这封信虽然没有地址,我也知道。”

从邮递员手中接过信,蒋风说:“我是孩子们的大朋友啊!”

打开信,是一位叫梁秋完小朋友写来的。梁秋完来自海南省琼海市阳江镇岭下乡。他在信中写道:

蒋风爷爷,您赠《金色少年》读者朋友(的话),寄语深重,我一定遵循您的教导:“好好利用时间,要抓住这个金色的少年时代,千万别让它悄悄地溜走。”

> 蒋风爷爷，我有一个决心：将来也当一个作家。在这里想请教一下，您是多少岁就开始写稿子，稿是投向哪里？我现在读六年级，想写一些短小文章。稿子是不是投向《金色少年》报社为好？

蒋风在回信中不仅鼓励他，而且坚定地说，人生没有理想，就会变得空虚而渺小。有了理想还得靠自己顽强的毅力去实现。远大的理想加上顽强的毅力，就可以征服世界上任何一座高峰。蒋风祝愿他能以坚韧不拔、始终不渝的精神去实现它。

还有一封信是少年张海峰写来的。他在信中写道：

> 蒋风爷爷，您好！我第一次认识您，是在《少年文学报》上。在顾问寄语这一栏中，有您的名字。说实话，我很崇拜您。一是因为您是搞教育工作的，算起来，我也是您的一个新的学生吧！还有一个就是您是一个文学创作者，而我对文学也是有一点爱好的。
>
> 跟您说了这么多话，还没介绍我是谁呢！我是江苏省无锡市湖滨中学初二(1)班的学生，我可是个女同学！这次，市教育局举行"与名人通讯"的活动。我第一个就想到了您。尽管并不相识，但我想，通信是交流思想的最好的方法，相信过一段时间，咱们一定会很熟悉的。
>
> ……
>
> 对了，我还记得您在《少年文学报》上，曾经留下这么一段话：少年是人生的黄金时代。你们年轻，在充满着希望的阳光照耀下，人世间有数不尽的奇迹等待你们去探

索、去发现、去创造……我看后很有感触。我想，您说的少年人应该是我这般大年龄的人吧。最近，我学了一篇课文《理想的阶梯》，阐述了一个深刻的道理：奋斗，是实现理想的阶梯。我有很多很多的理想，音乐家、运动健将、文学创作者、营业员……

我很想问问您：您在少年时代，也曾有许许多多的理想吗？您有了理想，是如何去奋斗的呢？您坚信自己是个成功者吗？您是怎样走上成才之路的？这么多的问题，我等着您的回答。

您读完这封信，有什么看法吗？写得不好，很抱歉。现在，我提出：我要和您交个朋友，您会同意吗？以后，我能经常与您通信吗？

读完信，蒋风随即提笔给小海峰回了一封很长很长的信。在信中，蒋风介绍了他自己少年时期的梦想，以及为了实现这些梦想所做的努力。他还引用列夫·托尔斯泰的“理想是指路的明灯”来鼓励小海峰。同时，蒋风介绍了自己走过的人生道路，以及在人生道路上的种种思想活动。蒋风在回信中说：

我们毕竟是相距较远的两代人，你面前的人生道路要比我年轻时舒坦得多了，我从困境中走过来的路，也许你是用不着再走，你的生活肯定会比我幸福。但是幸福的鸟是不会从天上飞来的，而且生活始终是一场复杂的战斗，它永远像一个猜不透的谜，而且在人生道路上迈步，也不可能处处都是阳光灿烂的。要使自己在万花筒般人生道路上不迷失方向，你就得有一个远大的理想，立志要为美化这个世界奉献自己的心血。要实现这个高尚的目标，你就得有勇气、有毅力、有信心去征服前进道路上任何一座高峰。

让我为你奉赠伏尔泰的一句名言：不经巨大的困难，不会有伟大的事业。祝你永远前进，跟随永不停息的生活不断地在人生大道上迈开坚实的大步。

蒋风是小朋友们的大朋友，正因为对儿童的热爱，在他胸膛里升腾着不息的挚爱的情焰，使他在儿童文学研究的冷落的土地上辛勤耕耘了近半个世纪。

有一次，为了给小朋友讲课，他一头扎进儿童文学资料室，花了整整一个星期，读了二十多本童话故事，然后精选材料，从声调、手势、表情等各个方面反复进行演练。临讲的前一天晚上，他把爱人、三个孩子都叫来当听众，进行彩排。

夫人很理解蒋风，习惯了，只要是与儿童有关的事，他都特别专注。

蒋风说："儿童是十分精细的鉴赏家，我们不能拿粗制滥造的、空洞贫乏的东西去敷衍他们，而让他们感到失望。"

正如他所言，每一次给孩子们讲课，蒋风都特别认真。他觉得，给小朋友讲课比给研究生上课还要重要。

给孩子们讲课，颇有些讲究，不像给大学生和研究生上课，孩子的课堂以互动为主，激发孩子们的兴趣，让孩子们发挥大胆的想象是蒋风最看重的。

儿童诗是蒋风给孩子们讲得最多的，他教孩子们写儿童诗有独特的一套方法。他曾经反复做过实验,一个没有写诗基础的班级,只要上四堂课,他就能使每一个孩子了解和掌握写诗的基本技巧。

有一年,他在参加完一个儿童文学学术研讨会后,又主动提出了一个讲题:“怎样指导小朋友写诗?”

蒋风觉得,需要注意三点:第一,熏陶要从小开始;第二,教师是重要人物;第三,要引导孩子的想象力。

荣获“特殊贡献奖”

天增岁月人增寿,2016年,蒋风九十一岁了。“勿言牛老行苦迟,我今八十耕犹力。”仔细一想,他老人家与陆放翁有某些相似之处,旷达,乐观,老而弥坚。

如果说陆游在反映生活的深度和广度上都达到了同代诗人难以企及的艺术高度,那么,蒋风在儿童文学理论研究上的深度和广度无疑也达到了同时代儿童文学理论家未能企及的学术高度。他是唯一获得国际格林奖的中国人。

一次,当一位从事儿童文学教学的老师说:“蒋老师,我算是你的关门弟子了。”听后,蒋风反驳道:“谁说我要关门了,我还要一直广播儿童文学的种子,做我力所能及的事情。”

儿童文学这条路在他的脚下延伸着,仿佛一生都在抵达之中。我一直在琢磨,那一直支撑着他的原动力到底是什么?

你若问他,他便笑道:“这还真是很难说,记得小时候,有人问我长大干什么?我的回答是:第一,当记者;第二,当作家;第三,当教授。我想说,一个人来到这个世上,你总得为这个世界创造点什么,留下点什么,为了实现自己的梦想,我挑战自己,想有更多的突破,永远不会停下前进的脚步,我就是这样的人。”

正如他所言，70余年来，蒋风一直致力于儿童文学创作、教学、研究，发表论文百余篇，出版专著、编著50余种。

在90岁生日刚刚过去不久，2015年11月12日，第二届陈伯吹国际儿童文学奖揭晓，蒋风获得特殊贡献奖。

蒋风在领取“2015特殊贡献奖”时感言：“虽然我90岁了，但我仍然把自己当作90后，希望保持一颗童心，坚守到生命最后一刻。”

蒋风荣获第二届陈伯吹国际儿童文学奖特殊贡献奖

对于这次获奖，蒋风谦逊地说道：“我只是一个普通的儿童文学教师，做了一名儿童文学工作者应该做的事。”

在首届蒋风儿童文学理论贡献奖得主刘绪源看来，除了教育和著述，蒋风先生最突出的才干，在于组织工作。他领导的浙师大儿童文学研究所，在人员配置上很见匠心。他自己长于中国现代儿童文学研究，招来的黄云生和韦苇两位教师，一个主攻低幼文学研究，一个主攻外国儿童文学史，两人又颇具儿童文学之外的文学与文化素养，这样整个专业的教学和研究就有了很大的覆盖性和完整性。毕业留校的方卫平长于理论研究，在读研时就显现出理论家的潜质。这四位教授之间，又自然呈现出一种梯队的态势。这种地方，就可以看出蒋风是既有气派，又有远见的。

刘绪源说："蒋风先生是中国儿童文学理论发展中难得的帅才，诚所谓众将易得，一帅难求。但他又不是那种官派的'帅'，不是占据了什么有权的位置，他任校长也就做了一任(1984—1988)，之后就继续做他的教授。他是以自己的努力，尽自己的所能，让儿童文学理论研究得以更好地发展，是凭他的眼光、气派和踏实有为的工作，一点一点地推动了全局。"

七十余载教坛耕耘

七十余载教坛耕耘，蒋风桃李盈门，培养了一批又一批儿童文学领域的专业人才。怀着对儿童文学的热爱，蒋风从未放下过教鞭。如今，他即便不给本科生、硕士生上课，仍坚持在家批改、指导学生的论文、作品。

你若问他："蒋老师，回顾一生，你最快乐的事情是什么？"他会不假思索地说："看到自己的学生成长成才，听到他们在各自岗位上取得成绩是我最快乐的事情。"蒋风教过各个层次的学生，尤其是他作为浙江师范大学儿童文学学科创始人，在他的努力和推动下，浙师大成为中国儿童文学的重镇。蒋风招收的儿童文学研究生，更是个个活跃在当代儿童文学界，有的甚至在世界儿童文学领域都有很大成绩。

蒋风直接指导过的儿童文学研究生有第一届的吴其南，第二届的王泉根、汤锐，第三届的方卫平、章轲，第四届的赵志英、邹亮、王新志，第五届的潘延、阎春来；参与指导过的有第六届的汤素兰，第七届的韩进、侯新华，第八届的王世界，第九届的周彦，第十届的杨佃青，第十一届的郭六轮等。

蒋风九十华诞时，他的首位研究生吴其南专门写了《蒋老师，

晚年，蒋风每天的生活都是在自己书房度过

一个用一生热爱儿童文学的人》一文，总结蒋风对儿童文学的贡献。他在文中写道：

> 蒋老师对儿童文学的贡献表现在许多方面，一是研究具体的作家作品，写出了一些最早的儿童文学作家作品论；二是研究现当代儿童文学史，为中国现当代儿童文学史勾画出一个大致的轮廓；三是重视儿童文学基本理论的建设。

蒋风的第二届儿童文学研究生王泉根是国内首位儿童文学博士生导师，蒋风的治学精神深深影响着他。他在《敬贺蒋风先生九十华诞》一文中这样写道：

> 在浙江师范大学两年半，我们亲见了蒋风先生筚路蓝缕开创儿童文学学科，建立资料室，引进人才，开办培

训班，创立研究所，将浙江师范大学的儿童文学学科搞得风生水起，誉满学界。

汤锐回忆起当年跟随蒋风学习的情景至今历历在目。她在《九十华诞感师恩》一文开头写道：

> 1982年的早春二月，我来到金华，师从蒋风先生研读心仪已久的儿童文学专业。那天，火车到达金华站时是深夜两点左右，一个陌生的小城，漆黑的夜，还下着蒙蒙细雨。随着人流走出去，我一眼看见个子高高的蒋老师打着伞，微笑着站在出口处迎接我，一盏暖黄的灯光从他头顶上方伴着雨丝洒下。那一刻，我心里的温暖与踏实难以言表。

更令汤锐难忘的是写论文阶段。当时，汤锐的硕士学位论文是研究张天翼的儿童文学创作，在她撰写论文期间，蒋风特地抽时间带她和其他研究生去北京拜访了张天翼本人。同时，蒋风还带着他们一一拜访了冰心、严文井、叶君健等令人敬仰的儿童文学大家。对于儿童学专业的弟子来说，那不啻为朝圣一般珍贵的时刻。毕业后，汤锐曾几次调动工作，蒋风都写信告诫她：不要放弃了所学的专业，要继续为儿童文学做事。回忆这些，汤锐在文中这样写道："一晃三十年过去了，所幸我还在儿童文学领域里做事，并且热爱着这个领域，真要感谢蒋老师把我领进儿童文学这扇门！"

方卫平是蒋风的第三届儿童文学研究生，毕业后，方卫平留校任教。进入浙师大读研后，在蒋风教授的指导下，他如饥似渴地研读儿童文学的经典著作，并借助中国自己的儿童文学历史和当代西方学术话语资源，进行本专业理论思考。方卫平以后来居上的学术胸襟和底气，赢得了蒋风的赞赏。如今，方卫平已是著名儿童文学理论家，是国内儿童文学理论界最权威的专家之一。

值得一提的是，如今，蒋风的儿童文学研究生中的绝大部分都是中国儿童文学学术界的学术带头人和专家教授。

蒋风离休前，浙师大的韦苇教授招收过汤素兰、韩进等儿童文学研究生，蒋风也给这些学生教过课，或在学业上进行过指导，蒋风一直关注着他们的成长与发展。

韩进曾在《追随蒋风先生30年》一文中写道：

> 从1983年报考蒋风先生的儿童文学硕士研究生至今已经整整30年。30年，弹指一挥间，我也从20岁的懵懂的大学生进入小时作文中描写的——迎面走来一位两鬓斑白、年过半百的老人的队列，唯一没有变化的是我对先生的追随，对先生毕生奉献的儿童文学的追求。我的儿童文学人生是先生给我的，也是先生为我规划的。没有先生对我的用心栽培，就没有我今天的有意义的幸福人生。先生是影响我一生的人，给我人生方向的人，是我一生最尊敬、最崇拜、最感恩的人。我把这感恩深深地埋在心底，努力做好每一件事，努力把儿童文学的事情做好，以儿女一般的心情，默默注视着先生和师母二老，祈祷并祝福他们。

1982年，韩进得知浙江师范学院蒋风教授招收儿童文学研究生，他就冒昧给蒋风写信询问情况，由此开始了他的“八年考研”。最让韩进感动的是，当时韩进所在的学校和教育局已经不同意他报考，蒋风知道后，给韩进所在学校领导写了一封信，大意是韩进同志有志于儿童文学，是个好苗子，将来一定有出息，请学校给予特别支持。当时，学校领导找韩进谈心，说堂堂大学校长、著名教授为一个考生给单位领导写信，太感动了，他如果不同意，岂不是埋没了人才，更对不住蒋校长。也正是这一次考试，韩进如愿考上。

1993年上半年，蒋风正好在日本作客座研究员，韩进在导师韦苇的指导下，倾心准备毕业论文和答辩。毕业后，韩进到安徽少年儿童出版社工作。虽然没有在高校从事科研工作，但是，蒋风积极鼓励他即使不在科研单位，照样可以做科研工作，并邀请韩进参加他主编的《玩具论》一书，此后，蒋风密切关注着韩进的成长，而且给予了他很多机会。如韩进刚到安徽少年儿童出版社工作时，蒋风就策划了一套“儿童文学丛书”，包括《儿童文学原理》《中国儿童文学史》《外国儿童文学史》《中国儿童文学作家作品选》《外国儿童文学作家作品选》，希望能在安徽出版，以支持韩进的工作。韩进后来担任了安徽时代出版传媒股份有限公司副总经理，安徽少年儿童出版社副总编。其个人主要专著有《中国儿童文学史》《中国儿童文学源流》《陈伯吹评传》等。

在《追随蒋风先生30年》一文中，韩进对导师蒋风对中国儿童文学的贡献进行了客观的评述。他写道：

先生对中国儿童文学的贡献是有目共睹的。我以为主要有四：一是中国儿童文学学科建设的开创、奠基人之一；二是中国现代儿童文学理论的杰出代表；三是培养了一支优秀的中国儿童文学理论队伍；四是中国儿童文学理论走向世界的第一人。

他还在文章中写道：

> 回想追随先生30年的每一天，追思发生在先生身边的每一件事，细读先生著作的每一个字，深刻地感悟到应该有一种叫作“蒋风精神”的力量存在，这是我一生前行的动力，也应该成为中国儿童文学界的“一种精神”，成为世界儿童文学了解中国儿童文学的“一种精神”，成为中国儿童文学宝贵财富的“一种精神”。“蒋风精神”究竟是什么？我倡议儿童文学界可以开展广泛自由的讨论，首先讨论有没有这样一种精神的“力量与财富”，再讨论“蒋风精神”的内涵和意义。

正如韩进所指出的，蒋风一辈子致力于中国儿童文学建设与发展，蒋风精神正是他人生历练中形成的具有蒋风性格、蒋风气质、蒋风特色而又代表了中国儿童文学工作者最可宝贵、最可珍惜、最可弘扬的一种精神动力和业界典范。

全力扶植青年人

蒋风没有大学者高高在上的架子，他平易近人，给学生指导毫无保留。只要对方热爱儿童文学，他在身体允许的情况下都会尽心竭力去引导。

2016年，我和作家李英共同创作了长篇纪实文学《花蕾绽放的季节》，作品分别选取了浙江省婺城区具有特色教育典型意义的东市街小学、箬阳小学、雅畈小学为写作案例，并以纪实的手法和抒情的笔触，展示婺剧、足球、阅读在婺城特色教育之路上的生动实践。

因为是一部重点关注少年儿童成长的作品。出版之际，我找到蒋风老师，希望他能为我们的作品写序，没想到，他满口答应。那段时间，他因为腰椎间盘突出及腿痛等症状，两次住院。然而，在病房里，他依然坚持为我们写好了序。我们在惭愧的同时，留下更多的是感动。我们也唯有写出高质量、高品位的作品才能不辜负先生的期望。

蒋风尤为可贵的是对青年人的全力扶持，他为青年儿童文学作家撰评作序，不遗余力。早些年，也有人和先生交谈，劝他不用这样来者不拒地接待和支持每一个来访者、来信者，这样的杂事太多，静不下心来。

“我怎么忍心把青年人挡在门外啊。”那些来自远方的访客和书信，在蒋风这里都得到了热情的回应，不管是出版社的正式出版物，还是年轻儿童文学作家自己印刷的作品集，不管是有过一面之缘，还是素不相识，在他这里都不会碰壁。

在蒋风这里，与青年儿童文学作家的交流，并无等级差序，首先是一种情感的撞击。鲁迅当年为那么多的青年作家写序，称赞他们的生命热力。被鲁迅指导过的青年作家，有些或许今日已经湮没无闻，但是，扶植新人，推荐新作，以“新松恨不高千尺”的迫切，为新人新作推波助澜，为当下文坛留下参差错落的风景，这才是真正有见识、有热情的大家风范。

时间回到1973年8月，浙江省作协举办了一次儿童文学创作会。创作会上，浙江省儿童文学创作和理论研究的代表人物沈虎根、倪树根、蒋风等一同参加了会议。

会前，三人推荐了兰溪籍儿童文学作家徐迅参加儿童文学创作会。徐迅是兰溪一所小学的教师，喜欢写反映校园生活的诗歌、散文、故事和小说，但并不知道哪些是属于儿童文学作品。参加创作会，使他第一次系统地了解了什么是儿童文学，怎么进行儿童文学创作。

创作会上，蒋风关于儿童文学创作理论的专题发言，更给徐迅留下了深刻印象。尤其是会议期间的一个晚上，蒋风特意来到徐迅房间，和他一起聊儿童文学。

蒋风一本正经地说：“你在学校里当老师，熟悉儿童，每天和孩子们生活一起，又有文学创作的基础，因此，我觉得你很适合搞儿童文学，以后就从儿童文学方面发展吧！”会后，蒋风又把自己仅存的一本《中国儿童文学讲话》寄给徐迅。收到书后，徐迅如视珍宝，一遍又一遍地翻看。农村有句老话，遇上贵人是人生的幸事，徐迅就是遇上了贵人。贵人的一句话，影响了他一生。

这之后，徐迅潜心儿童文学创作，并把自己的主要精力转移到儿童文学上来，真正把自己一生的业余时间，全用在儿童文学创作园地。在创作中遇到的疑惑和问题，徐迅就上门请教蒋风，蒋风则细心地指导他。在蒋风的悉心指导下，徐迅在儿童文学创作上做出了显著成绩，蒋风当浙师大校长期间，还曾亲自邀请徐迅来校讲学，让他围绕儿童文学创作谈谈自己的体会，受到了学生的欢迎。

国家级重点科研课题获批

在七十多年漫长的学术生涯中，蒋风不仅取得了令人瞩目的学术成就，而且形成了自己独特的培养人才的系统思想和方法。

除了传授知识，让学生印象更深的是蒋风对当下儿童文学现实问题的关切和对国家民族的责任感。儿童是祖国的希望，儿童更是实现中国梦的预备队。

他每天都要阅读报纸、杂志，了解国家大事，了解儿童文学的最新动态。2016年11月，金华市第一届儿童文学创作培训班隆重举行。这是全国首个地市级儿童文学创作培训班，也是我省举办的最大规模的儿童文学创作培训班。

蒋风为这次培训班的举行而感动，他不仅亲自为学员们授课，在授课结束，还参与学员的分组讨论。学员们提出的儿童文学创作方面的困惑，他都一一解答。当著名学者刘绪源为学员们授课时，他为了聆听刘绪源的学术观点，便自己悄悄坐公交车赶到听课现场。

生命就像水池，只有持续注入新的养分才能成为活水，人只有不断学习，生命才不会僵化。蒋风便是这样，他还始终让学生们永远保持学习。

人们钦佩蒋风，不仅是因为他的生命长度，还在于他的生命质量。

纵观世间，不乏高龄者，但如此高龄而仍在读书、思考、写作者却寥寥无几。作为学界泰斗，桃李满天下的蒋风本可以尽享天伦，但他仍笔耕不辍，工作激情不减。

2016年，他申请的国家社会科学基金年度重点科研项目获批，这意味着，在接下来的3年时间里，他要完成一部鸿篇巨制——300万字的《世界儿童文学事典》修订本。

早在几年前，蒋风就着手修订《世界儿童文学事典》了，他觉得中国是一个大国，儿童文学是人生最早的教科书，也是一个国家文化发展水平的标尺。然而，儿童文学这一学科却缺少一本详细的工具书。早在1992年，蒋风编写过《世界儿童文学事典》，可是，时隔二十几年，很多内容都需要补充、完善，于是，他一直找机会修订再版。

蒋风找到希望出版社，早前，蒋风编写的《玩具论》在希望出版社出版后获得了第二届中国出版政府奖图书奖。他希望修订后的《世界儿童文学事典》能够得到出版社的出版支持，出版社同意了蒋风提出的请求，这也解除了蒋风最大的顾虑。

2016年初，抱着试试运气的想法，蒋风向浙师大提出申报国家课题。学校认为，蒋风教授虽然91岁了，但是以他在国际国内儿童文学界的影响，或许能够申报成功。于是，学校将蒋风的《世界儿童文学事典》作为国家年度重点科研课题申报。

没想到的是，该课题获批了，蒋风很意外。他说："我清楚地知道自己老了，但我的思维还很清晰，之所以编写《世界儿童文学事典》修订本这个一般人不愿意做的课题，不是想逞英雄，只想老有作为……”

之前蒋风曾下过决心要做修订工作。他说，哪怕国家不批准这个课题，他也要做，他要把这本书当作自己的儿子，希望它更加完美，作为工具书，最好一点错误也没有。

浙江师范大学教授高玉说，国家社会科学基金项目的评审工作由中宣部组织，这是中国文科里级别最高的项目，据他所知，像蒋风这样高龄申报者能够得到批准的，极其少见，这可能与蒋风的个人履历、学术地位有关。

金华市前文联主席王晓明是蒋风的学生，听闻蒋风要编写大典，他说：“老先生一辈子都在爬坡，艰辛地、执拗地、孜孜不倦地向着自己的人生目标迈进，不一定比别人快，却比别人更加坚定而长久，这次91岁高龄编写大典，就是他这一生事业与性格最好的见证。”

金华市少儿图书馆馆长、研究员周国良说：“蒋风一辈子热爱儿童文学研究事业，离休后还乐此不疲地工作，捐赠图书、成立儿童文学社……我一次次被他感动，在他身上，有我一辈子都学不完的东西。现在，他向国家社会科学基金申请的年度项目获得批复，获批专款35万元编写《世界儿童文学事典》修订本，这对一个91岁高龄的老人而言，除了敬仰，我无法用任何词语来表达我的心情，预祝《世界儿童文学事典》修订版早日出版。”

课题申报后，蒋风在全世界范围内广发“英雄帖”，日本、韩国、马来西亚、新加坡、中国台湾地区……他打算邀请国内外一批长期从事儿童文学创作与研究的专家，和他一起编写《世界儿童文学事典》修订本。

蒋风说，一个人来到这个世界上，总要为这个世界添点光彩，有一分热就发一分光，在走到人生终点前有半分热，也要发半分光。

老而弥坚不忘初心

蒋风很少谈论自己的学术成就，在九十华诞的座谈会上，他一再介绍自己的长寿“秘诀”：一靠基因，二靠心态。他说，基因是天生的，心态则是靠自己，万事都要看得开，千万不要忘了生活的乐趣，说完便哈哈大笑。

蒋风爱笑，他的笑声感染了周围的人。

上门拜访的学生说：“不管学习上、工作上还是生活上碰到什么问题，跟老师聊一会儿，心情都会好很多，蒋老师总会给人带来阳光。”

每年暑假，在蒋风举办的全国儿童文学讲习会上，当来自全国各地的学生聚集在一起，大家带着这样那样的问题和困惑来找他时，蒋风总会跟学生们说，要坦然乐观地面对一切，不能一碰到问题就愁眉苦脸。

他认为，只要保持独立思考，有毅力，持之以恒地做好认准的事，就一定会有收获。生活如此，工作如此，创作亦如此。他说，当一个人专心致志地在感兴趣的事情上时，心境就会不一样，烦恼自然会减少。

蒋风还经常结合自己的人生经历说：“立身处世近一个世纪，

至今，我还琢磨不透世事的风云变幻，也未熟谙人间的阴晴圆缺，但面对大千世界，芸芸众生，我从不羡慕他人的荣华富贵，也不为自己的一生清寒而失意感叹。我专注地向往自己的一方蓝天，为孩子们工作，为明天更美好而工作，这就是我应该走的路，这就是我的事业。"

在夫人卢德芳的印象中，蒋风从来不会流露不快的情绪，他总是平和地看待一切。

夫人卢德芳为丈夫总结了"长寿秘诀"：作息有序，饮食有度，生活乐观。

而我则认为先生心有所向，不忘初心。

心有所向首先是对学术的忠贞，对工作的热爱，而这热爱背后是他对整个国家、整个民族的忠诚。

这份对儿童文学的热爱与痴迷也渗透到蒋风生活的点点滴滴。

如今，蒋风头发花白，他因腰椎间盘突出走路需要拄拐杖，看书要拿放大镜，然而，怀着一颗博大又深厚的热爱儿童的心的蒋风，依然执着地坚守在儿童文学领域。

平时，蒋风很少使用电脑，最多就是打开自己的邮箱，下载学生们发来的文章和作业。因此，写文章几乎都是一笔一画书写，再由夫人一个字一个字打出来。

晚辈们惊讶蒋风的工作热情。他每天作息规律，跟正常上班一样，亲自整理修改材料。他的生活极为简单，每天的主旋律就是工作和学习。这份勤奋也成就了今日的他。

蒋风老师身材高大，世事的沧桑在他额角留下了一道道抹不去的皱纹，但在他的言谈笑语中，却始终透露着一种带着童心的睿智,从他那不平凡的经历中,我们清晰地看到一位儿童文学家的执着追求。

蒋风的一生经历过战争、屈辱、动荡与振兴。但他始终觉得,民族的振兴,国家的富强是他取得成就的关键。

少年飘零,青年动荡,中年跌宕,老而弥坚。世界在蒋风眼中风云变幻,他却依然不忘初心。

后　记

《走在光荣的荆棘路上:蒋风传》书稿很快就要送出版社了,但我还在不停地修改,一方面想再看几遍,尽量消除差错;另一方面,我觉得这本书仍有很多不足。

大学毕业后,我一直在家乡从事新闻采编工作,也因此在一次偶然的采访中,我认识了蒋风老师并幸运地成了他的非学历儿童文学研究生。2011年,蒋风老师荣获国际格林奖后,郑州大学出版社找到他,商议出版了《幼儿文学》和《幼儿文学作品选》,这两本书出版后,受到社会各界的广泛好评。为了扩大影响,郑州大学出版社想找一位儿童文学作家写一本适合少年儿童看的《蒋风的故事》之类的传记,出版社首先找到的是儿童文学作家毛芦芦,希望她承担这一写作任务,但是毛芦芦工作繁忙,短期内没有时间采访写作。出版社一时找不到合适人选,因我刚好是从事报告文学写作的作者,蒋风老师便推荐并鼓励我试着写一写,这让我既欣喜又忐忑。

当时,我还来不及考虑个人能否胜任这项工作,但我告诉自己应该要有信心。因为总结前辈大师的成就和人生轨迹,不管对我辈抑或后人,都将有重大意义。作为蒋风老师的学生,我有责任和义务做好这件事。

写作是一项艰辛浩繁的工作。从2015年秋天开始，我一直在收集资料，幸好我的单位离蒋风老师的家不远，所以我的采访十分便利，采访过程中，我经常想到什么问什么，并一次次地上门。

让我欣喜的是，蒋风老师一直包容我，鼓励我。他将浙江师范大学档案馆采访他的提纲和影像资料给我，并将他的生平年表给我，这增强了我的写作信心。不仅如此，他还经常把自己日常阅读中看到的资料和有价值的书准备在身边。一次，我上门看望他，他说："前些天，我从报纸上看到一篇文章觉得很好，就剪下来给你留着了，我想对你写作有用，你拿去看看。"

在蒋风老师的悉心指导和关怀下，我的写作很顺利，用了一年时间就基本完成了写作任务。2016年底，我将完整的书稿打印稿送蒋风老师审阅时，他给予了我肯定，并利用外出疗养的时间仔细看了一遍；同时，他对书稿中部分不符合史实的内容做了删减修改，他对我鼓励有加，没有直接批评不足，而是提供了翔实的史料让我参考。

蒋风老师让我明白，如何在写作中注重史实，如何用简单的语言叙述有趣的故事。2017年，我又用了一年的时间细心修改书稿，一边修改一边大胆向外投稿。幸运的是，我得到了《文艺报》《作家通讯》《中华读书报》《名人传记》《散文选刊》等报刊编辑的厚爱，陆陆续续在这些刊物上发表了书稿的一些章节，这更增加了我的信心。

然而，完稿时，我发现并不符合郑州大学出版社最初确定的写给孩子们看的要求，但书稿确实花了我两年的心血。所以，我没有将书稿给郑州大学出版社，而是找到了浙江工商大学出版社，得到了他们的支持，并最终决定出版该书。

我是幸运的，在写作过程中我得到了许多名家、大家的关心和帮助。中国作协副主席、著名报告文学家何建明在看完书稿后，专门为我写了寄语："90后的汪胜，在他如此年轻的时候，就写出了这样如此厚重的作品，真可谓可贺可喜。蒋风先生在儿童文学领域所做的贡献向我们展现了一种强大的力量，这是公认的。现在，汪胜把蒋风先生创造这种贡献的过程与精神世界，通过传记形式再传递给社会，无疑是对一位卓越的儿童作家最好的礼赞。我们要感谢年轻的汪胜，自然也期待他创作出更多更优秀的作品。"我将牢记何建明主席的寄语，勤奋刻苦，认真努力，无愧于这个伟大时代。

教育部"长江学者"、浙江师范大学人文学院教授、博士生导师高玉看完书稿后，欣然为我写序并鼓励我继续努力，让我备受鼓舞，他的话我将铭记在心。著名报告文学家李英在我写作过程中给予我具体指导，让我受益匪浅。著名童话作家汤汤也给予我关心支持。我要感谢我所在单位的所有领导和同事；感谢《中华读书报》编辑丁杨；感谢我的好朋友张静祎，她是《名人传记》杂志社的编辑，时常给我提出意见和建议，使我进步很大；感谢好朋友巩晓悦，她是中国社科院的博士后，我们经常交流，她也给我提出了许多修改意见建议，使我受益匪浅；感谢浙师大人文学院教授首作帝，感谢文友韦炜，他们都是我学习的榜样。

我还要感谢我的妻子戴鹬，她一直默默支持着我的写作，感谢我的其他家人及所有关心支持我的朋友。同时，我还要感谢出版该书的浙江工商大学出版社。

我没有写过传，也没有这方面的写作经验。这是我第一次尝试，还请读者批评指正。还需要特别指出的是，在写作的过程中，我参考了大量的史料、著作、文章，在此，向各位作者表示衷心的感谢。写作中，我还引用了陈兰村教授《蒋风评传》中的许多内容，在此，也向他致以崇高敬意。

最后，感谢每一位关心支持我的人。

汪　胜

2018年12月